民俗資料選集 46

文化庁文化財部　編

北関東のササガミ習俗

―― 茨城県・栃木県 ――

国土地理協会

ササガミサマとメカゴタテ（茨城県下妻市）

カヤの先を結んで作ったササガミサマ
（茨城県総和町）

ササガミサマ（茨城県三和町）

ソバが供えられたササガミサマ（茨城県協和町）

竿の先に刺して高く立てたメカゴ（茨城県協和町）

メカゴタテ（茨城県山方町家和楽）

庭先に伏して置かれたメカゴ（茨城県山方町舟生）

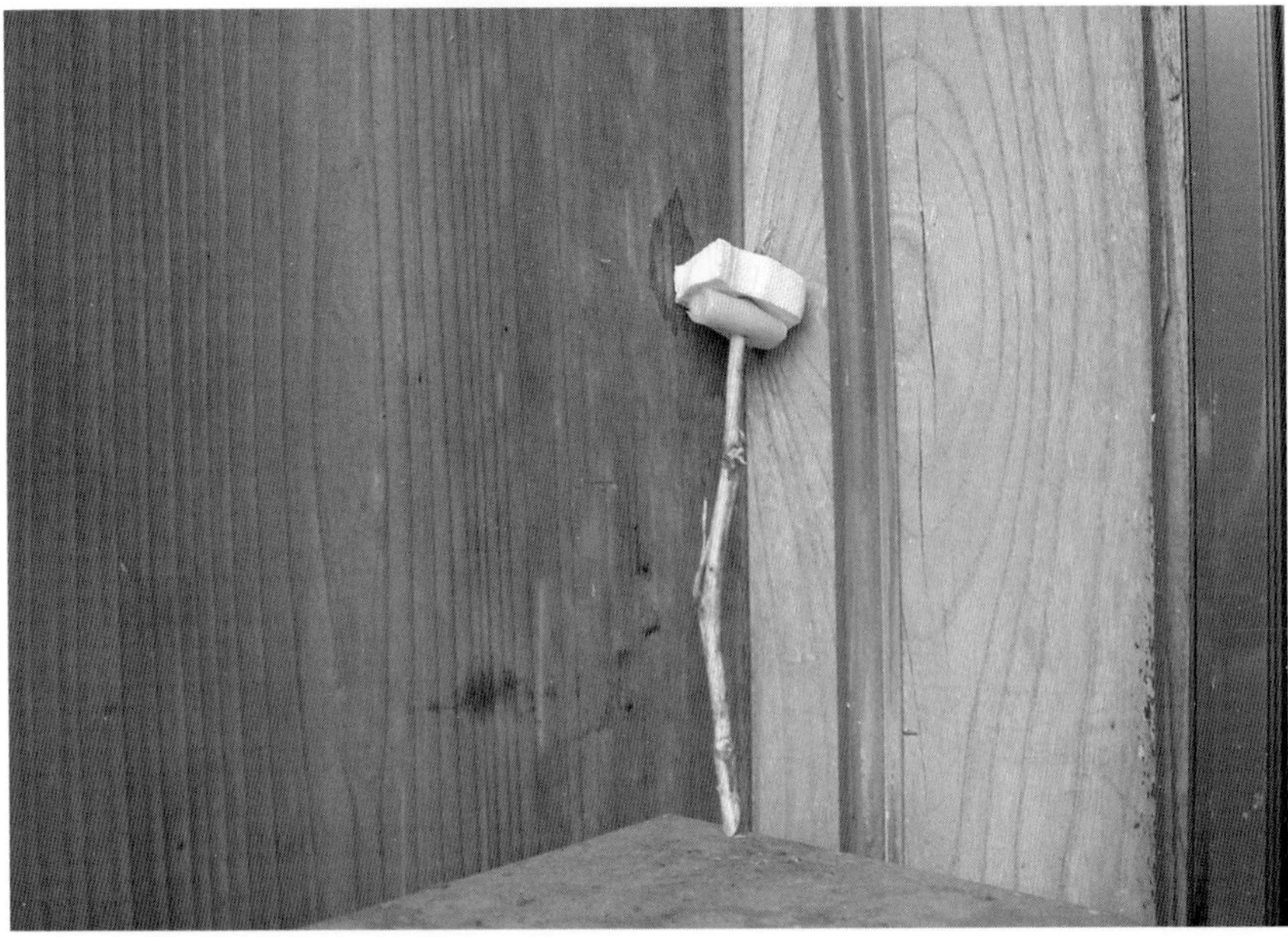

竹串に刺したトウフとネギ（茨城県山方町盛金）

庭先に置かれたメカゴ（茨城県山方町盛金）

ウドンが供えられたササガミサマ（茨城県真壁町）

ササガミサマとメカゴタテ（茨城県真壁町）

戸口に挿したトウフとニンニク（茨城県大子町）

庭先に置かれたメカゴ（茨城県大子町）

ササガミを立てる（茨城県八郷町小幡）

サ サ ガ ミ （茨城県八郷町小幡）

サ サ ガ ミ （茨城県八郷町小幡）

玄関口に掛けられたメケエカゴ（茨城県八郷町小幡）

玄関口に掛けられたメケエカゴ（遠景）（茨城県八郷町小幡）

ササガミ（茨城県八郷町小幡）

柱に付けられたクサカリカゴ（茨城県八郷町小幡）

柱に吊り下げられたクサカリカゴ
（茨城県八郷町小幡）

ササガミ（茨城県八郷町小幡）

ササガミ（茨城県八郷町太田）

シノダケで作ったササガミサマ（栃木県宇都宮市平出）

マダケで作ったササガミサマ（栃木県市貝町市塙）

ワラットにアンコモチを入れて供える
（栃木県鹿沼市上殿）

丸めた笹の葉の上に赤飯を供える（栃木県上河内町芦沼）

戸口に突き挿したトウガラシ・ネギ・トウフ
（栃木県矢板市片岡）

コトザザに小豆飯を供える（栃木県鹿沼市笹原田）

小豆飯を供えた後拝礼する（栃木県鹿沼市笹原田）

ササガミサマに赤飯を供える（栃木県上河内町芦沼）

ウドンが供えられたササガミサマ
（栃木県小山市上石塚）

序

重要無形民俗文化財以外の無形の民俗文化財のうち、特に必要のあるものについては、文化財保護法（第九十一条）により、文化庁自らがこれを選択して記録することができることになっている。この規定に基づき、文化庁は「記録作成等の措置を講ずべき無形の民俗文化財」を選択し、その中から平成二十七年三月までに一二九種目を選び、文化庁自ら一七〇件の記録を作成した（付録二参照）。本年度は、これらの記録の中から「北関東のササガミ習俗」（茨城県・栃木県）を取り上げて、刊行するものである。

我が国では、一年のうち二月八日と十二月八日の両日をコトヨウカと呼び、厄神や妖怪などのさまざまな神霊が訪れる日と信じられており、関東地方を中心とする東日本では、目の数が多い籠や笊などを門口にかけたり、庭先に高く掲げたりして、これを退散させようとする習俗が伝承されている。なかでも、茨城県や栃木県では、この両日にササガミ、あるいはササガミサマと呼ばれる笹を三本束ねたものを庭に立て、小豆飯や麺類などを供えるコトヨウカの習俗が伝承されてきた。ただし、すでに多くの地域で行事が途絶えており、今日では、茨城県南西部と栃木県南部の県境付近の限られた地域で行われているのみとなっている。

こうした状況に対し、文化庁では、東日本における特色あるコトヨウカの伝承としてササガミを祀る習俗に注目し、記録化を進めてきた。今回の「北関東のササガミ習俗」は、茨城県と栃木県における本習俗を取り上げ、その実態について詳細に記録したものである。

この記録が広く活用されるとともに、これにより民俗文化財の保護に関する一般の認識がさらに高まるよう期待するものである。

平成二十七年三月

文化庁文化財部

例言

一　この集には、すでに国が自ら記録を作成した選択物件の中から、「北関東のササガミ習俗」（茨城県・栃木県）を選んで収録した。

一　収録した記録の選択年度、作成年度、記録担当者は、次のとおりである。

選択件名　「北関東のササガミ習俗」平成十二年十二月選択、平成十六年度記録作成。

・茨城県

調査主体　茨城県ササガミ習俗調査会　会長：君島真理子

調査・記録担当者（記録作成時の所属先）

君島真理子　真壁町歴史民俗資料館　　石井　聖子　常陸大宮市歴史民俗資料館
大津　忠男　茨城県立歴史館　　佐久間秀樹　下妻市ふるさと博物館
立石　尚之　古河歴史博物館　　寺崎　大貴　真壁町歴史民俗資料館
萩谷　良太　土浦市立博物館　　藤田　雅一　茨城県教育庁文化課
宮本　欣英　水海道市教育委員会生涯学習課

調査協力員名簿（五十音順）

池上　和子　石嶋有美子　石浜　文夫　伊藤　孝子　糸賀　隆司　稲見　三男　上野　周
瓜阪　文代　榎本　實　江幡　徳照　大島　晃　大関　順子　大関　武　大谷　昌良
大谷すみ子　小野寺梅代　籠山　博　風間　崇志　川井　菊江　川崎　史子　木川　真
栗山　章　小圷のり子　国府田幸雄　小松崎恵子　笹岡　明　佐藤美智子　佐野　尚子

宍戸　知　杉山　玄英　鈴木　徹　鈴木ノブ子　鈴木　汎子　鈴木　久　鈴木　ミヨ
高村　恵美　田村　舞子　中村　治一　中山　俊夫　二木　祥子　根本　典子　根本利津子
野上　平　張替　孝男　馬場　信子　福田　信次　藤田喜美枝　本島　圭子　宮田　妙子
森田　忠治　山崎　正巳　山村　恭子　吉原　正雄　渡辺久米夫　渡部　鮎美

・栃木県

調査主体　栃木県ササガミ習俗調査団　団長：柏村祐司

調査員（記録作成時の所属先等）・担当調査地区

柏村　祐司　栃木県立博物館　大田原市（福原・北金丸）、馬頭町（小口・大内）、西方町（金井・元）、日光市（宮小来川・滝が原）、都賀町（升塚）、鹿沼市（引田）

篠崎　茂雄　栃木県立博物館　塩谷町（風見・船生・新谷）、足尾町（唐風呂・神子内）、粟野町（沢坪・日渡路）、都賀町（深沢）

木村　康夫　県立大田原女子高校　湯津上村（湯津上）

金井　忠夫　那須野が原博物館　西那須野町（西遅沢・東関根・槻沢）、那須町（芦野・富岡・寄居）

小貫　康夫　栃木県文化財保護指導員　黒磯市（板室・越堀）、大田原市（鹿畑）

新井　敦史　黒羽町教育委員会　黒羽町（雲岩寺・須佐木・久野又）

高瀬　竜司　民俗研究会　那須町（富岡・矢ノ目）

真保　昌弘　小川町教育委員会　小川町（谷田）

木下　　実　南那須町教育委員会　南那須町（八ヶ代・三箇）、喜連川町（葛城）
臼井　祥朗　那須文化研究会　塩原町（塩原・箒根）
中山　珖一　栃木県歴史文化研究会　矢板市（片岡・泉）、高根沢町（上高根沢）、氏家町（上阿久津）
黒崎　明子　烏山山上げ会館　烏山町（下境・大桶）
中山　岳彦　栗山村立川俣中学校　栗山村（日向）、藤原町（中三依）
佐藤　権司　栃木県歴史文化研究会　今市市（轟・小倉）、藤原町（小佐越）、日光市（和泉）
大沼　正代　栃木県歴史文化研究会　鹿沼市（千渡・笹原田）
市川佳代子　民俗研究会　鹿沼市（上殿町・西沢町）
海賀　正枝　栃木県歴史文化研究会　河内町（中岡本・叶谷・立伏）
舟山　陽子　栃木県立博物館　宇都宮市（宝木本町・新町）
上野とも子　宇都宮市文化財調査員　宇都宮市（城山・姿川・横川）
滑川　涼子　民俗研究会　宇都宮市（平出町・下川俣）
増山　孝之　宇都宮市教育委員会　宇都宮市（東刑部・氷室）、上河内町（中里・芦沼）
池田　貞夫　宇都宮市文化財調査員　宇都宮市（下金井町・篠井町）、今市市（薄井沢）
久野　俊彦　県立栃木南高校　南河内町（町田・坪山）、国分寺町（川中子）、石橋町（細谷・
下古山）
秋元　陽光　上三川町教育委員会　上三川町（上郷・上三川）
北島　隆行　栃木県歴史文化研究会　二宮町（鹿・石島・大道泉）
関沢　　昇　市貝町（市塙）、茂木（町田・河井）

関沢まゆみ　栃木県文化財保護審議員　市貝町（田野辺）
柳　繁夫　真岡市（若旅・西郷）
大谷津忠一　栃木県歴史文化研究会　芳賀町（上稲毛田・稲毛田・下高根沢・東高橋・西水沼・下延生）、真岡市（小林・飯貝・下篭谷・西田井）
岩下　祥子　栃木県歴史文化研究会　益子町（下大羽・上大羽・山本・大平）、茂木町（神井・天子）
小川　聖　小山市立博物館　小山市（平和・延島新田・南半田）、野木町（中谷）
上野　直哲　下野民俗研究会　小山市（上石塚・小宅）
中野　正人　壬生町歴史民俗資料館　壬生町（七ツ石・中泉・壬生）
小林　吉一　栃木県文化財保護審議員　栃木市（大宮町・柏倉町・皆川城内町・川原田町）
尾島　忠信　藤岡町歴史民俗資料館　藤岡町（下宮・太田・甲・藤岡・蛭沼・部屋）
三上　亮順　大平町歴史民俗資料館　大平町（西山田・西水代・富田）、岩舟町（下津原・小野寺）
津布久貞夫　葛生町教育委員会　田沼町（飛駒・田沼）、葛生町（葛生・豊代・牧）
尾花　久　佐野市郷土博物館　佐野市（君田町・大古屋町・出流原町）
日下部高明　栃木県歴史文化研究会　足利市（梁田・樺崎町・月谷町）

一　地名等は記録作成当時のものである。

一　記録作成に当たられた記録担当者、および調査に御協力いただいた資料提供者、市町村教育委員会、その他関係機関各位に深く感謝の意を表するものである。

目　次

北関東のササガミ習俗

I　茨城県のササガミ習俗

序章　調査に至る経緯および調査方法

本報告は、「北関東のササガミ習俗」に関する茨城県を対象とした調査をまとめたものである。

平成十二年十一月十七日、国の文化財保護審議会（当時）は「北関東のササガミ習俗」を記録作成等の措置を講ずべき無形の民俗文化財に選択することについて文化庁長官に答申し、同十二月二十五日に「北関東のササガミ習俗」は国の選定を受けた。

これを受けて翌平成十三年四月より関係市町村と茨城県教育庁文化課（以下、県文化課）、文化庁文化財部伝統文化課（以下、文化庁）との間で記録作成の方法等について協議を開始、習俗の分布が確認されている県西地区において組織されている、茨城県県西地区文化財研究協議会（以下、県西文化財協議会）を母胎として予備調査を行う方向で調整が進み、五月二十五日の平成十三年度県西文化財協議会総会において、予備調査への取り組みが承認された。この下で十一月十九日に文化庁において「ササガミサマの習俗」の取り扱いに関する協議会が開催され、文化庁、県文化課、県西文化財協議会より担当者が出席し、調査アンケートの作成と実施方法について協議が行われた。その結果、作成した調査アンケートについては回収率を考慮し、県文化課を通じて各市町村の文化財担当部局へ配布し、県西文化財協議会が回収し取りまとめを行うこととなった。アンケート調査は平成十四年一月二十二日から二月一日を期限として実施し、八五市町村（当時）のうち六〇市町村から回答があった。

平成十四年度に入ると、「北関東のササガミ習俗」の調査について文化庁を主体とする事前打ち合わせが開催され、六月五日に文部科学省仮設会議室（当時）において、文化庁、県文化課、茨城県・栃木県の民俗調査担当者の出席により協議が行われた。県西文化財協議会による予備調査の成果についても、この場において報告された。その後、民俗調査担当者を中心として茨城県ササガミ習俗調査会が結成された。

平成十六年十月に文化庁は、記録作成等の措置を講ずべき無形の民俗文化財「北関東のササガミ習俗」の記録作成事業を実施することとなり、茨城県においては茨城県ササガミ習俗調査会が委託を受け、十月一日から平成十七年三月三十一日を期限として調査を実施することとなった。

十月二十九日に古河歴史博物館において文化庁、県文化課および栃木県と茨城県の民俗調査担当者によって事前打ち合わせを実施、茨城県ササガミ習俗調査会（以下、調査会）は、平成十六年十一月八日に「北関東のササガミ習俗」調査に関する第一回打ち合わせ会を開催、以後、十二月二十日に第二回、平成十七年二月八日に第三回、三月二十二日に第四回の打ち合わせ会を開催して調査の実施と取りまとめにあたった。

調査方法はアンケート用紙を台帳とする対面調査を基本とし、茨城県内を一五八の調査区に分けて、各地区に調査員を派遣して調査を実施した。調査項目は県西文化財協議会の予備調査をベースとし、ササガミ習俗に焦点を当てて聞き取りを行うとともに、メカゴを立てるなど二月八日および十二月八日に実施されるその他の習俗についても調査を行った。調査項目等の詳細については調査票一覧の項で記述する。

本報告においては、調査結果に基づいて一五八の調査区を九つの地域に大別した上で、各調査区の習俗概要について記述するとともに、歴史史料や既存の調査報告についても収載し、茨城県におけるササガミ習俗を一覧できるように配慮した。

なお、調査区については便宜上、昭和三十三年時点の行政区を基本とし、習俗の分布が濃い筑波山周辺から猿島台地にかけての地域や、行政区が広い地域については更に細分化した。調査区の名称については、昭和三十三年時点の行政区名称を基本とし、細分化した場合は東西南北あるいは旧行政区名称を加えて呼称することとした。

また、記述にあたっては、話者の表現および調査票の表現を基本とし、用語についてはカタカナを用い、意味の通じにくいものについては括弧書きで語意を示した。ササダケなど一般名詞については漢字で表記し、モウソウダケ、クマザサなど品種を示すものについては片仮名で表記することを基本とした。「ササガミサマ」など、習俗の名称、去来神名称、ツクリモノ等に併用される呼称については、用語の混乱を避けるために、笹を土に刺して上部を丸めたものおよび類似したツクリモノを「ササガミ」と表記した。

第一章　茨城県におけるササガミ習俗

一　ササガミ習俗とコト八日の伝承

ササガミ習俗は一般に「茨城県や栃木県では、笹神様とか八日塔とかいって、ササダケ三本の先を結び、根元を広げて庭先に立て、結び目の所に、ウドン・ソーメン・ソバなどを上げる。笹神様は十二月八日に出稼ぎに行き、二月八日に帰って来るといい、出掛けるときは裏から出、帰るときは銭をもうけて表から帰って来るので、十二月八日は裏に、二月八日は表に笹を立てるとか、その逆という所もある。」（『日本民俗資料事典』一九六九年）と説明される。その材料とするササダケには、マダケ・モウソウダケ・シノダケ・クマザサ・オカメザサ・ガラガラダケ等様々であるが、要するにササガミとは、これらササダケの三本先を結んで立てて供物をあげたものである。このしつらえ自体をササダナ（境町）と呼び、神棚に準ずるものとする所もあるが、神様の出入口（つくば市作岡・石下町岡田）、供物の台座（八郷町小幡）ととらえる所もある。また、ササガミサマはオニの家だと語る人（岩井市・猿島町）もいた。なぜ笹を使うかということについて、笹は魔除けになる（岩瀬町今泉）と説明する家もある。

ここで、茨城県のササガミ習俗を概観するにあたり、茨城県内のコト八日の行事を整理しておく。外山善八は、茨城県のこの日の行事を「①子供の祝い日としてのエリカケモチ関係行事②針娘（はりこ）の針供養③エビス、ダイコク、ササガミなど、出稼ぎ神の門出としての行事、前記の④ヤクビョウガミ（厄病神）やヒトツメコゾウ（一つ目小僧）が跳りょうするため、それを寄せ付けず追い出す行事⑤それにまつわる前記の禁忌⑥当日の食べものに関するもの等」（『民俗学と茨城』一九七八年）に分類している。しかし、これまでの市町村史等や今回の調査から、茨城県のコト八日の主な要素を一覧するとおおよそ次の一五点があげられ、じつに多岐な様相をみせていることに気付かされよう。

①　妖怪等の去来（アクマ（悪魔）・オバケ（お化け）・ヒトツメコゾウ・ヒトツメダマノダンジュウロウ（一つ目玉の団十郎）・ヒトツメノカイブツ（一つ目の怪物）・ダイマナコ・ヒトツメノオニ（一つ目の鬼）・ヒトノマナコ・ヒャクマナコ・ネロハ・ヤクビョウガミ・ビンボウガミ（貧乏神）・オニ・泥棒等）
②　ササガミサマのまつり（ササガミサマ・ヨウガサマ・ヨウカドウ）
③　タノカミ（田の神）・ヤマノカミ（山の神）等の去来とそれに伴う儀礼（山入りの禁忌・空臼を三回たたく）
④　エビス・ダイコク等の去来（エビス講）
⑤　居住空間の表と裏、上を通る妖怪や神
⑥　メカゴ・ザルを立てて除災（上向き・下向き・鎌を付ける）
⑦　臭気を出して除災（ニンニクトウフ・豆柄と鰯の頭・ヒイラギ）
⑧　エビスが金銭を撒いて行く（銭撒き）
⑨　子供の祝い・除災（襟掛け餅・セマモリ（背守り）・子安講・犬供養）
⑩　餅・ダンゴ（おことの餅・襟掛け餅・オニのおっかね餅・オニのたまげた餅・太神楽餅）
⑪　仕事禁忌・山入り禁忌
⑫　早寝・早起き
⑬　履物等所有物を出さない
⑭　針供養（トウフ・こんにゃく・廃針の処理と供養）
⑮　カラス呼び

ここにあげたのは、ひとつひとつが単独の要素ではなく、それぞれが複雑に絡み合ってコト八日の行事が成り立っている。

そこで茨城県では、このササガミ習俗について、コト八日全体の中で位置付けようと、全県的に二月八日ならびに十二月八日の行事の調査を試みたのである。ここではその結果に基づき、ササガミ習俗を行っている地域に限定して、ササガミの実態とコト八日全体の習俗について概観する。

二　ササガミ習俗の分布と形態

このような全県的な調査はこれまでに、昭和四十四年、四十五年に行われた県内民俗資料緊急調査（『県内民俗資料緊急調査報告書』一九七一年）や、昭和五十八年、五十九年に行われた茨城県民俗文化財分布調査（『茨城県民俗文化財分布調査報告書―茨城県民俗文化財分布地図―』一九八五年）がある。これらの調査からササガミ習俗の分布範囲をみてみると次のようになる。

『県内民俗資料緊急調査報告書』によれば、昭和四十四年、四十五年当時、確認できる所では、笠間市・八郷町・協和町・大和村・真壁町・明野町・関城町・下館市・結城市・下妻市・千代川村・三和村（現三和町）・水海道市・筑波町（現つくば市）・鉾田町に及んでササガミの習俗が行われていたことが分かる。

また、『茨城県民俗文化財分布調査報告書―茨城県民俗文化財分布地図―』（一九八五年）によれば、十二月八日に限定しながらも、笠間市・八郷町・千代田町・明野町・真壁町・関城町・下館市・結城市・下妻市・千代川村・石下町・三和町・水海道市に分布し、一部を除きほぼ前回の地点で確認できる。

さて今回の調査結果においてその習俗が確認された地域は、笠間市・八郷町・協和町・大和村・真壁町・明野町・

関城町・下館市・結城市・下妻市・千代川村・石下町・八千代町・三和町・総和町・猿島町・岩井市・水海道市・つくば市・鉾田町である。この調査による分布の傾向をみるなら、鉾田町の一事例を除き、八溝山地の南端筑波山から笠間市周辺、そこから猿島台地にかけて広範囲にわたっている。鉾田町の一事例は、北浦の北岸にあたりその近くでは他に分布が確認されない。これは昭和二十年以前に行われていたもので、二月八日にウジガミサマの前でササダケ三本を立ててウドンを供えたもの（鉾田町上富田）といい、明らかにササガミの形態を持ったものである。

ところで先にあげたように、ササダケ・シノダケ・クマザサ等を三本立てて上部を結んだものをササガミであるかというと、必ずしもそうではない。今回の調査で明らかになったササガミの形態では極めて稀ではあるが、ササダケを四本使うもの（三和町上片田）、カヤをまとめて上部を結んだもの（総和町上大野）、ササダケを一本しか使用しないもの（総和町上大野）もある。また、二基作ったという所（岩井市・猿島町）や、主屋の裏に自生する隣り合わせのタケ三本を結んだだけのもの（大和村）もあった。

三　去来するモノたち

ササガミ習俗では、二月八日もしくは十二月八日にササガミが去来するものと考えられていたようであるが、ほかにも様々なモノが去来すると伝承されていた。

今回の調査で確認された去来するモノは、①ヒトツメコゾウ・ヒトツマナコノオオニュウドウ（一つ眼の大入道）（岩瀬町・八郷町・つくば市・大和村・真壁町・協和町・明野町・下館市・関城町・下妻市・結城市・八千代町・石下町・境町等）、②ササガミサマ・ヨウカドサマ（笠間市・つくば市・協和町・明野町・下館市・関城町・下妻市・結城市・八千代町等）、③ヤクビョウガミ・ヤクガミ（厄神）（笠間市・つくば市・協和町・下館市・下妻市・結城市・

境町等)、④ビンボウガミ(大和村・真壁町・下館市・下妻市・三和町等)、⑤オニ(岩瀬町・八郷町・下妻市・結城市・猿島町・岩井市・境町等)、⑥ワルモン(悪者)(八郷町等)、⑦エビスサマ・ダイコクサマ(八郷町等)、⑧アクマ・オバケ(下妻市・結城市等)、⑨ヤマノカミ・タノカミ(石下町等)、⑨アカツラバアサマ(真壁町東山田)があげられている。

この日そのものの呼び方も去来するモノと大いに関係があり、ササガミサマが去来するということからササガミサマないしはササガミサマの日と呼ぶ地域が多い。しかし、県内の中央部から西にかけては、日にちそのものを指すニガツヨウカ・シワスヨウカと呼ぶ地域も少なくない。このほか、ヒトツメコゾウや目に特徴のある魔物がやって来ると伝承されているところから、ダイマナク・ヒャクマナコと呼んでいる地域もある。

さて、この日に去来するモノが様々な姿をしていたことはこれまでに記したとおりであるが、果たしてどのような性格を持ったものであったのだろうか。ササガミサマを例にすると、その多くがビンボウナカミ(貧乏な神)(八郷町・大和村・真壁町・協和町・下妻市・石下町等)であったという。また、フクノカミ(福の神)(八郷町)・タノカミ(下妻市・石下町)とする地域もあった。ビンボウナカミとする地域では、十二月には借金取りが来るので裏庭に隠れるためササガミを裏に作り、二月になると心配がなくなるので表に作る(真壁町他)といった伝承がある。一方でフクノカミとする地域では、ササガミサマを迎えるために作りお金が入って来るといった。これは茨城県南部に、エビスサマもしくはダイコクサマが二月に表から稼ぎに出て行き、十二月に裏から帰って来るという伝承があることと大いに関係している。例えば八郷町小幡では、二月八日はエビスサマが金もうけに行く日とし、十二月八日はもうからなかったので裏から入って来る日としてササガミを作っている。三和町東山田・岩井市中里では正月二十日のエビス講にササガミを作ったという。こういった地域ではエビス信仰との習合が認められるのである。また、富を求めて稼ぎに出るのがムラの長老(八郷町狢内)であったり、ウジガミサマ(下妻市堀篭)であったりすることもある。ササガミサマをタノカミとする地域では、十二月は農事を見守っていた神が山に帰り、二月に再び帰って来て家を守るものとしていた。ササガミもタノカミを祀るものとして作ったのだという（石下町向石下）。

四　ササガミ習俗の期日と供物

ササガミは、その神が去来する二月八日・十二月八日に作られることが多いが、二月のみ（八郷町・つくば市・境町）、十二月のみ（真壁町・岩瀬町・つくば市・結城市・八千代町・大和村）の地域もある。作る時刻においては、夕方（笠間市・岩瀬町・八郷町・つくば市・大和村・真壁町・協和町・明野町・下館市・下妻市・千代川村・結城市・八千代町・石下町・三和町・猿島町・岩井市・境町）という地域が多い。また、朝に作る所や前日の夜という所も少なくない。

供物は器を設けてあげることは稀で、そのほとんどが笹を結んだ上部に直接載せていた。供物の内容は、これまでの『県内民俗資料緊急調査報告書』『茨城県民俗文化財分布調査報告書―茨城県民俗文化財分布地図―』では、ササガミについてはウドンの記載のみであったが、実態としてはソバ（笠間市・岩瀬町・八郷町・つくば市・大和村・真壁町・協和町・下館市・関城町・下妻市・千代川村・結城市・八千代町・石下町・三和町・猿島町・岩井市・境町）・ウドン（岩瀬町・つくば市・大和村・真壁町・協和町・下館市・関城町・下妻市・千代川村・結城市・八千代町・石下町）・赤飯（八郷町・つくば市・協和町・下妻市・結城市・八千代町・石下町）・ダンゴ（結城市・八千代町）なども供物となっていた。所によっては二月と十二月で供物を換えている家もあった。

五　ササガミに付随する行事・禁忌俗信

この日、ヒトツメコゾウやオニの去来に対抗してメカゴを立てて退散させるという。これはササガミを作る家でも行っていた。例えば岩瀬町今泉のある家では、二月は表、十二月は裏にササガミを作っていた。それとともにオニ（ヒャクマナコ）が表から来るというので籠を立てたという。境町伏木でもこの日には、ヒトツメコゾウが来て子供を懲しめるというのでこれを退散させるため、もしくはアクマ除けとして、メカゴを竹竿に逆さに付け主屋の表に立て掛けたという。このようにヒトツメ（一つ目）のモノに対抗するため、沢山の目があるメカゴをもって退散させようとした習俗には、ほかに庭にイットザル（一斗笊）を置く家（つくば市北条・つくば市小泉）や、玄関の右に釘が打ってあり、そこにメケエカゴ、目のいっぱいある大きな目の籠を掛ける家（八郷町小幡）などがある。

このほか、戸口にヒイラギやイワシの頭を挿す家（下妻市山尻・千代川村宗道・同村鎌庭・結城市小森・八千代町平塚・同町大間木・石下町玉村）、カラス呼びをする家（結城市小森）などもあった。

この日に対する禁忌も数多くみられ、とりわけ山に対する忌みは強く、この禁忌を犯すと身体の危機にさらされることもあったという。例えば八郷町小幡では、月々の八日はアクビ（悪日・厄日）で「山へ行くのはいいもんじゃない」といい、八日は山へは入らなかったという。また、山に入るとヤクビョウガミサマのたたりに遭い、道に迷って山から出られなくなったり、怪我をしたらなかなか治らなくなってしまうというので、山に入ってはいけない（下妻市高道祖・八郷町小幡）という所もあった。さらに身体的危機から発展して、病院へ行ってはいけない日としている（結城市山川新宿・同市江川新宿）所もあり、八郷町小幡細谷では毎月八日は病院に行かないという。このように病にかかわることでは、ササガミの下をくぐるとおできができない（下妻市山尻・同市大木・明野町向上野）という所もある。この他、履物を表へ出しておかない（岩瀬町今泉・下妻市黒駒・総和町上大野）、ネギ・ニラを食べない（結城市北南茂呂）、白いもの（布等）を出してはいけない（明野町東石田・岩井市・猿島町）という所もあった。

この日、ヒトツメノヨウカイ（一つ目の妖怪）のように何か得たいの知れない魔物がやって来ると考えられ、これをメカゴなどで拒否していた。その一方で、ビンボウガミでありフクノカミであるササガミサマを迎えて蓄財を祈願した。アクビ（悪日・厄日）として忌まれる日でありながら、二月八日をフクノカミ、サクガミサマ（作神様）に豊作を祈願する日（下妻市大木）、その年の五穀豊穣と幸せを願う日（八郷町浦須）としたともいう。茨城県のコト八日は、じつに多岐にわたる様相を見せた日であったのである。

第二章　調査報告（地区別）

一　古河周辺地域

三和北部（No.147）　＊No.は調査区分図の地区No.に対応している

三和町上片田のA家では、二月八日、十二月八日の名称は特にないという。この両日はビンボウガミ（ササガミサマ）がやって来るといわれ、昭和四十年頃まで「ササガミ」（ササガミサマと呼ぶ）を作っていた。このササガミサマは、年内（十二月）は主屋の裏、二月は表に作った。年内に裏へ作るのは「ある農家で生活程度が低かったので、ササガミサマは裏の笹藪に身を隠したから」という。ササガミサマの材料となる笹は、屋敷の西側にある竹山へオヤジ（男性の世帯主）が取りに行きそれぞれの場所に設置した。A家のササガミサマは、およそ六〇センチメートルの笹を四本地面に突き刺して、これを二本ずつ取りまとめて上で結んだものである。供物はこの結び目に供える。

A家の場合、供物はソバで当日の夜作った。皿に盛って箸ですくって載せたというが、全てを供物とせずに残しておき、持ち帰って家族で食べるソバにまぜてみんなで食べたという。このササガミサマは、二、三日そのまま置いておいてから片付けた。

このほかA家では、二月八日にダンゴを作り屋敷内の神々や建物の入口などに挿したという。また、メエケを竹に付けて屋根に立て掛けたという。これもササガミサマ同様、年内は主屋の裏、二月は表に立て掛けた。メエ

ササガミサマ（茨城県三和町）

ケを立て掛けるこの行為をデェマナクといったという。

上和田のB家では、二月八日、十二月八日には、「ササガミ」（ササガミサマと呼ぶ）とメカゴを竹竿の先に掛けたものを立てていた。ササガミサマは主屋の裏にササダケ三本の先を結んで立てた。これにはウドンを供物とした。メカゴも主屋の表の軒に立て掛けていた。

さらに『三和町史　民俗編』（二〇〇一年）によると次のような事例をうかがうことができる。

上根のC家では、二月八日と十二月八日にはソバを打って「ササガミ」（ササガミサマと呼ぶ）に供えた。ササガミサマはタケザサを三本立てて先を合わせて丸めたもので、この丸めた上の部分にソバをあげた。このC家では、メカゴを竿に付けて軒に立て掛けることも行っていた。メカゴは穴が沢山あいているのでダイマナグというアクマが驚いて来ないという。

上根のD家では、この日はオニが通る日であるという。大きい目をいくつか上げておけば怖がって来ないといい、メカゴを竹の竿に付けて魔除けとして主屋に立てた。「ササガミ」（ササガミサマと呼ぶ）に朝はダンゴ、夜はソバを供えた。ソバは器に盛って供えるのではなく、直接ササダケを丸めた上に掛けた。D家ではササガミサマはビンボウガミであるという。

仁連江口のE家では、この日はネロハというオバケが来るといわれていた。そのためアクマ除けとして、草取りに使うメエケを棒に刺して主屋に立て掛けていたという。これは、メエケに目が沢山あるのでアクマが恐れて来ないという。コトヨウカの日は「オバケが出るから早く寝ろ」と言われたという。また、この日は「ササガミ」（ササガミサマと呼ぶ）を主屋の表に作りヒモカワウドンを供えた。十二月八日には主屋の裏にササガミサマを作った。

下片田のF家では、昭和三十年頃までメエケを竿の先に付けて家に立てていた。また、「ササガミ」（ササガミサマと呼ぶ）に夜ウドンやソバをあげる。シワスヨウカ（十二月八日）にも同じことをしたという。

三和東部（No.148）

三和町山田のA家では十二月八日をシワスヨウカと呼んでいる。このシワスヨウカと二月八日には魔除けとしてメカイカゴを立てた。メカイカゴは目が多いのでこれをもって魔物に寝てもらうという。また、この日はネギをむいたクズを燃やしたりソバを作ったという。

A家の大正十三年生まれの女性によれば、A家の本家では「ササガミ」（呼称はない）を作っていたという。この習俗を昭和二十年頃まで行っていたと記憶している。行っていた期日は正月のエビス講（一月二十日）であった。

三和南部（No.149）

『三和町史　民俗編』（二〇〇一年）によると、三和町丸山のA家では大戸の辺りの軒先に半メケというメカゴを竿に立てた。ヒトツメコゾウが来るから厄除けだといった。「ササガミ」（ササガミサマと呼ぶ）は笹を三本組み合わせてソバをひとつまみかけて供える。二月八日は主屋の表、十二月八日は裏に作ったという。昭和から平成に変わる頃やめた。

恩名下坪のD家では、「ササガミ」（ササガミサマと呼ぶ）にウドンを掛けて供える。このほかヒトツメコゾウが来るからといって主屋にはメカゴを立てた。これは戦前まで行っていた。

猿島西部・東部、岩井北部・南部（No.150〜153）

猿島町・岩井市では、二月八日と十二月八日にオニが来るといわれていた。子供の頃には本当にオニが来る晩だと思い恐しかったと述懐する人もいた。

ここでは、「ササガミ」（ササガミサマと呼ぶ）を作った行事を執り行う家も多く、昭和二十年代、三十年あるいは三十六年頃まで行っていた家もある。中には珍しい習俗なので、もう廃れてはいたが子供に実際の様子を見せるために昭和四十年頃再現して見せたという家もあった。そのほとんどが師走の八日と二月の八日、計二回行ったと記憶していた。

ササガミサマは師走の八日は裏庭へ作り、二月八日には表の庭に作る。十二月はエビスダイコクサマもくしはオカマサマが裏から稼ぎに出るからだという。また、二月は稼ぎから帰る日だといい、師走は旅立ちの馳走、二月は迎えの馳走だといっている。

ササガミサマは笹を三本取ってきて地面に刺して先端を結び、その上にソバを供えるものであった。多くは一基であるが、一対作ったという家もあったという。ササガミサマをオニの家だと語る人もいた。ソバは八日の夕方供える家が多かった。

また、この日はオニのおっかけ餅・オニのタマゲタ餅という餅を作った。この餅の作り方は、クズゴメの粉、モロコシの粉などなるべく黒い粉を用いて手でよくこねて中にサツマイモの餡を入れる。大きさは手の平ぐらいで大きく形を整え焙烙で焼き、次にそれを火代《ひじろ》のクヨキリの中に入れ、二、三時間そのままにしてゆっくり焼いたものである。猿島町の北生子ではこの餅をちぎって、家の出入口、納屋などの入口に張り付けた家もあった。また、この餅をおかぐら餅という。それは、クヨキリの中から取り出した餅は熱いので吹く、灰が付いているのでたたく、その所作が笛や太鼓で奏でるオカグラに似ているからだという。

また、メカゴを竿に付けて立てる家も多く七日の夕刻に行ったという。

オニ以外の来訪では、猿島町逆井西坪の明治三十四年生まれの女性は、「この日は恐ろしいものが来るから嫁さんは早く寝ろ」といわれたという。いつも就寝は遅いのが日常だったので覚えていると語っていた。

このほか、ふだん朝起きて表の戸から開けるが、この日だけは裏の戸から開けろといわれたという。

猿島西部・東部（No.150・151）

『猿島町史　民俗編』（一九九八年）によれば、二月八日、十二月八日をササガミサマといって、笹を三本庭に立て先端を結びそこへソバを供えた。二月は表の庭に、十二月は裏の庭に立てる。これはエビスサマ（地区によってはオカマサマとも呼ばれている）が十二月に裏から稼ぎに出て、二月に表から帰って来るというわれからで、十二月は旅立ちのご馳走、二月は迎えのご馳走だといわれている。

猿島町逆井西坪のA家ではこの日に恐ろしいものが来ると伝えられており、逆井山（井岡）のB家ではヒトツメノカイブツが来ると伝えられていた。また、オニが来ると信じられていた所も多く、逆井山のC家ではオニが来るというのでミイケを立てたといい、部屋を閉め切ってネギを焼いた。C家ではこの日ソバをぶったという。ソバを作る家はほかにもあり、菅谷北のD家ではこの晩のソバのシタジ（汁）にネギを用いてはいけないといった。北生子のE家ではオニのおっかけ餅・オニのタマゲタ餅をちぎって、家の出入口、納屋などの入口に張り付けたという。何かを退散させようとする行為はほかにもあり、逆井山（上新田）のF家ではこの日クズゴメの粉で小さなダンゴを作り、ザクマタのあるナラの小枝に小豆アンを付けたダンゴ、片方にトウガラシを付けたダンゴを付け、節分のイワシのように戸袋のすき間に挿したという。F家ではこの日、白い布を出すなといわれた。

沓掛根古内では、この日はヨーカというので病気を含め何事も長引きよくない日であるといい、この夜はソバ・ウドンなど長い物を作るのだという。

岩井南部（No.152・153）

岩井市長須向地のA家では、ササガミ（名称なし）を二月八日に井戸端に作っていたという。

小山のA家では、二月八日に主屋の表側にメカゴを竿に付けて立てた。これはメカゴに目が沢山あるからだという。

また、この日は針供養を行う日であるとされた。針供養はオハリヤ（裁縫所）とそこに通う者が行った。五目飯を作り、疲れた針をトウフに刺して川に流したという。

長谷のB家では、二月八日、十二月八日の夕方、長い物がよいというので井戸の中へウナギを放したという。

『岩井市史　民俗編』（二〇〇一年）によれば、「この日、ササガミサマといって笹を三本庭に立て先端を結ぶ、そこへソバを供えた。二月のこと八日には表の庭へ、十二月のこと八日には裏の庭に立てる。これはエビスサマ（地区によってはオカマサマ）が十二月に裏から稼ぎに出て、二月に表から帰って来るといわれるからで、供えるソバは旅立ちと迎えのご馳走だといわれている」とあるように、岩井市内でも二月八日、十二月八日にササガミ習俗が行われていたのであるが、その期日についてはエビス信仰との習合がみられ次のような事例もある。すなわち「郷土の恵比寿講と由来」（倉持秀雄『郷土史研究会会報』第四号、一九九一年）によれば、岩井市中里では一月二十日は裏庭に、三ツ足というクマザサに似た長い葉を三ツ股に組んでその上にソバを載せ、エビスサマのご来迎に供えたという。エビスサマは裏口から入って来ると信じられていた。

総和全域（No.154）

総和町前林のA家の大正十年生まれの女性は、同町砂井新の実家ではこの日にワルモンがやって来るといわれていた。そこでこのワルモンを退散させるため、部屋を閉めきってネギを燃やし、軒にはメカゴを付けて立てたという。

上大野のB家では、二月八日をニガツヨウカ、十二月八日をシワスヨウカと呼び、ヒトツメダマノダンジュウロウやネロハという妖怪がやって来ると伝えている。浄土真宗のB家では「ササガミ」を作ることはないというが、八日の前日の晩に、ヒトツメダマノダンジュウロウが来るというので、一つ目玉より目の多いメエケを竿の先に下向きに掛けて、主屋の表側の入口辺りに立てた。また、「ネロハが来るから早く寝ろ」といわれたという。

「ササガミ」は、三本の笹を結ぶ形態が一般的とされるが、ここ上大野では違った形態の「ササガミ」があったことをうかがうことができる。例えば「イエと行事　二」「イエと行事　四」（立石尚之『茨城の民俗』第二七号・二九号、一九八八年・一九九〇年）には、上大野のC家の事例が紹介されている。C家では二月八日をササガミサマ、十二月八日をシワスヨウカもしくはササガミサマと呼んでいる。二月八日には、「ササガミ」（ササガミサマノウマと呼ぶ）を主屋の表に立てるのであるが、これはササダケを使わずカヤの束の先を結んだものである。この上に供物のソバを箸ですくって結んだ部分に載せるのだという。十二月八日には、このカヤで作ったササガミサマノウマを主屋の裏に作る。供物は二月同様、ソバを箸ですくって上に載せたという。この家ではササガミサマはビンボウガミだといわれている。またC家では、この日にはヤクビョウガミである「ヒトツメダマノダンジロウ」が来るというので、七日の晩から八日の晩まで主屋の軒下にメエケを付けた竿を立て掛けておいた。ダンジロウは、この日履物を外に出しておくとハンコを押して行くという。ハンコを押された下駄や草履をはくと足が重くなると伝えられているため、履物は全て軒下にしまいこんだという。このほかにこの日には、ヒイラギを二本ずつ、トシコシのヤッカガシ同様主屋の戸口四カ所に挿したという。

このほか「事八日に訪れる神　総和町上大野のコト八日とササガミサマ」（立石尚之『茨城の民俗』第三〇号、一九九二年）によれば、上大野のD家では、二月八日、十二月八日をササガミサマといい、「ササガミ」（ササガミサマと呼ぶ）を作っていた。D家のササガミサマは、先を丸めて結んだササダケを一本のみで、十二月八日には主屋の裏に、二月八日には表に作るのだという。供物はウドンを作り結んだ笹の上に供えた。大正九年生まれの男性によれば、「ササガミサマはビンボウガミで、借金取りに追われて暮れには家の裏に逃げ隠れ、年が明けると晴れて表に出られる」といわれているという。

また、上大野のE家では、二月八日、十二月八日をササガミサマといって、ササダケを三本立てて先をまとめ合わせて皿のように丸めたものを作った。その皿の部分にソバを供えた。

境西部・東部（No.155・156）

境町長井戸や若林では、ササガミ習俗の確認がなされなかった。しかしそのような家でも、二月八日、十二月八日にはメカゴを立てたという。

志鳥のA家では、二月八日をニガツヨウカ、十二月八日をシワスヨウカと呼んでいる。大正十年生まれの女性によれば、この日はオニがやって来るとされていた。これに対抗するために、目の多いミイケを棒に刺し主屋の表に立て掛けていた。また、メカゴとは別に「ササガミ」（名称はない）を二月八日には主屋の裏、十二月八日には主屋の表に作っていた。これは、当日の夕方その家の年寄りが、九〇センチメートルほどのササダケを取ってきて作るもので、夕方打ったソバを供物とした。このササダケの採取場所は特に決まっていなかったといい、翌日（九日）のうちに片付けた。この家では、この行事を昭和三十年頃まで続けていたという。また、この日は早寝をするものだといった。

伏木のB家の昭和三年生まれの男性によれば、B家では二月八日に裏の勝手口にヤクビョウガミがやって来ると伝えられている。この日、ササダケを三本勝手口の井戸端に立てて上部を結び、ソバをその上に供えた。これをササダナという。また、オッカネモチというソバをこねて焙烙でせんべいほどの大きさに焼いた餅を作った。そのほか、この日にはヒトツメコゾウが来て子供を懲らしめるというので、これを退散させるため、もしくはアクマ除けとして、メエケを竹竿に逆さに付け主屋の表に立て掛けたという。これらは、子供の頃まで行っていた。伏木では、ササダナを主屋の表に作っていたという家もあった。

古河全域（No.157）

古河市では、ササガミ習俗の確認がなされなかった。

古河市錦町のA家では、十二月八日をシワスヨウカと呼んでいる。この日は、ヒトツメコゾウの団十郎やネロハがやって来ると伝えている。夕方になるとボンデン（梵天）を付けた竿にミーカエを付けて主屋の前に立てる。竿の前には台を置き、御神酒・水・塩・カピタリモチを供える。また、台の上には御幣や木で作った男根・女陰を置く。供物のカピタリモチの半分は渡良瀬川に流し、残り半分は分家に分けたという。

メカゴタテ（茨城県古河市）

五霞全域（No.158）

五霞町では、ササガミ習俗の確認がなされなかった。

五霞町元栗橋のA家では、二月八日をニガツヨウカ、十二月八日をシワスヨウカという。この日はオニがやって来ると伝えられている。「ササガミ」を作ったことはないが、メエケを竿に付けて主屋の軒に立て掛けた。メエケは沢山の目があり大勢の目が見ているからオニが退散するといわれている。この日は夜ソバを作り神棚へ供えるという。

元栗橋のB家の昭和十一年生まれの男性は、小学校一、二年の頃、竿にメーケカゴを逆さに掛けて主屋に立て掛けたことがあった。しかし、その期日については記憶にないという。

二　鬼怒川・小貝川流域北部

筑波北部（No.80）

つくば市中菅間のA家では、二月八日をコトハジメ・ササガミサマ、十二月八日をコトジマイ・ササガミサマと呼んだ。この両日にはヒトツメコゾウがやって来るといわれ、昭和三十年頃まで「ササガミ」（ササガミサマと呼ぶ）を当日の昼に作り、二月八日は主屋の表、十二月八日には主屋の裏に立てた。「ササガミ」の材料となるクマザサは家の周りに生えているものを男性が取りに行った。A家の「ササガミ」は、クマザサ三本の接点を結び、その結び目に供物をする形のもの。供物は二月がウドン、十二月がソバで当日の昼に作った。この「ササガミ」は翌日の昼に取り除いた。

このほかA家では、二月八日と十二月八日にメカゴを竹に付け主屋の表に立て掛けた。

菅間のB家では、二月八日、十二月八日をササガミサマと呼んだ。この両日にはヒトツメコゾウやササガミサマがやって来るといわれ、十二月八日のみ、昭和三十年頃まで「ササガミ」（ササガミサマと呼ぶ）を当日の午後六時頃に作り主屋の裏に立てた。「ササガミ」の材料となるササダケは庭先に生えているものを男性が取りに行った。B家の「ササガミ」は、ササダケ三本の接点を結び、その結び目に供物をする形のものである。供物は赤飯で当日の夕方作った。この「ササガミ」は翌日の朝に取り除いた。

このほかB家では、二月八日と十二月八日には早寝をし、またメカゴを竹に付け主屋の表に立て掛けた。

筑波東部（No.81）

つくば市北条のA家では二月八日に針供養を行い、特別な食べ物として、二月八日、十二月八日それぞれにゴモクゴハンを作ったが「ササガミ」は行わなかったという。

北条のB家では二月八日をササガミサマと呼んだ。この日はササガミサマがやって来るといわれ、昭和十年頃まで「ササガミ」（ササガミサマと呼ぶ）を当日の午後五時頃に作り主屋の裏に立てた。「ササガミ」の材料となるササダケは近所に生えているものを主人が取りに行った。

B家の「ササガミ」は、一メートル弱のササダケ三本を上部で一つに結び、その結び目に供物をする形のものである。供物は赤飯で当日作った。この「ササガミ」は翌日取り除いた。

このほかB家では、二月八日と十二月八日にメカゴを竹に付け主屋の表に立て掛けた。また、庭にイットザルを置いた。

小泉のC家では、二月八日をササガミサマと呼んだ。この日はササガミサマがやって来るといわれ、昭和二十年頃まで「ササガミ」（ササガミサマと呼ぶ）を当日の午前七時頃に作り主屋の裏に立てた。「ササガミ」の材料となるササダケは自宅の竹林に主人が取りに行った。

C家の「ササガミ」は、一メートル弱のササダケ三本を上部で一つに結び、その結び目に供物をする形のものである。供物は赤飯で当日作った。この「ササガミ」はその日の夕方に取り除いた。

このほかC家では、二月八日と十二月八日にメカゴを竹に付け主屋の表に立て掛けた。また、庭にイットザルを置いた。

筑波西部（No.82）

つくば市水守のA家では、二月八日、十二月八日をササガミサマと呼んだ。この両日にはヒトツメコゾウがやって来るといわれ、昭和二十年頃まで「ササガミ」（ササガミサマと呼ぶ）を当日の夕方に作り、二月八日は主屋の表、十二月八日には主屋の裏に立てた。「ササガミ」の材料となる竹は家の裏に男性が取りに行った。

A家の「ササガミ」は、竹三本の接点を結び、その結び目に供物をする形のもの。供物はウドンで当日の夕方作った。この「ササガミ」は翌日の昼に取り除いた。

このほかA家では、二月八日と十二月八日にメカゴを竹に付け主屋の表に立て掛けた。田中のB家では、二月八日、十二月八日をササガミサマと呼んだ。この両日にはササガミサマがやって来るといわれ、昭和二十年頃まで「ササガミ」（ササガミサマと呼ぶ）を当日の夕方に作り、二月八日は主屋の表、十二月八日には主屋の裏に立てた。「ササガミ」の材料となるササダケは庭先に生えているものを男性が取りに行った。

B家の「ササガミ」は、ササダケ三本の接点を結び、その結び目に供物をする形のものである。供物はウドンで当日作った。この「ササガミ」は翌日の昼に取り除いた。

このほかB家では、二月八日と十二月八日にメカゴを竹に付け主屋の表に立て掛けた。

水守のC家では、二月八日をササガミサマと呼んだ。この日にはヒトツメコゾウ・ヤクビョウガミ・ヤクガミ・ササガミサマがやって来るといわれ、昭和二十年頃まで「ササガミ」（ササガミサマと呼ぶ）を当日の夕方に作り主屋の表に立てた。ササガミサマを祀る理由は魔除けのためという。「ササガミ」の材料となるササダケは自宅の竹林に男性が取りに行った。

C家の「ササガミ」は、ササダケ三本の接点を結び、その結び目に供物をする形のものである。供物は赤飯・ウドンで当日の夕方作った。この「ササガミ」は翌日の朝に取り除いた。

このほかC家では、二月八日と十二月八日にメカゴを竹に付け主屋の表に立て掛けた。

作岡のD家では、二月八日、十二月八日をササガミサマと呼んだ。この両日にはヒトツメコゾウがやって来るといわれ、昭和三十年頃まで「ササガミ」(ササガミサマと呼ぶ）を当日の夕方に作り、二月八日は主屋の表（表門の方)、十二月八日には主屋の裏（勝手場の近く）に立てた。二月八日はササガミサマを送り出すため家の表に、十二月八日はお金を持って帰って来るので裏に立てた。また、ササガミサマを祀る理由はカミサマ（神様）の出入口であるからという。「ササガミ」の材料となる竹は自宅の竹林に家族が取りに行った。

D家の「ササガミ」は、竹三本の接点を結び、その結び目に供物をする形のものである。供物は赤飯かマゼゴハン（シロメシでないもの）で当日の夕食時に作った。

このほかD家では、二月八日と十二月八日にメカゴを竹に付け主屋の表に立て掛けた。

大穂全域（No.83）

つくば市吉沼のA家では、二月八日、十二月八日の両日、特別なことは行わなかったという。

明野東部（No.114）

明野町海老ヶ島のA家では、二月八日をササガミサマと呼んだ。この日にはヒトツメコゾウがやって来るといわれ、昭和三十年頃まで「ササガミ」（ササガミサマと呼ぶ）を当日の夕方に作りウジガミサマの所に立てた。ササガミサマを祀る理由はウジガミサマのためという。「ササガミ」の材料となる竹は家族の者が取りに行った。A家の「ササガミ」は、竹三本の接点を結び、その結び目に供物する形のものである。供物はソバ・ウドンであった。

このほかA家では、二月八日にメカゴを竹に付け主屋の表に立て掛けた。

明野西部（No.115）

明野町村田のA家では、二月八日をニガツヨウカ・ササガミサマ、十二月八日をシワスヨウカ・ササガミサマと呼んだ。この両日にはヒトツメコゾウ・ササガミサマがやって来るといわれ、昭和三十年頃まで「ササガミ」（ササガミサマと呼ぶ）を当日の夕方に作り、二月八日は主屋の表、十二月八日には主屋の裏に立てた。ササガミサマを祀る理由は魔除けのためという。「ササガミ」の材料となるササダケは近くの竹林に戸主が取りに行った。

A家の「ササガミ」は、ササダケ三本の接点を結び、その結び目に供物をする形のものである。供物は赤飯で当日の夕方作った。この「ササガミ」は自然に形が壊れるまで置いておき後で燃やした。

このほかA家では、二月八日と十二月八日にメカゴを竹に付け主屋の表に立て掛けた。また、二月八日に針供養を行った。

明野南部（No.116）

明野町東石田のA家では、二月八日、十二月八日をササガミサマと呼んだ。この両日にはササガミサマがやって来るといわれ、昭和三十年頃まで「ササガミ」（ササガミサマと呼ぶ）を当日の夕方に作り、二月八日は主屋の表、十二月八日には主屋の裏に立てた。「ササガミ」の材料となる竹は近くの竹林に女性（婦人）が取りに行った。

A家の「ササガミ」は、竹三本を上部で一つに結び、その結び目に供物をする形のものである。供物はウドンで当日の夕方作った。この「ササガミ」は翌日取り除いた。

下館北部（No.117）

下館市掉ヶ島のA家では、二月八日、十二月八日をダイマナク、ササガミサマと呼んだ。この両日にはヤクビョウガミ・ヤクガミ・ビンボウガミ・ササガミサマがやって来るといわれ、平成五年まで「ササガミ」（ササガミサマと呼ぶ）を当日の夕方（午後五時三〇分頃）に作り、二月八日は主屋の表、十二月八日には主屋の裏に立てた。ササガミサマを祀る理由は無病息災を願うためという。「ササガミ」の材料となるクマザサは近くの山や神社に男性が取りに行った。

Ａ家の「ササガミ」は、高さ五〇～六〇センチメートル、クマザサ三本を上部で一つに結び、その結び目に供物をする形のものである。供物は茹でたウドンで当日の夕食時に作った。この「ササガミ」はそのままにしておきニワトリや犬の餌になった。
このほかＡ家では、二月八日と十二月八日にメカゴを竹に付け主屋の表に立て掛けた。また、二月八日に針供養を行った。

下館東部（No.118）
下館市野田のＡ家では、二月八日をニガツヨウカ・ササガミサマ、十二月八日をシワスヨウカ・ササガミサマと呼んだ。この両日にはヒトツメコゾウ・ササガミサマがやって来るといわれ、昭和三十年頃まで「ササガミ」（ササガミサマと呼ぶ）を当日の夕方に作り、二月八日は主屋の表、十二月八日には主屋の裏に立てた。ササガミサマを祀る理由は魔除けのためという。「ササガミ」の材料となるササダケは竹林に戸主が取りに行った。
Ａ家の「ササガミ」は、ササダケ三本の接点を結び、その結び目に供物をする形のものである。供物はウドンで当日の夕方作った。この「ササガミ」は翌日取り壊し燃やした。
このほかＡ家では、二月八日と十二月八日にメカゴを竹に付け主屋の表に立て掛けた。また、二月八日に針供養も行った。

下館西部（No.119）
下館市岡芹のＡ家では、二月八日、十二月八日をササガミサマと呼んだ。この両日にはヤクビョウガミ・ヤクガミ・ビンボウガミがやって来るといわれ、平成五年まで「ササガミ」（ササガミサマと呼ぶ）を当日の夕方（午後五時頃）

に作り、二月八日は主屋の表、十二月八日には主屋の裏に立てた。ササガミサマを祀る理由は無病息災を願うためという。「ササガミ」の材料となるクマザザは山や神社の裏などに男性が取りに行った。

A家の「ササガミ」は、クマザサ三本の接点を結び、その結び目に供物をする形のものである。供物は茹でたソバ・ウドンで当日の夕食時に作った。この「ササガミ」はそのままにしておきニワトリや犬の餌になった。

このほかA家では、二月八日と十二月八日にメカゴを竹に付け主屋の表に立て掛けた。また、二月八日に針供養も行った。

下館南部（No.120）

下館市西方のA家では、二月八日をニガツヨウカ・ササガミサマ（オモテササガミサマ）、十二月八日をシワスヨウカ・ササガミサマ（ウラササガミサマ）と呼んだ。この両日にはヒトツメコゾウ・ササガミサマがやって来るといわれ、昭和四十年頃まで「ササガミ」（ササガミサマと呼ぶ）を当日の夕方に作り、二月八日は主屋の表、十二月八日には主屋の裏に立てた。ササガミサマを祀る理由は魔除けのためという。「ササガミ」の材料となるササダケは竹林に家長が取りに行った。

A家の「ササガミ」は、ササダケ三本の接点を結び、その結び目に供物をする形のものである。供物はウドンで当日の夕方作った。この「ササガミ」は翌日取り壊し燃やした。

このほかA家では、二月八日と十二月八日にメカゴを竹に付け主屋の表に立て掛けた。とりわけ二月八日には針供養を行った。また、この日にはスイジンサマ（水神様）にお供え（誰も使用していない朝一番の水）をした。

関城西部（No.121）

関城町西保末のA家では、二月八日をニガツヨウカ・ササガミサマ（オモテササガミサマ）、十二月八日をシワスヨウカ・ササガミサマ（ウラササガミサマ）と呼んだ。この両日にはヒトツメコゾウ・ササガミサマがやって来るといわれ、昭和四十年頃まで「ササガミ」（ササガミサマと呼ぶ）を当日の夕方に作り、二月八日は主屋の表、十二月八日には主屋の裏に立てた。ササガミサマを祀る理由は魔除けのためという。「ササガミ」の材料となるササダケは竹林に家族の者が取りに行った。

A家の「ササガミ」は、ササダケ三本の接点を結び、その結び目に供物をする形のものである。供物はソバで当日の夕方作った。この「ササガミ」は自然に形が壊れるまで置いておき後で燃やした。

このほかA家では、二月八日と十二月八日にメカゴを竹に付け主屋の表に立て掛けた。また、二月八日に針供養を行った。

関城中部（No.122）

関城町板橋のA家では、二月八日をニガツヨウカ・ササガミサマと呼んだ。この日にはヒトツメコゾウ・ササガミサマがやって来るといわれ、昭和三十年頃まで「ササガミ」（ササガミサマと呼ぶ）を当日の夕方に作り主屋の裏に立てた。ササガミサマを祀る理由は魔除けのためという。「ササガミ」の材料となるササダケは竹林に家族の者が取りに行った。

A家の「ササガミ」は、ササダケ三本の接点を結び、その結び目に供物をする形のものである。供物はソバ・ウドンで当日の夕方作った。この「ササガミ」は翌日取り壊し燃やした。

このほかA家では、二月八日と十二月八日にメカゴを竹に付け主屋の表に立て掛けた。また、二月八日に針供養を行った。

関城東部（No.123）

関城町関本上のA家では、二月八日、十二月八日をササガミサマと呼んだ。この両日にはヒトツメコゾウがやって来るといわれ、昭和三十年頃まで「ササガミ」（ササガミサマと呼ぶ）を当日の夕方に作り、二月八日は主屋の表、十二月八日には主屋の裏に立てた。ササガミサマを祀る理由は農作物の豊作を願うためという。「ササガミ」の材料となるササダケは自宅の竹林に主人が取りに行った。

A家の「ササガミ」は、ササダケ三本の接点を結び、その結び目に供物をする形のもの。供物はソバ・ウドンで当日の夕方作った。

このほかA家では、二月八日と十二月八日には早寝をし、またメカゴを竹に付け主屋の表に立て掛けた。

下妻上妻（No.124）

下妻市尻手のA家では、二月八日、十二月八日をササガミサマと呼んだ。この両日にはヤクビョウガミ・ヤクガミがやって来るといわれ、昭和三十年頃まで「ササガミ」（ササガミサマと呼ぶ）を当日の夕方に作り、二月八日は主屋の表、十二月八日には主屋の裏に立てた。ササガミサマを祀る理由は厄除けのためという。「ササガミ」の材料となるマダケは自宅の竹林に戸主が取りに行った。

A家の「ササガミ」は、マダケ三本の接点を結び、その結び目に供物をする形のものである。供物はソバ・ウドンで当日の夕方作った。この「ササガミ」は翌日燃やした。

このほかA家では、二月八日と十二月八日にメカゴを竹に付け主屋の表に立て掛けた。

平方のB家では、二月八日をデーニッツァマ（大日様）、十二月八日をシワスヨウカと呼んだが、この両日に特別なことは行わなかったという。

黒駒のC家では、二月八日をササガミサマ、十二月八日をシワスヨウカ・ササガミサマと呼んだ。この両日にはヒトツメコゾウ・ヒトツメノカイブツ・ヤクビョウガミ・ヤクガミがやって来るといわれ、昭和二十年頃まで「ササガミ」（ササガミサマと呼ぶ）を当日の夕方に作り、二月八日は主屋の表、十二月八日には主屋の裏に立てた。ササガミサマを祀る理由はヤクビョウガミを家に入れないように祈るためという。「ササガミ」の材料となるササダケは竹林に家族の者が取りに行った。

C家の「ササガミ」は、ササダケ三本の接点を結び、その結び目に供物をする形のものである。二月八日は高さ五〇～六〇センチメートル、十二月八日は高さ一・二～一・三メートルに作る。C家では、ササガミサマはタノカミ・ビンボウガミとされ、二月に里から出て行き、十二月にお金を持って帰って来るので「ササガミ」の大きさが違うのだという。供物はソバ・ウドン・赤飯で当日の夕食時に作った。この「ササガミ」は翌朝燃やした。

このほかC家では、二月八日と十二月八日にメカゴを竹に付け主屋の表に立て掛けた。また、二月八日と十二月八日の夜は履物を表に出しておかなかったという。

桐ヶ瀬のD家では、二月八日をニガツヨウカ・ササガミサマ、十二月八日をシワスヨウカ・ササガミサマと呼んだ。この両日にはヒトツメコゾウ・ササガミサマがやって来るといわれ、昭和四十年頃まで「ササガミ」（ササガミサマと呼ぶ）を当日の夕方（午後五時頃）に作り、二月八日は主屋の表、十二月八日には主屋の裏に立てた。ササガミサマを祀る理由はヒトツメコゾウを追い払うためという。「ササガミ」の材料となる竹は自宅の竹林に子供が取りに行った。

D家の「ササガミ」は、竹三本の接点を結び、その結び目に供物をする形のものである。二月八日は竹の先端で大きく作り、十二月八日は竹の枝で小さく作る。供物はソバで当日の夕食時に作った。この「ササガミ」は翌日取り除き、その後燃やした。

このほかD家では、二月八日と十二月八日にメカゴを竹に付け主屋の表に立て掛けた。

大木のE家では、二月八日をササガミサマ・ササガミヨウカ、十二月八日をササガミサマと呼んだ。この両日にはヒトツメコゾウ・ヤクビョウガミ・ヤクガミがやって来るといわれ、昭和四十年頃まで「ササガミ」（ササガミサマと呼ぶ）を当日の午後五時頃に作り、二月八日、十二月八日共に前庭の隅に立てた。ササガミサマを祀る理由は、二月八日はフクノカミ・サクガミサマに豊作を祈願するため、十二月八日はアクマ除けのためという。また、「ササガミ」の下を子供たちがくぐると、おでき（吹き出物）ができない、または治るといわれた。「ササガミ」の材料となるササダケは自宅の竹林に家長が取りに行った。

E家の「ササガミ」は、ササダケ三本の接点を結び、その結び目に供物をする形のものである。供物はソバで当日作った。この「ササガミ」は七～十日後に片付けた。

このほかE家では、二月八日と十二月八日にメカゴを竹に付け主屋の表に立て掛けた。また、二月八日に針供養を行った。

下妻大宝（No.125）

下妻市大串のA家では、二月八日をササガミヨウカ、十二月八日をシワスヨウカと呼んだ。この両日にはヒトツメコゾウがやって来るといわれ、昭和二十年頃まで「ササガミ」（ササガミサマと呼ぶ）を当日の夕方に作り、二月八日は主屋の表、十二月八日には主屋の裏に立てた。ササガミサマを祀る理由は昔からの習わしのためという。「ササガミ」の材料となるクマザサは墓地の近くの竹林に家族の者が取りに行った。

A家の「ササガミ」は、クマザサ三本の接点を結び、その結び目に供物をする形のものである。供物はソバ・ウドンで当日の夕方作った。この「ササガミ」は翌日片付けた。

このほかA家では、二月八日と十二月八日にメカゴを竹に付け主屋の表に立て掛けた。また、二月八日に針供養を行った。

大宝のB家では、二月八日、十二月八日をササガミサマと呼んだ。この両日にはアクマ・オバケ・オニがやって来るといわれ、昭和三十年頃まで「ササガミ」（ササガミサマと呼ぶ）を当日の夕方（午後五時頃）に作り、二月八日は主屋の表、十二月八日には主屋の裏に立てた。ササガミサマを祀る理由はアクマ祓い・厄除けのためという。「ササガミ」の材料となるオカメザサ（阿亀笹）は大宝八幡宮の裏山に子供が取りに行った。

B家の「ササガミ」は、オカメザサ三本を上部で一つに結び、その結び目に供物をする形のものである。供物はウドンで当日の夕方作った。この「ササガミ」は翌日焼却した。

このほかB家では、二月八日と十二月八日にメカゴを竹に付け主屋の表に立て掛けた。また、二月八日に針供養を行った。

堀篭のC家では、二月八日、十二月八日をササガミサマと呼び、昭和三十年頃まで「ササガミ」（ササガミサマと呼ぶ）を当日の夕方に作り、二月八日は主屋の表口に大きく、十二月八日には主屋の裏口に小さく立てた。家人に代わって出稼ぎに行ったウジガミサマが沢山のお金を持って帰って来るので、二月八日は「ササガミ」（ササガミサマと呼ぶ）を表口に大きく立てて迎え、十二月八日はウジガミサマが出稼ぎでこっそり裏口から出るため小さく立てたという。加えて、ササガミサマを祀る理由は、出稼ぎのウジガミサマが無事に多額のお金を持って帰るように願うためという。「ササガミ」の材料となるシノコザサ（しのこ笹）は自宅の竹林に家族の者が取りに行った。

C家の「ササガミ」は、シノコザサ三本を上部で一つに結び、その結び目に供物をする形のものである。供物はソバで当日の夕方作った。この「ササガミ」は翌日粗末にならないよう焼却した。

このほかC家では、二月八日と十二月八日にメカゴを竹に付け主屋の表に立て掛けた。

下妻騰波ノ江（No.126）

下妻市若柳のA家では、二月八日をニガツヨウカ・ササガミサマ（ウラササガミサマ）、十二月八日をシワスヨウカ・ササガミサマ（オモテササガミサマ）と呼んだ。この両日にはヒトツメコゾウ・ササガミサマがやって来るといわれ、昭和三十年頃まで「ササガミ」（ササガミサマと呼ぶ）を当日の夕方に作り、二月八日は主屋の裏、十二月八日には主屋の表に立てた。ササガミサマを祀る理由は魔除けのためという。「ササガミ」の材料となるササダケは竹林に取りに行った。

A家の「ササガミ」は、ササダケ三本の接点を結び、その結び目に供物をする形のものである。供物はソバ・ウドンで当日の夕方作った。この「ササガミ」は自然に形が壊れるまで置いて後で燃やした。

このほかA家では、二月八日と十二月八日にメカゴを竹に付け主屋の表に立て掛けた。また、二月八日に針供養を行った。

下妻高道祖（No.127）

下妻市高道祖のA家では、二月八日、十二月八日をササガミサマと呼んだ。この両日にはヒトツメコゾウ・ビンボウガミがやって来るといわれ、昭和三十年頃まで「ササガミ」（ササガミサマと呼ぶ）を前日の七日に準備し、八日の朝に立てた。二月八日は主屋の表、十二月八日には主屋の裏に立てた。ササガミサマを祀る理由はビンボウガミを追い出すためという。「ササガミ」の材料となるササダケは家族の者が自宅の竹林に取りに行った。

A家の「ササガミ」は、ササダケ三本の接点を結び、その結び目に供物をする形のものである。供物はソバ・ウドンで当日の朝早く作った。

このほかA家では、二月八日と十二月八日にメカゴを竹に付け主屋の表に立て掛けた。また、二月八日に針供養を行った。

また、二月八日と十二月八日の両日は、山に入るとヤクビョウガミサマのたたりによって道に迷い、万が一けがでもしたら、その傷が治らなくなってしまうので山に入ってはいけないという。

下妻下妻（No.128）

下妻市長塚のA家では、二月八日、十二月八日をササガミサマと呼んだ。この両日にはヒトツメコゾウがやって来るといわれ、昭和二十年頃まで「ササガミ」（ササガミサマと呼ぶ）を当日の午後六時頃に作り、二月八日は屋敷の巽（南東）の方位の位置に、十二月八日には屋敷の裏の鬼門に立てた。ササガミサマを祀る理由は家業を守るためという。「ササガミ」の材料となるマダケのハダケ（葉竹）は主人が自宅の竹林に取りに行った。

A家の「ササガミ」は、マダケのハダケ三本を上部で一つに結び、その結び目に供物をする形のものである。供物はソバで当日の午後に作った。

このほかA家では、二月八日と十二月八日にメカゴを竹に付け主屋の表に立て掛けた。

下妻のB家では、二月八日、十二月八日の両日、特別なことは行わなかったという。

下妻のC家では、二月八日、十二月八日をササガミサマと呼んだ。この両日にはヤクビョウガミ・ヤクガミがやって来るといわれ、昭和二十年頃まで「ササガミ」（ササガミサマと呼ぶ）を作り、二月八日、十二月八日に主屋の前庭と裏庭に立てた。ササガミサマを祀る理由はヤクビョウガミ除けのためという。「ササガミ」の材料となるササダケは家族の者がササダケのある所に取りに行った。

C家の「ササガミ」は、ササダケ三本の接点を結び、その結び目に供物をする形のものである。供物はウドンで当日作った。この「ササガミ」は翌日取り除いた。

このほかC家では、二月八日と十二月八日にメカゴを竹に付け主屋の表に立て掛けた。また、二月八日に針供養を行った。

下妻総上（No.129）

下妻市二本紀のA家では、二月八日、十二月八日をササガミサマと呼んだ。この両日にはヤクビョウガミ・ヤクガミがやって来るといわれ、昭和二十年頃まで「ササガミ」（ササガミサマと呼ぶ）を当日の午後七時頃に作り、二月八日、十二月八日にウジガミサマの前に立てた。ササガミサマを祀る理由は厄除けのためという。「ササガミ」の材料となる笹の付いたマダケは戸主が自宅の竹林に取りに行った。

A家の「ササガミ」は、笹の付いたマダケ三本の接点を幣束で結び、その結び目に供物をする形のもの。供物は白米・食塩・水・ソバで当日作った。この「ササガミ」は三日後に焼却した。

このほかA家では、二月八日に針供養エビス・ダイコクを祀り、戸口にイワシの頭を突き挿した。また、二月八日と十二月八日にはメカゴを竹に付け主屋の表に立て掛けた。

下妻豊加美（No.130）

下妻市山尻のA家では、二月八日、十二月八日をササガミサマと呼んだ。この両日にはヒトツメコゾウがやって来るといわれ、昭和六十年頃まで「ササガミ」（ササガミサマと呼ぶ）を作り、二月八日は主屋の表、十二月八日には主屋の裏に立てた。「ササガミ」の下を子供たちがくぐると、おできができなくなるといわれた。「ササガミ」の材料となるマダケは自宅の竹林に主人が取りに行った。

A家の「ササガミ」は、マダケ三本の接点を結び、その結び目に供物をする形のものである。供物は手打ちのヒラウドンで当日の夕方に作り、一、二本をできるだけ広くして供えた。この「ササガミ」は翌日焼いた。

このほかA家では、二月八日と十二月八日にメカゴを竹に付け主屋の表に立て掛け、また「ササガミ」の脇にクサカリカゴを置いた。

山尻のB家では、二月八日、十二月八日をササガミサマと呼んだ。この両日にはヤクビョウガミ・ヤクガミがやって来るといわれ、昭和四十年頃まで「ササガミ」（ササガミサマと呼ぶ）を当日の午前十時頃に作り、二月八日は主屋の表、十二月八日には主屋の裏に立てた。「ササガミ」の材料となるクマザサは寺の竹林に主人が取りに行った。

B家の「ササガミ」は、クマザサ三本の接点を結び、その結び目に供物をする形のものである。供物はソバ二、三本で当日の朝作った。二月八日に立てた「ササガミ」は二、三日置いておき、十二月八日に立てた「ササガミ」は翌日焼いた。

このほかB家では、二月八日と十二月八日にメカゴを竹に付け主屋の表に立て掛け、また特別な食べ物として赤飯を作った。

袋畑のC家では、二月八日、十二月八日をササガミサマと呼んだ。この両日にはササガミサマがやって来るといわれ、昭和三十年頃まで「ササガミ」（ササガミサマと呼ぶ）を当日の午後五時頃に作り、二月八日は主屋の表、十二月八日には主屋の裏に立てた。ササガミサマを祀る理由は昔からの習わしのためという。「ササガミ」の材料となるマダケは近所の竹林に家長または跡取りが取りに行った。

C家の「ササガミ」は、マダケ三本の接点を結び、その結び目に供物をする形のものである。供物はソバ二、三本で当日の夕方作った。この「ササガミ」は翌日壊して燃やした。

このほかC家では、二月八日と十二月八日にメカゴを竹に付け主屋の表に立て掛けた。

新堀のD家では、二月八日、十二月八日をササガミサマと呼んだ。この両日にはヒトツメノカイブツがやって来るといわれ、昭和六十年頃まで「ササガミ」（ササガミサマと呼ぶ）を当日の夕方に作り、二月八日は主屋の表、十二月八日には主屋の裏に立てた。ササガミサマを祀る理由は魔神を祓うためという。「ササガミ」の材料となるクマザサはクマザサが生えている所に家族の者が取りに行った。

D家の「ササガミ」は、クマザサ三本の接点を結び、その結び目に供物をする形のものである。供物はソバ・ウドン・赤飯で当日の夕方作った。この「ササガミ」はしばらくそのままにしておき後に焼き捨てた。

このほかD家では、二月八日と十二月八日にメカゴを竹に付け主屋の表に立て掛けた。

千代川東部（No.131）

千代川村鯨のA家では、二月八日、十二月八日をササガミサマと呼んだ。この両日にはササガミサマがやって来るといわれ、昭和二十年頃まで「ササガミ」（ササガミサマと呼ぶ）を当日の夕方に作り、二月八日、十二月八日に主屋の裏口に立てた。「ササガミ」の材料となる竹は自分の屋敷に生えているものを主人が取りに行った。

A家の「ササガミ」は、竹三本の接点を結び、その結び目に供物をする形のもの。供物はソバ・ウドンで当日の夕方作った。この「ササガミ」は翌朝取り除いた。

このほかA家では、二月八日と十二月八日にメカゴを竹に付け主屋の表に立て掛けた。

宗道のB家では、二月八日、十二月八日をササガミサマと呼んだ。この両日にはヤクビョウガミ・ヤクガミがやって来るといわれ、昭和二十年頃まで「ササガミ」（ササガミサマと呼ぶ）を当日の午後四時頃に作り、二月八日、十二月八日に主屋の前庭と裏庭に立てた。ササガミサマを祀る理由はヤクビョウ除けのためという。「ササガミ」の材料となるササダケは家族が取りに行った。

B家の「ササガミ」は、ササダケ三本の接点を結び、その結び目に供物をする形のものである。供物はウドンで当日の夕方作った。この「ササガミ」は翌日の午前中に取り除いた。

このほかB家では、二月八日に戸口にイワシの頭を突き挿し、ヒイラギの葉を飾った。また、二月八日と十二月八日にメカゴを竹に付け主屋の表に立て掛けた。

千代川西部（No.132）

千代川村鎌庭のA家では、二月八日をササガミサマと呼んだ。この日はエビス・ダイコクがやって来るといわれ、昭和十年頃まで「ササガミ」（ササガミサマと呼ぶ）を当日の朝（午前七時頃）に作り主屋の玄関左に立てた。「ササガミ」の材料となる竹は自宅の庭先に生えているものを家長が取りに行った。

A家の「ササガミ」は、竹三本の接点を結び、その結び目に供物をする形のものである。この「ササガミ」は自然になくなるまで置いておいた。

鎌庭のB家では、二月八日、十二月八日をササガミサマと呼んだ。この両日にはヤクビョウガミ・ヤクガミがやって来るといわれ、昭和二十年頃まで「ササガミ」（ササガミサマと呼ぶ）を当日の午後五時頃に作り、二月八日は主屋の裏、十二月八日には主屋の表に立てた。また「ササガミ」の材料となるシノダケは家族の者が用水堀の淵に取りに行った。

B家の「ササガミ」は、シノダケ三本の接点を結び、その結び目に供物をする形のものである。供物は茹でたソバ・ウドンで当日の夕方作った。この「ササガミ」は翌日の午前中に取り除いた。

このほかB家では、二月八日に戸口にヒイラギの葉を飾った。また、二月八日と十二月八日にメカゴを竹に付け主屋の表に立て掛けた。

結城北部（No.133）

結城市結城のA家では、二月八日をニガツヨウカ、十二月八日をジュウニガツヨウカと呼んだが、この両日に特別なことは行わなかったという。

結城東部（No.134）

結城市上山川のA家では、二月八日、十二月八日をササガミサマと呼んだ。この両日にはビンボウガミがやって来るといわれ、昭和三十年頃まで「ササガミ」（ササガミサマと呼ぶ）を当日の午後六時頃に作り庭に立てた。ササガミサマを祀る理由は厄除けのためという。「ササガミ」の材料となる竹は自宅の竹林に戸主が取りに行った。A家の「ササガミ」は、竹三本を上部で一つに結び、その結び目に供物をする形のもの。供物はソバ・ウドンで当日の夕方作った。

このほかA家では、二月八日と十二月八日にメカゴを竹に付け主屋の表に立て掛けた。

上山川のB家では、十二月八日をササガミサマと呼んだ。この日にはヤクビョウガミ・ヤクガミ・ビンボウガミ・ササガミサマがやって来るといわれ、昭和十年頃まで「ササガミ」（ササガミサマと呼ぶ）を当日の午後四時頃に作り主屋の裏に立てた。ササガミサマを祀る理由は厄除けのためという。「ササガミ」の材料となる竹は屋敷内に生えているものを男性が取りに行った。

B家の「ササガミ」は、竹三本の接点を結び、その結び目に供物をする形のものである。供物はソバで当日の昼に作った。この「ササガミ」は翌日の朝取り除いた。

このほかB家では、二月八日にエビス・ダイコクを祀り、また、二月八日と十二月八日にメカゴを竹に付け主屋の表に立て掛けた。

山王のC家では、二月八日、十二月八日をササガミサマと呼んだ。この日にはヒトツメノカイブツがやって来るといわれ、昭和十年頃まで「ササガミ」（ササガミサマと呼ぶ）を当日の夕方に作り、二月八日は主屋の表、十二月八日には主屋の裏に立てた。「ササガミ」の材料となるササダケは庭先に生えているものを男性が取りに行った。

C家の「ササガミ」は、ササダケ三本の接点を結び、その結び目に供物をする形のものである。供物はウドンで当日の夕方に作った。この「ササガミ」は男性が片付けた。

このほかC家では、二月八日と十二月八日には早寝をしたという。また、メカゴを竹に付け主屋の表に立て掛け、さらにもう一つ庭の中央にもメカゴを置いたという。

小森のD家では、十二月八日をササガミサマと呼んだ。この日にはヒトツメコゾウがやって来るといわれ、昭和四十年頃まで「ササガミ」（ササガミサマと呼ぶ）を当日の午後六時頃に作り丑寅（北東）の方角に立てた。ササガミサマを祀る理由は魔除けのためという。「ササガミ」の材料となるササダケは屋敷内に生えているものを主人が取りに行った。

D家の「ササガミ」は、約六〇センチメートルのササダケ三本を上部で一つに結び、その結び目に供物をする形のものである。供物はウドンで当日の夕食時に作った。この「ササガミ」は翌朝片付けた。

このほかD家では、二月八日に針供養を行い、またエビス・ダイコクも祀った。加えて、戸口にイワシの頭を挿してヒイラギの葉を飾りカラスを呼んだ。二月八日と十二月八日にメカゴを竹に付け主屋の表に立て掛けた。また、両日とも早寝をし、特別な料理として赤飯を作った。

結城西部（No.135）

結城市江川新宿のA家では、二月八日をコトハジメ、十二月八日をコトジマイと呼んだ。この両日にはアクマ・オバケ・オニがやって来るといわれ、昭和十年頃まで「ササガミ」（ササガミサマと呼ぶ）を当日の午後六時頃に作り、二月八日に主屋の表に、十二月八日には主屋の裏に立てた。ササガミサマを祀る理由は災除けのためという。「ササガミ」の材料となるササダケは屋敷内に生えているものを家長が取りに行った。

A家の「ササガミ」は、ササダケ三本の接点を結び、その結び目に供物をする形のものである。供物はソバで当日の夕方作った。この「ササガミ」は翌日の昼に取り除いた。

このほかA家では、二月八日と十二月八日にメカゴを竹に付け主屋の表に立て掛け、特別な料理としてダンゴを作った。また、この日は病院に行かなかったという。

江川新宿のB家では、二月八日、十二月八日をササガミサマと呼んだ。この日にはヤクビョウガミ・ヤクガミ・ササガミサマがやって来るといわれ、昭和十年頃まで「ササガミ」（ササガミサマと呼ぶ）を当日の朝作り主屋の裏に立てた。ササガミサマを祀る理由は厄払いのためという。「ササガミ」の材料となるササダケは屋敷内に生えているものを男性が取りに行った。

B家の「ササガミ」は、竹三本の接点を結び、その結び目に供物をする形のものである。供物はウドンで当日の朝作った。この「ササガミ」は二、三日後に取り除いた。

このほかB家では、二月八日と十二月八日にメカゴを竹に付け主屋の表に立て掛けた。

江川新宿のC家では、二月八日、十二月八日に特別なことは行わなかったという。

北南茂呂のD家では、二月八日、十二月八日をササガミサマと呼んだ。この日にはヒトツメコゾウ・ササガミサマがやって来るといわれ、昭和三十年頃まで「ササガミ」（ササガミサマと呼ぶ）を当日の午後六時頃に作り、二月八日は主屋の表、十二月八日には主屋の裏に立てた。ササガミサマを祀る理由は家内安全・五穀豊穣を願うためという。「ササガミ」の材料となるササダケは屋敷内に生えているものを主人が取りに行った。

D家の「ササガミ」は、ササダケ三本の接点を結び、その結び目に供物をする形のものである。供物はウドンで当日の夕食時に作った。

このほかD家では、二月八日と十二月八日にメカゴを竹に付け主屋の表に立て掛けた。また、両日はネギ・ニラを食べなかったという。

結城南部（No.136）

結城市山川新宿のA家では、二月八日、十二月八日をササガミサマと呼んだ。この両日にはヒトツメコゾウ・オニがやって来るといわれ、昭和三十年頃まで「ササガミ」（ササガミサマと呼ぶ）を当日の午後六時頃に作り、二月八日に主屋の表に、十二月八日には主屋の裏に立てた。ササガミサマを祀る理由は魔除けのためであるとか、オニを祓うためだとかいう。「ササガミ」の材料となる竹は庭に生えているものを大人の男性が取りに行った。

A家の「ササガミ」は、竹三本の接点を結び、その結び目に供物をする形のもの。供物はウドンで当日の夕方作った。この「ササガミ」は翌日の朝に取り除いた。

このほかA家では、二月八日と十二月八日にメカゴを竹に付け主屋の表に立て掛け、早寝をした。また、この日は病院に行かなかったという。

今宿のB家では、二月八日、十二月八日をササガミサマと呼んだ。この日にはヒトツメコゾウ・ヒトツメノカイブツ・ヤクビョウガミ・ヤクガミがやって来るといわれ、昭和三十年頃まで「ササガミ」（ササガミサマと呼ぶ）を当日の午後七時頃に作り、二月八日に主屋の表に、十二月八日には主屋の裏に立てた。「ササガミ」の材料となる細い竹は本宅の庭先に生えているものを男性が取りに行った。

B家の「ササガミ」は、細い竹三本の接点を結び、その結び目に供物をする形のものである。供物はソバで当日の夕方作った。この「ササガミ」は翌日の昼に取り除いた。

このほかB家では、二月八日と十二月八日にメカゴを竹に付け主屋の表に立て掛けた。

大久保のC家では、十二月八日をササガミサマと呼んだ。この日にはヒトツメコゾウ・ヒトツメノカイブツがやって来るといわれ、昭和十年頃まで「ササガミ」（ササガミサマと呼ぶ）を当日の夕方作り主屋の裏に立てた。「ササガミ」の材料となるのはササダケであった。

C家の「ササガミ」は、ササダケ三本の接点を結び、その結び目に供物をする形のものである。供物は赤飯で当日の夕方作った。

このほかC家では、二月八日と十二月八日にメカゴを竹に付け主屋の表に立て掛けた。

浜野辺のD家では、二月八日をササガミサマ、十二月八日をシワスヨウカ・ササガミサマと呼んだ。この日にはヒトツメコゾウ・ヤクビョウガミ・ヤクガミ・ビンボウガミがやって来るといわれ、昭和二十年頃まで「ササガミ」（ササガミサマと呼ぶ）を当日の日没後に作り、二月八日は主屋の表、十二月八日には主屋の裏に立てた。ササガミサマを祀る理由は魔除けのためという。「ササガミ」の材料となるササダケは家族の者が取りに行った。

D家の「ササガミ」は、ササダケ三本の接点を結び、その結び目に供物をする形のものである。供物はソバで当日の夕方に作った。この「ササガミ」は翌日取り除いた。

このほかD家では、二月八日に針供養を行い戸口にニンニクを突き挿した。二月八日と十二月八日にはメカゴを竹に付け主屋の表に立て掛け、特別な料理としてダンコを作った。

八千代北部（No.137）

八千代町大渡戸のA家では、二月八日をニガツヨウカ・ササガミサマ、十二月八日をシワスヨウカ・ササガミサマと呼んだ。この両日にはヒトツメコゾウ・ササガミサマがやって来るといわれ、昭和三十年頃まで「ササガミ」（ササガミサマと呼ぶ）を当日の午後五時頃に作り、両日とも主屋の表と裏に立てた。「ササガミ」の材料となる竹は自宅の竹林に生えているものを子供が取りに行った。

A家の「ササガミ」は、竹三本を上部で一つに結び、その結び目に供物をする形のものである。供物はソバで当日の夕食時に作った。この「ササガミ」は翌日取り除きその後燃やした。

このほかA家では、二月八日と十二月八日にメカゴを竹に付け主屋の表に立て掛けた。

瀬戸井のB家では、二月八日をニガツヨウカ・ササガミサマ（オモテササガミサマ）、十二月八日をシワスヨウカ・ササガミサマ（ウラササガミサマ）と呼んだ。この両日にはヒトツメコゾウがやって来るといわれ、昭和三十年頃まで「ササガミ」（ササガミサマと呼ぶ）を当日の夕方に作り、二月八日に主屋の表に、十二月八日には主屋の裏に立てた。二月八日は借金取りが来ないから「ササガミ」（ササガミサマと呼ぶ）を表に飾り、十二月八日は借金取りが来るので裏に飾ったという。また、ササガミサマを祀る理由は魔除けのためという。「ササガミ」の材料となるササダケは竹林に生えているものを家族の者が取りに行った。

B家の「ササガミ」は、ササダケ三本の接点を結び、その結び目に供物をする形のものである。供物はソバ・ウドンで当日の夕方作った。この「ササガミ」は翌日取り壊し燃やした。

このほかB家では、二月八日と十二月八日にはメカゴを竹に付け主屋の表に立て掛けた。とりわけ二月八日には針供養も行った。また、特別な料理としてダンコを作った。

八千代東部（No.138）

八千代町川尻のA家では、二月八日をニガツヨウカ・ササガミサマ（オモテササガミサマ）、十二月八日をシワスヨウカ・ササガミサマ（ウラササガミサマ）と呼んだ。この両日にはヒトツメコゾウ・ササガミサマがやって来るといわれ、昭和三十年頃まで「ササガミ」（ササガミサマと呼ぶ）を当日の夕方に作り、二月八日に主屋の表に、十二月八日には主屋の裏に立てた。ササガミサマを祀る理由は魔除けのためという。「ササガミ」の材料となるササダケは竹林に生えているものを戸主が取りに行った。

A家の「ササガミ」は、ササダケ三本の接点を結び、その結び目に供物をする形のものである。供物はウドンで当日の夕方作った。この「ササガミ」は翌日戸主が取り壊し燃やした。

このほかA家では、二月八日と十二月八日にはメカゴを竹に付け主屋の表に立て掛けた。また、二月八日には針供養を行った。

仁江戸のB家では、二月八日をササガミサマと呼んだ。この日はササガミサマがやって来るといわれ、昭和三十年頃まで「ササガミ」（ササガミサマと呼ぶ）を当日の午後四～五時頃に作り、暦を見て方角を決めて立てた。ササガミサマを祀る理由は家内安全を願うためという。「ササガミ」の材料となる竹は自宅の竹林に生えているものを家族の者が取りに行った。

B家の「ササガミ」は、竹三本の接点を結び、その結び目に供物をする形のものである。供物はソバ・赤飯で当日の夕方作った。この「ササガミ」は片付けないでそのままにしておいたという。

このほかB家では、二月八日と十二月八日にメカゴを竹に付け主屋の表に立て掛けた。

八千代西部（No.139）

八千代町平塚のA家では、二月八日をニガツヨウカ・ササガミサマ（ウラササガミサマ）、また十二月八日をシワスヨウカ・ササガミサマ（ウラササガミサマ）と呼んだ。この両日にはヒトツメコゾウがやって来るといわれ、昭和三十年頃まで「ササガミ」（ササガミサマと呼ぶ）を当日の夕方に作り、二月八日、十二月八日とも裏庭の北の端に立てた。ササガミサマを祀る理由は魔除けのためという。「ササガミ」の材料となるササダケは竹林に生えているものを家族の者が取りに行った。

A家の「ササガミ」は、ササダケ三本の接点を結び、その結び目に供物をする形のものである。供物はソバで当日の夕方作った。この「ササガミ」は翌日戸主が取り壊し燃やした。

このほかA家では、二月八日に針供養を行い、また、戸口にイワシの頭を突き挿した。二月八日と十二月八日にはメカゴを竹に付け主屋の表に立て掛けた。

八千代南部（No.140）

八千代町大間木のA家では、十二月八日をシワスヨウカ・ササガミサマと呼んだ。この日にはヒトツメコゾウがやって来るといわれ、昭和三十年頃まで「ササガミ」（ササガミサマと呼ぶ）を当日の夕方に作り表庭の入口に立てた。ササガミサマを祀る理由は魔除けのためという。「ササガミ」の材料となるササダケは竹林に生えているものを家族の者が取りに行った。

A家の「ササガミ」は、ササダケ三本の接点を結び、その結び目に供物をする形のものである。供物はダンゴで当日の夕方作った。この「ササガミ」は翌日戸主が取り壊し燃やした。

このほかA家では、二月八日に針供養を行い、また、戸口にイワシの頭を突き挿した。二月八日と十二月八日にはメカゴを竹に付け主屋の表に立て掛けた。

石下西部（No.141）

石下町鴻野山のA家では、二月八日をニガツヨウカ、十二月八日をシワスヨウカと呼んだ。この両日にはヒトツメコゾウがやって来るといわれたが「ササガミ」は知らないという。

A家では、二月八日に針供養を行い、また、戸口にイワシの頭を突き挿しヒイラギの葉を飾った。二月八日と十二月八日にはメカゴを竹に付け主屋の表に立て掛けた。

石下中部（No.142）

石下町岡田のA家では、二月八日、十二月八日をササガミサマと呼んだ。この両日にはヒトツメコゾウ・ヒトツメノカイブツ・タノカミ・ヤマノカミがやって来るといわれ、昭和二十年中頃まで「ササガミ」(ササガミサマと呼ぶ)を当日の夕方に作り、二月八日に主屋の裏に、十二月八日には主屋の表に立てた。ササガミサマはビンボウガミであり、二月八日にこっそり裏から出るので小さく、十二月八日はお金を持って帰って来るから表に大きく立てた。また、ササガミサマを祀る理由はカミサマ（神様）の出入口であるからという。「ササガミ」の材料となるササダケは竹林に生えているものを男性が取りに行った。

A家の「ササガミ」は、ササダケ三本を上部で一つに結び、その結び目に供物をする形のものである。二月八日は高さ六〇センチメートル前後、十二月八日は高さ一・二メートル前後に作った。供物はソバ・ウドン・赤飯で当日の夕食時に作った。この「ササガミ」は翌朝燃やした。

このほかA家では、二月八日と十二月八日にメカゴを竹に付け主屋の表に立て掛けた。

玉村のB家では、二月八日、十二月八日をササガミサマと呼んだ。この両日にはヒトツメコゾウ・ミツメコゾウ（三つ目小僧）がやって来るといわれ、昭和三十年頃まで「ササガミ」（ササガミサマと呼ぶ）を当日の夕方に作り、二月八日に主屋の表に、十二月八日には主屋の裏に立てた。ササガミサマを祀る理由は豊作や家内安全の祈願・アクマ祓いのためという。「ササガミ」の材料となるササダケはササダケが生えている所に家族の者が取りに行った。

B家の「ササガミ」は、ササダケ三本を上部で一つに結び、その結び目に供物をする形のものである。供物はソバであった。この「ササガミ」は翌日片付けた。

このほかB家では、二月八日に針供養を行い、また、戸口にイワシの頭を突き挿した。二月八日と十二月八日にはメカゴを竹に付け主屋の表に立て掛けた。

石下東部（No.143）

石下町向石下のA家では、二月八日、十二月八日をササガミサマと呼んだ。この両日にはヒトツメコゾウ・アクマ・オバケ・オニ・タノカミ・ヤマノカミなどがやって来るといわれ、昭和三十年頃まで「ササガミ」（ササガミサマと呼ぶ）を当日の夕方に作り、二月八日に主屋の裏に、十二月八日には主屋の表に立てた。ササガミサマはタノカミであり、十二月八日は家で農事を見守っていた神が山に帰る日であり、二月八日は山に帰った神が再び家に戻って来る日であるという。ササガミサマを祀る理由はタノカミを祀るためである。「ササガミ」の材料となるササダケは竹林に生えているものを男性が取りに行った。

A家の「ササガミ」は、ササダケ三本を上部で一つに結び、その結び目に供物をする形のものである。供物はソバ・ウドン・赤飯で当日の夕食時に作った。この「ササガミ」は翌朝燃やした。

このほかA家では、二月八日と十二月八日には早寝をし、また、メカゴを竹に付け主屋の表に立て掛けた。

豊田のB家では、「ササガミ」を知らないという。しかし、二月八日に針供養を行い、また、戸口にイワシの頭を突き挿しヒイラギの葉を飾った。二月八日と十二月八日にはメカゴを竹に付け主屋の表に立て掛けた。

三　筑波山西部地域

大和雨引・大国（No.105〜106）

大和村大曽根のA家では二月八日はササガミサマ、十二月八日はシワスヨウカまたはササガミサマと呼んでいる。この日はヤクビョウガミ・ビンボウガミが来るといわれている。ササガミサマは貧乏な神なので祠も持てず、借金もあり正月には姿を隠す必要があった。年の暮れ十二月八日には、主屋の裏にその身を隠し、正月が明けて借金取りが来なくなった頃、主屋の前に姿を現すという。「ササガミ」（ササガミサマと呼ぶ）の笹は屋敷内に生えているモウソウダケの枝を使う。誰が取りに行くかは特に決まっていなかった。三本の枝を地面に突き刺して上部を束ねてでき上がりである。祠に見立てたものではないかという。束ねた部分に手打ちソバを一椀の半分くらいの量を載せる。ソバは当日作る。「ササガミ」は三日くらいで取り除き燃やす。暮れも正月明けもササガミサマの祀り方は同じである。この日、ヤクビョウガミ・ビンボウガミが来るという。家の軒先にはメカイカゴを立て掛けた。昭和二十年頃まで行われていた。

本木のB家でも同じようにササガミサマが祀られ、昭和三十年代頃まで行っていたという。

青木のC家では、両日ともササガミサマと呼んでいる。ヒトツメコゾウがやって来るといわれ、昭和三十三年頃まで行っていた。「ササガミ」（ササガミサマと呼ぶ）は二月八日に、竹の枝三本を地中に刺して上部を束ね、その上にソバを載せる。「ササガミ」の高さは五〇センチメートルくらいだった。竹を取る人や場所は特に決まってはいなかった。

C家の十二月八日のササガミサマは、地に生えている竹三本で大きく作る。三本の竹は径一寸くらい、高さ二尺半くらいのもので、枝を対にして結んだ枝にソバを載せる。ソバは八日の夕方四時から五時頃に作る。ササガミサマはヤクビョウガミを追い払うため、二月は家の南（表）、十二月は家の北（裏）に立てたという。また、ヒトツメコゾウが来るから、目が沢山ある籠を立てておけば目が回って逃げていくという。また、「今夜は早く寝なさい」と言われた。二月七日の夕方、ミケ（竹で編んだ小型の籠）を物干し竿に付けて軒に立て掛け、二月八日の朝取り外した。十二月八日はミケを立て掛けないで「ササガミ」だけだった。「ササガミ」は翌日か数日後かに燃やしたという。

真壁北部・中部・西部・南部（No.107〜110）

真壁町白井のA家では、二月八日、十二月八日ともササガミサマと呼んでいる。ヒトツメコゾウがやって来るといわれ、七日の夜、メカイカゴをなるべく高く家の軒に立て掛けた。十二月は家の裏に、二月は表に立て掛けた。「ササガミ」（ササガミサマと呼ぶ）は家の主人が屋敷内の竹を取ってきて作った。供物はウドンで鰹節をかけた。

上小幡のA家では、十二月八日をダイマナクと呼んでいる。笹三本を立てた上部にそばをヒトツマナク（一つ眼）が来るといってメカイを軒に高く立て掛けた。二月八日には何もやらなかった。

桜井の五味田地区では、二月八日に稲藁でオオワラジ（大藁草履）を作るヨウカマツリと呼ばれる行事が行われる。地区の南入口に縦一メートル、横五〇センチメートルくらいの大きな藁草履を掲げ、北口・西口・東口には縦五〇センチメートル、横二五センチメートルくらいの小さな藁草履を掲げる。これほど大きな足の化け物がこの地区に入るからと、地区に入ろうとするヤクビョウガミを追い払うのだという。五穀豊穣と村内安全を祈願する。八日の朝、地区内の男性たちが集まり、稲藁をテッ

ヨウカマツリのオオワラジ
（茨城県真壁町桜井五味田）

キギで叩いて柔かくし縄をなう。マダケで草履の枠を作り、これに縄と稲藁で編みあげていく。縄をなう人、稲藁を揃える人、編む人と各人が分担作業で藁草履を作りあげる。仕上がると旦那寺の真徳寺にお札をもらいに行く。御札は木札で「奉修般若十六善神守護祈攸」と書かれている。大小四つの藁草履に木札を付けて、古い藁草履と替え四カ所の大木にぶら下げ奉納する。一番大きな藁草履は昭和六十年頃には南側の大木に吊り下げていたが腐木となったため、現在では五味田地区の南側を流れる川に設置された草履掛けに奉納されている。取り替えた古い草履はそのまま燃やしてしまう。また、奉納後は全員で食事をし、草履に吊り下げた木札と同じ文言の版木で刷った御札が各家に配られる。

下谷貝のA家では、二月八日をササガミサマと呼び、十二月八日をシワスヨウカまたはササガミサマと呼んでいる。両日ともヤクビョウガミがやって来るといわれ、昭和二十年代頃までやっていた。「ササガミ」の材料はマダケの枝で、自分の屋敷の竹山から親父が取ってきた。夕方に行った。枝三本を地面に刺し上部を束ねる。束ねた上に手打ちソバを供えた。ソバは当日作る。十二月は主屋の裏庭に、正月は前庭に立てた。ヤクガミ祓いのために祀るといわれ、アクマ（厄）が来てもメカイカゴの目がいっぱいあるので入らないといい、竹竿の先端にメカイカゴを付けて家の軒に立て掛けた。「ササガミ」は数日から一週間くらいそのままにしてあった。

また上谷貝のB家では二月八日をショウガツ（正月）のササガミサマ、十二月をクレ（暮れ）のササガミサマと呼んでいた。この日はヒトツメコゾウがやって来るといわれ、家の主人が竹藪に行って笹のついた枝を三本取ってきて、暮れには裏庭に、二月には表に立てた。ササガミサマは貧乏な神様なので、十二月には借金取りが来るので裏庭に隠れる。そのために暮れには裏庭に作り、二月には心配ないので表に立てるという。

ササガミサマとメカゴタテ
（茨城県真壁町）

供物はソバである。夕方ソバ打ちをして供えてから家族も食する。「ササガミ」は庭の片隅に立て邪魔にならない所なのでそのままにしておいた。ミケ（メカイカゴ）は十二月八日だけ立てた。昭和四十年から五十年頃までやっていた。二月八日には針供養をした。

飯塚のC家では十二月八日はシワスヨウカといったが、もう一回は春だったということだけ覚えているという。ササガミサマとは呼んでいなかったが、この日は大きな目のオニが来ると言われ、十二月には家の裏に、二月は家の表にメカゴを立て、その近くに裏の竹山からタケザサを三本取ってきて「ササガミ」を作った。ソバを打って供物にした。理由は分からないがオニにご馳走したみたいだったという。オニみたいなのがいるから目がいっぱいあってオニが来ないという。昭和四十五年、祖母が亡くなる頃までやっていた。

また、D家では呼び方は不明だが、この日は何の神様かは分からないがメダマコゾウ（目玉小僧）が通るといわれた。「ササガミ」（ササガミサマと呼ぶ）にはソバやアブラゲやニンジンの入ったゴモクメシ（五目飯）を供えた。年二回、家の表（南）と後ろ（北）に立てた。籠もササガミサマと同じように立てた。籠はクサカリカゴだった。籠の目玉が開いているのでメダマコゾウが通るといっていた。

羽鳥のD家ではヒトツメノカイブツが来る、ビンボウガミが来るという。「ササガミ」は世帯主が家の裏山から取ってきたシノで作りウドンを載せた。夕方四時頃から準備をした。ササガミを祀る理由は借金取りなどを追い払うためという。終わると「ササガミ」はそのまま放置しておいた。二月八日には針供養をした。

東山田のE家では、アカツラバアサマが来るといわれた。「ササガミ」（ササガミサマと呼ぶ）は十二月八日のみ立てた。笹はアゲショギを作るときに使う竹の小枝で作り、高さは約一メートルくらいだった。「ササガミ」は北側に立てた。ソバを供えたがソバは当日作った。昭和三十年頃までやっていた。

椎尾のF家では、ササガミサマまたはオオマナコといい、アクマやオバケが来るといわれた。

酒寄のG家では昭和四十年頃までやっていたという。ヒトツメコゾウがやって来るといわれ、ササガミサマにはソバを供えた。ササガミサマは貧乏なので草の実を供える。農家にとってソバはご馳走だったという。十二月には家の裏に作り、二月には家の表（庭）の隅の方に作った。昭和四十年頃までやっていたという。

協和北部・中部・南部（No.111〜113）

協和町三郷のA家では、二月八日、十二月八日の名称をササガミサマと呼んでおり、この日はヤクビョウガミが来るといわれ、昭和六十年頃まで「ササガミ」（ササガミサマと呼ぶ）を作っていた。「ササガミ」は夕方三時頃から準備し、十二月は屋敷の北東に位置するウジガミサマの近くに作り、二月は南に作った。「ヤクビョウガミが来ないように」といって祀った。

「ササガミ」の材料である笹は屋敷隣の自宅の竹山から家人が取りに行く。取ってきた笹三本を地面に突き刺し、頭部を束ねて結び目に供物を供える。供物はA家ではウドンで、当日の昼過ぎから準備し茹でたウドンを供えた。ウドンは家族も一緒に食べたという。「ササガミ」は翌日取り除いたか、燃やしたかもしれないという。このほかA家では、二月・十二月ともメカイカゴを屋根に立て掛けた。

門井のB家の「ササガミ」（ササガミサマと呼ぶ）はクマザサで作った。クマザサ三本を根元の方を地面に三角形に刺して先端を束ね、その結び目に笹の箸二本を刺してソバを供えたという。ササガミサマは貧乏なため、借金取りを恐れて、暮れ（十二月）には裏庭に逃げるが、春（二月）は表の庭に立てる。また、門井のC家では、「ササガミ」は十二月には屋敷の裏に立て、二月には屋敷の前に立てる。「暮れには貧乏で借金も払えないので裏に隠れていたが、春ともなれば催促もこなくなるから前に出る」「オオマナクというメカゴや籠を竿に刺して、屋敷に立て掛ける。悪神はヒャクマナコを見て恐れて逃げる」といわれた。二月には玄関口にヒイラギの小枝を挿し、十二月には戸口にヒイラギの小枝を挿し、この日だけネギを焼く。臭い物を焼くことでアクマは退散するという。ネギはこの日だけ焼くもので常に焼くものではないと戒められ、ネギを焼くにおいはタノカミ・カマドガミ・フクノカミが逃げるといわれてきた。また、C家では二月八日に針供養を行う。

小栗のD家では、「ヒトツメダマ（一つ目玉）が来る」といわれている。「ササガミ」（ササガミサマと呼ぶ）の笹は近くの竹林から家の主人が取りに行き、夕方四時頃設置する。「ヒトツメノカイブツが来ないように」といい、供え物はウドンで夕食の準備に合わせて作った。

蓬田のE家では、自宅の竹山から取った笹で作りソバを供えたという。

細田のF家では、十二月八日は家の裏に、二月八日は家の表に「ササガミ」（ササガミサマと呼ぶ）を作る。材料は主人が家の裏の竹山から二尺くらいの笹を三本取り、土に刺して頂部を結び、結び目の上にソバを載せる。夕飯にはソバを食べる。「ササガミ」は放置しておく。昼からソバの準備をし、夕方に「ササガミ」を作る。午後であれば時間はいつでも構わないという。この日はメカゴも掛ける。

ササガミサマにソバを供える（茨城県協和町）

岩瀬北部・東部・西部（No.41～43）

岩瀬町今泉のA家では二月八日をヨウカタサマとも呼び、十二月八日はヨウカタサマとかシワスヨウカ・ヒャクマナコともいったようだ。「ササガミ」（ササガミサマと呼ぶ）はシノで作った。十二月は箍を前に立て笹は家の後ろに立てた。二月は籠は立てず笹だけだった。十二月は借金取りが来るので家の後ろに立て、籠を前に立てるのはオニが来るためである。二月は借金取りは来ないので前に立てた。笹は魔除けになると聞いている。籠はメカゴ（草刈り籠）や、アゲショギ、フジツルで編んだフルイ（篩）を使った。フルイは稲穂をふるうものであったが目が開いているので使った。ヨウカタサマは七日の夜に立てソバやウドンを供えた。また、臭い物を嫌うのでネギを食べた。昭和六十年頃まで茅葺き屋根の農家はほとんどやっていた。

曽根のB家では、シワスヨウカと二月八日に立てた。十二月にはこの日アクマが通るのでそれを除けるためにメカゴを立てた。八日の夕方に立てた。「ササガミ」（ササガミサマと呼ぶ）は十二月八日には家の後ろに立てソバを供えた。実家の岩瀬町南飯田地区でもやっていた。

中泉のC家では、ニガツヨウカ・ジュウニガツヨウカと呼んでおり、ヒトツメコゾウが来るといわれる。「ササガミ」（ササガミサマと呼ぶ）は二月、十二月両日立てる。竹の枝を三本地面に刺し上方を丸める。そこにウドンを供えた。ウドンは夕方作る。二月は井戸の南側、十二月は上の裏側に作った。「ササガミ」は一週間くらいそのままにしておいた。昭和三十年頃まで行っていた。

門毛のD家では「ササガミ」（ササガミサマと呼ぶ）は十二月は家の後ろに、二月は前に立てた。メケ（メカゴ）は二月だけ立てた。笹はクマザザで作り家の男の人が取ってきた。供物はソバで当日作った。借金取りが来るから立てると聞いている。メケは翌日取り払うが、ササガミサマはそのまま自然のままにしておいた。

大泉のE家では、ヒャクマナコまたはヒャクマナクと呼んでいる。ササガミサマはビンボウガミなので借金取りが来る暮れは後ろに隠れていた。春になると表に出てきた。ミケは両日立てた。八日の夕方立てた。「ササガミ」（ササガミサマと呼ぶ）はシノで作り家の主人が取ってきた。供物としてソバを上げた。ミケは九日の朝に片付けたが、「ササガミ」はそのままにしておいた。昭和三十年頃までやっていた。奥さんの実家の岩瀬町堤上地区でも同じようにササガミサマ行事をやっていた。

四　筑波山東部地域

友部北部・中部・南部（No.35～37）

友部地区には、ササガミ習俗に相当するものは確認できなかったが、十二月八日の呼称については岩瀬方面と類似した傾向を持っている。十二月八日はヨウカサマ・ヨウカドサマ・ヨウカゾウサマなどと呼び、オニやヤクビョウガミあるいはヒトツメノ（一つ目の）何かが来ると伝えている。メカゴを掛ける風習は一般的に行われていたが、昭和二十年代までには途絶している。ただし、五軒の調査対象の内、二月八日にもメカゴを掛ける家は一軒のみであった。

友部町小原のA家では、十二月八日はヒトツメノ何かが来ると伝え、戦後すぐまでは、メカゴを洗濯竿の先端に掛けて屋敷地への入口に近い方の軒端に子供が立て掛けた。旧十二月八日のバンカタ（晩方）に掛け、九日の朝には片付ける。また、ヒイラギの葉にトウフを刺して出入口の戸袋に挿した。二月は特に行事がない。

鴻巣のB家では、旧十二月八日をヨウカサマと呼び、アクマ除けで厄が払えると伝える。目の多く粗いメカゴを洗濯竿の先に刺して軒端に掛けた。バンカタに掛けて翌日の朝には片付ける。ともかく夜に来るので次の朝には片付けるのだという。二月八日にはメカゴは掛けないが、主屋の出入りの戸袋にヒイラギをトウフに刺したものを挿した。

同じく鴻巣のC家では十二月八日をヨウカドサマと呼び、夕方に男の人が洗濯竿の先にメカゴを刺して、主屋の中央の前に立て掛けた。一、二日は置いてから片付けた。夕飯には赤飯かソバを食べたと記憶している。普段は麦飯だったのでそれとは違うものだったという。

湯崎のD家では、十二月八日、二月八日ともにヨウカゾウサマといい、オニやヤクビョウがやって来るという。笠間市手越から嫁に来た祖母が、十二月八日と二月八日の晩方に、メカゴやフルイなど目があるものを軒端の左から二番目の柱に掛けて九日の朝には片付けたという。

笠間東部・中部・南部（No.38～40）

笠間地区は北東部ではササガミ習俗は確認できないが、南西部では確認できる。今回の調査での確認限界は箱田、片庭を含む南西部で、日沢、笠間市街を含む北東部では確認できなかった。

笠間市大橋のA家では、二月八日、十二月八日の名称は特にないが、ヤクガミがやって来ると伝える。ササガミ習俗はないがメカゴは掛ける。二間くらいのマダケを裏の林から取ってきて、屋敷地の入口の土に刺して立てその上にメカゴを掛けた。二月、十二月ともに七日の夕方に掛け八日の朝にしまう。イワシをヒイラギに付けて挿すことも同時に行った。

片庭のB家では、二月八日、十二月八日の名称は特にないが、ヨウカドサマがやって来る日だといい、戦後すぐくらいまではどの家も「ササガミ」（呼称はない）を作っていた。「ササガミ」は十二月八日に家の裏に作り、二月八日は家の表に作る。両方とも八日の夕方に行う。二尺くらいの高さに切った笹を三本土に刺し先端を丸め、その上に両日ともにソバを載せる。これらは大人が行っていた。夕飯はソバを食べることになる。

他に二月八日と十二月八日の夕方にはメカゴを洗濯竿の先端に掛けて軒端に立て掛けた。これは九日の朝には片付けた。

二月、十二月に限らず毎月の八日は山に入ってはいけないといい、石山などは特にそうだという。

笠間市本戸荒牧では二月八日、十二月八日をヨウカドサマと呼び、昭和二十年頃まで「ササガミサマ」（呼称は特にない）を作っていた。家の周囲で取った笹を三本立てて頂部を結び、上にソバを載せる。何が来るのかは定かでないが、「ササガミ」は十二月には隠れるので家の裏に作り、二月は堂々と表に作るのだという。区別無く表に作る家も多いという。この日は早く戸締まりをして外に出ない、また山へ入らないという。

他に十二月八日と二月八日の夜にヤクビョウガミのようなものが飛んで来るとい い、それを大勢が見張っているように多くの目のあるメカゴやザルを高い所に掛けた。早く寝ないと連れて行かれるといわれ、早寝をさせられたという。いつまでも置いておいてはいけないとして、九日の朝には片付ける。ヤクビョウガミが夜に来るので夜のうちに行う行事だという。

八郷恋瀬（No.64）

八郷町太田のA家では、現在もササガミ習俗を継続している。二月八日はニガツヨウカ、十二月八日はシワスヨウカといった。二月八日にエビスサマが出掛け、十二月八日に帰って来るという。二月八日は朝にやる。十二月八日は夕方六時頃に行う。近所ではほとんどやらなくなったがA家では現在も行っている。

「ササガミ」（呼称はない）の笹はカランコザル（詳細不明）で、クマザサやシノを取ってきて作る家もあった。「ササガミ」は一一尺ほどの笹を三本取って土に刺し、

メカゴとササガミ（表と裏）（茨城県八郷町太田）

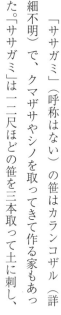

先端を丸めたものである。材料を誰が取りに行くということはないが、八日の夕方に裏の竹山から取って大抵は主人が作る。二月八日には混ぜご飯を朝に作って笹の上に供え、十二月八日はソバを打って供える。作る場所は十二月には家の裏口（裏〝口〟ではないが玄関の裏手に当たる場所）で、二月は表である。十二月はエビスサマが帰って来るので泥棒に遭わないように裏に作って迎え、二月は堂々と表から送ると母から聞いたという。八郷町大塚の歴史研究家（故人）が、十二月が裏なのは、今年は不景気だったので実入りが少なく申し訳ないので裏から入って来るのだと言っていたと話す。笹は風で飛んで行くまでそのままにする。ソバは干からびたら片付ける。

この日には、メカゴ・フルイなど目が多いものを竹竿の先端に掛けて軒端に立てる。昔は軒上まで高い家もあったが、普通は軒下ぐらいである。竹竿は洗濯竿・物干し竿などを使うが軒下に釘を打ってそこに掛けたときもある。最近は竹竿を立てないで釘で済ますことが多い。ザルよりもフルイやメカゴの方が良く、養蚕の桑を積んで来るメツブシは桑の葉が落ちないように目を無くしてあるので駄目だという。メカゴは九日の朝に片付ける。二月八日は針供養も行い、トウフに針を刺した。

八郷瓦会（No.65）

八郷町瓦会地区では各所で聞き取りを行ったが、ササガミ習俗を確認することができなかった。瓦会出身で他地区の在住者にはササガミ習俗の存在を口述する例が確認されるが、瓦会を出るまではササガミ習俗を知らなかったという例（真壁町飯塚のA家）もあった。

八郷葦穂（No.66）

八郷町狢内のA家では、二月八日、十二月八日に特別な呼称はないが、この日は魔物が来ると伝える。十二月八日は朝の五時頃、起きたらコカゴを玄関先に掛けた。魔除けであるとか、家のよくないことを避けるためとも伝えるが、ただ「ぶらさげんだぞ」と親に言われキマリだからやっていたという。現在は行っていない。籠の掛け方は口が上のこともあり、下のこともあったという。掛けた後は特に片付けずに放っておく。あるいは思い思いに片付けた。昭和十年頃まではやっていたが、近所では家によってまちまちだった。二月八日や十二月八日は兄弟、親戚などをお客に呼んで、話をしたりお茶を飲んだり食事をした。昔は針供養も行っていた。同じく先生の所でお茶を飲んだり遊んだりしたという。特別な食べ物はないが、シワスヨウカはゴッツオ（ご馳走）を作って食べる人もいるという。

狢内のB家では、二月八日はニガツヨウカ、十二月八日はシワスヨウカと呼ぶ。ササガミ習俗はかつて行っていたが、昭和四十五年頃（大阪万博の頃）にやめた。この家は遅くまでやっていた方であるという。ササガミ習俗に関する記憶は不確かであるが、ヨウカ（八日）に時刻や名称は記憶がないが、高さ三尺弱の笹を立て、餅か赤飯か何かを載せていたという。笹は家の表の方に立て、何のために立てていたのかはよく分からないという。また、二月七日の夕方に主屋正面の中央辺りに竹でできた洗濯竿を立て、その上にメケカゴを下向きに掛けた。メケカゴはショイカゴのような深い籠で、細かく編んであるものを使い、八日の午前中に片付けた。「明日ヨウカだからメケカゴ掛けてくれや」と父親に言われたのを覚えており、何が来るかは分からないが魔除けのためにメケカゴを掛けるという。ヨウカという日はそういう日で、やらないと災難が来るからやるのではないかという。

狢内のC家では、二月八日はニガツヨウカ、十二月八日はシワスヨウカと呼ぶ。魔物が来ると親に言われたが、どのような魔物かは分からない。二月八日の朝、「ササガミ」（呼称に記憶はない）は家の裏に生えている笹を五〜六本まとめて一括りにして家の裏に立て、笹を括ってある上に赤飯を供えた。赤飯は朝作った。「ササガミ」を家の裏に置くのは、商いに行った神様がもうからないまま家の裏から帰って来るのを迎えるためだという。また、ムラの長老が商いに行き、二月八日に損をして帰って来るというので主屋の裏に作るとも伝える。二月八日は「ササガミ」を作るだけで籠を掛けたりはしなかったが、十二月八日には物干し竿に籠を掛けて玄関の前に立て掛けた。籠は目の多いものでメケカゴと言っていた。この日には、どのような魔物かは分からないが魔物がやって来ると伝え、それを除けるために籠を掛けると親に教えられたという。籠にいくつも目がありその目を見て悪者が逃げて行くという。いつ頃か記憶がないが、これらの習俗はやめてしまったという。

八郷園部（No.67）

八郷町柴間のA家では、八日にはヤクビョウガミが来るという。八日の朝早くに家の下を通るという。「ササガミ」は戦後くらいまでしか作らなかったが、籠を掛ける習俗は現在も継続している。二月は昼前に家の裏に「ササガミ」を作り、十二月は午後に表に作る。タケザサを生やしている場所も家になくなったので、今はダイジングウサマ（大神宮様）に赤飯をあげるだけである。これらの行事は女の人が行うものだという。赤飯を作り、家の周りに笹や竹山があったので、そこから笹を三本取ってきて結んで立てる。結び目の上に赤飯を載せる。特に片付けはしない。話者の実家（芦穂）では植木にしたハチクがあったのでそれでやっていたという。十二月八日に稼ぎから戻ってきて表から堂々と入り、二月八日には裏から出て行くのだという。

十二月も二月も七日の夕方にメケエを掛ける。昔は竹（竹竿など）に縛って屋根に掛けたが、今はただ門の柱に引っ掛けている。メカゴは目が沢山あった方が良く、八日の朝早くにヤクビョウガミが家の下の方を通るので入って来ないようにするのだという。メカゴは八日の朝に片付ける。また、八日は山仕事には行かない。主人の話では、十二月八日と二月八日はヤマイワイの日で、炭焼き等の山仕事をやらせている人たちを家に呼び、フルマイをしこの日の山仕事は休みにしたという。

柴間のB家では、ササガミに関する伝承は聞かれなかった。十二月八日や二月八日に特に呼び方はなく、何か行事があったかどうかも定かでない。全般にあまり覚えておらず、昭和五十二年に年寄りが死んでからはあまり昔のことをやらなくなったという。トシトリ（節分）の日（話者が後に近所の八三歳の女性に聞いたところニガツヨウカとシワスヨウカだったという）に竹竿に通してメカゴを門の前に掛け、下向きにして門の柱に縛り付けた。目が多いものを掛けるという。夕方になると「早く引っ掛けてこい」と親に言われて子供が掛ける。門がない家は軒先などの入口にやっていたという。大籠を掛けたが、竹で編んだショウギを掛ける家もあった。奥さんは霞ヶ浦町の下大津出身で、やはりトシトリのときに籠を掛けたという。また、近所の八三歳の女性によると、ヨウカは針供養の日なので天神様に針を納めたという。

八郷林（No.68）

八郷町浦須のA家では、二月八日はニガツヨウカ、十二月八日はシワスヨウカと呼び、ヒトツマナコノオオニュウドウがやって来ると伝える。ササガミサマが来るともいう。ササガミサマは昔は近所でもやっており農家の人がやるものであるという。「ササガミ」は三本の笹で作るが、一本のシノボウ（シノザサの茎）で作る家もあったという。昭和二十年頃までは行っていたが終戦とともに消えた。また、話者は昭和三十年代に合併した頃まではやっていたというが、奥さんは子供の頃には実家でやっていたが、嫁に来た昭和三十年頃には既にやめていたと記憶して

ササガミを作る（茨城県八郷町林）

いる。

旧暦二月八日と十二月八日の夕方五時頃、仕事から帰ってきて夕ご飯前に、家の四壁の竹林からタケザサを取ってきて「ササガミ」を作る。タケザサを三本取って葉をまるけ（縛る）、それを地面に立てる。高さは約六〇センチメートルで、結び目の上にひとつまみ赤飯を載せる。赤飯は夕方作り始め、普通のご飯に餅米を半分くらい入れて炊く。炊く量は家によって違いこの家ではそれほど多くないという。赤飯は必ずササゲで作り、春は赤飯だったが、十二月は載せるものが違ったという（何を載せたかは記憶が定かでない）。作った赤飯は食事前にササガミサマに上げる。「ササガミ」を作るのは特に家の主人と決まっている訳でもないが、男の人が作り、二月八日は家の前に、十二月八日は家の裏に立てる。ササガミサマが来て幸せをもたらしてくれると伝え、また、二月八日は年の初めなので五穀豊穣と一年の幸せを願うという。十二月八日のササガミサマは後ろめたいのか裏から来てこっそり供物を頂いて帰るという。食事前にササガミサマに上げた赤飯は寒さで凍るが、朝には飼っていたニワトリやスズメが食べてしまうので無くなる。「ササガミ」は翌日に片付け、普通のゴミと一緒に燃やす。供物は本来はきれいな所で燃やすのが良いとされるが、御札や御幣にも特にそういった配慮はしていないという。

また、この日は家の軒先に籠を掛けた。直径約六〇センチメートルのクサカリカゴやメカゴなど目の多いものを玄関に挿した。二月八日にやって来るヒトツマナコノオオニュウドウに負けないように目の多いものを掛けるのだという。今でも葬式のときには座敷に籠を転がすので、悪いものを防ぐ役割があるのではないかという。二月八日は針供養も行った。

両日とも山に入ってはいけないという。薪を伐るが「遅くまで居るも

軒下に吊したメカゴ
（茨城県八郷町林）

んじゃない、早めに家に帰ってこい」と言われていて、この夕は早くご飯を食べたという。

浦須のB家では、二月八日はニガツヨウカ、十二月八日はシワスヨウカと呼んだ。この家ではササガミサマに関する伝承は確認できなかった。二月八日、十二月八日はクサカリカゴやメカゴを家の軒下に吊した。悪い病気をしないようにということで、記憶が定かではないが、物をお供えしてお願いでもしたのではないかという。二月八日は針供養でもありトウフに針を刺して供養したという。

八郷柿岡（No.69）

八郷町柿岡のA家では、かつて十二月八日の夕方にヒトツメコゾウが来るといい、軒下にメカゴあるいはクサカリカゴを下向きに吊し、アクマッパライ（悪魔祓い）と呼んで災厄を防ぐ習俗を行っていた。ソバを食べるなどしたが、ササガミ習俗は行っていない。A家の周辺は農家で、皆メカゴは吊していたが、ササガミ習俗にあたるものは聞いたことがないという。

柿岡の宿の中心部にあるB家では、二月八日や十二月八日に特別な行事はないという。別の日にエビス講は行っていたが、当屋になったときに人が集まって行っていた。メカゴを吊したり笹を立てたりする習俗は記憶にないという。

柿岡の宿の中心部にあるC家では、昭和三十年頃まで二月八日に家の裏に「ササガミ」を立てダイコンナマスを供えていた。

金指、片野においては、十二月七日の夕方から八日の朝にかけてメカゴを軒下に吊す習俗はかつてあったが、ササガミ習俗については確認できなかった。

八郷小幡（No.70）

八郷町細谷のA家では、現在もササガミ習俗を継続している。二月八日はニガツヨウカ、十二月八日はシワスヨウカと呼ぶ。この日はヒトツメコゾウが来るという。ササガミサマとは呼ばないが現在も行っている。二月八日と十二月八日のいずれも朝八時半頃に行う。当家は盆行事でも何でも朝にやるという。女の人が朝、赤飯を炊く。男の人が家の周りの笹を三本取って先の方を結び、下を開いて十二月八日は裏、二月八日は表に立てる。昔は寒くて土が凍るので刺さらないが、三本足なので立つからとにかく立てれば良い。結び目の上に赤飯をひとつかみぐらい載せる。朝は赤飯を食べる。昼も食べられるので良い。笹ではなく竹でやったこともある。特に片付けはせずそのうちに倒れたりしてなくなる。十二月八日は裏の道からやって来るので、裏（裏手から道が主屋の脇に引いてあり、その入口部分にあたる）にやる。他の家で夕方にやる所は、暗くなっていっぱい稼いで来るから夕方に裏にやるのだという。何事も神事は女の人は駄目で男の人がやる。仏事は女の人でも良い。奥さんは千代田町雪入の出身で同じようにやっていた記憶があり、赤飯を作り「ササガミ」は男の人が作っていた。東隣の家は「ササガミ」を立てる位置が十二月と二月で当家と逆だか、両方表だかにやるという。

十二月七日と二月七日の夕方に籠を掛ける。玄関の右に釘が打ってあり、そこにメケエカゴ、目のいっぱいある大きな目の籠を掛ける。クサカリカゴの家もある。昔は一五センチメートルくらいの大きさの穴のものを掛けた。ヒトツメコゾウを思わせて泥棒除けになる。籠は次の日の夕方くらいに片付ける。ヒトツメコゾウが夕方出るので、その日は早く

A家玄関口に掛けたメケエカゴ
（茨城県八郷町小幡）

A家ササガミ
（茨城県八郷町小幡）

家に帰る。

八日は悪日で、毎月八日は山に行くものではない。いずれも旧暦で行っていたが、昭和三十年代にみな新暦になった。小作の家ではこうしたことはやらないのではないかともいう。

細谷のB家でも、現在もササガミ習俗を継続している。二月八日、十二月八日はササガミサマの日である。この日はヒトツマナクが来るという。エビスサマも来る。十二月八日は夕方で二月八日は朝にやる。十二月は家の裏に、二月は表にやる。「ササガミ」は裏の竹山から笹(四、五尺くらい)を三本取ってきて下を揃え、上は適当な所で折って結びその上に赤飯を載せる。二月八日はエビスサマが金もうけに行くのでアサダチゴハン（朝立ちご飯）をあげる。十二月八日はもうからなかったので裏から入って来る。「ササ

B家ササガミを立てる（茨城県八郷町小幡）

B家ササガミ
（茨城県八郷町小幡）

B家柱に掛けたザル
（茨城県八郷町小幡）

ガミ」はそのうちに崩れるまで放っておく。

十二月八日の夕方と二月七日の夕方に小屋の角の柱にクサカリカゴを掛ける。今はザルを掛けている。次の日のうちに片付ける。

十二月八日と二月八日は遠くへ行かない。山にも入らない。最近でもこの禁忌を冒すといろいろと障りが出ている。毎月八日は病院に行かない。毎月一日もあまり良くない。奥さんの実家（八郷町宇治会）でも、十二月八日と二月八日はササガミサマといって同様のことをやっていたという。

上青柳のC家では二月八日、十二月八日はササガミサマといった。この日は諸々のオニ（不吉なこと全般を指す）が通るという。十五～二十年ぐらい前までやっていた。両日とも夕方に行う。手の空いている人で大抵は女の人がやる。昔はどの家も屋敷の隅に一畝ぐらいガラガラダケを植えていた。当家の裏にも一畝くらいあったので（今は埋めて車庫を作ったので狭くなった）、そこから三本、三、四尺の長いものを取って先端を揃え先の方を結び、末の方は切って揃えた。十二月八日は表に、二月は裏に立てる。土に刺す。夕方に炊いた赤飯を結び目の上に載せ、その晩は赤飯を食べる。九日の朝には片付けるが特に理由はない。何かの神様が来るので赤飯を供えるのだ

C家クサカリカゴ
（茨城県八郷町小幡）

C家ササガミづくり
（茨城県八郷町小幡）

C家玄関の柱に吊したクサカリカゴ
（茨城県八郷町小幡）

が、地面に置いては申し訳ないので笹で台座にするのだという。笹は農家にとってなくてはならない大事なものだから使い、スギッパ（杉葉）や松葉では駄目だという。

二月八日と十二月八日の夕方にクサカリカゴを玄関の右の柱に結ぶ（「籠を吊す」という）。オニから見るといっぱい目があって睨まれているように見えるので、オニが素通りして入って来ないという。目が多いほど良く、ザルは目が小さいので良くない。

十二月八日と二月八日は午後には山に入らない。また、忌日といって祝事は行わない。午後に山に入るとヤクビョウガミに取り憑かれるという。

八郷小桜（No.71）

八郷町小桜では、実際にササガミ習俗を行っていた家を確認することはできなかった。十二月八日、二月八日に籠を掛ける行事は確認できる。

八郷町川又のA家では、二月八日はニガツヨウカ、十二月八日はシワスヨウカと呼ぶ。夜にダイコクサマがお通りになって福を置いて行くのではないかという。話者によると、ササガミ習俗はこの近くでは聞いたことがなく、集落で一番の年寄りで信仰の厚い人にも聞いたが、そういう話は知らないと言っていたという。八郷町のどこかの地区ではそういうことをやる所もあると聞いたことはあるという。

クサカリカゴの目に縄を入れて玄関先の一本柱（壁のない南東の角で屋根を支えるだけの柱：昭和四十四年の建て替えで今の家にはないが昔ながらの家には大抵ある）に縛り付ける。旧暦の十二月八日にクサカリカゴを下に向け、年の暮れなのでいっぱい貯まったものを落として行くようにし、二月八日には上に向ける。普通は夕方の手が空いたときにやるが、格好もよくないし仕事に使うので次の朝には取り外す。昼間にやっても良いのだが、忙しいので夕方になり大抵は手の空いている年寄りがやった。旧暦の昭和三十年代後半までやっていたが、その頃に役場の通達だったか正月など全ての行事を新暦でやるようになり、その頃にやめてしまった。話者が婿入りする前の昭和十年頃、実家の内原ではやはりニガツヨウカ、シワスヨウカと呼び、メカゴを長い竿に掛けて軒端に立てたという。八郷町周辺で、どの地区の話かは定かでないが、ヤクビョウガミ（疱瘡神）が夜に通ってどこへ病気を移そうかと見ているので、メカゴがあると痘痕の跡と見間違え、既に別の疱瘡が入ったと思ってその家に入らないようにするためだと聞いたことがあるという。

二月八日には針の師匠の家へ行って針供養をした。何か食べ物を食べてトウフに針を刺す。十二月八日にも行ったかも知れないというが定かでない。

旧暦の二月八日と十二月八日は昔から山に入ってはいけないという。戦前の頃、旧暦十二月八日にある人が山に入ったら、馬が暴れて大変なことになったので馬は殺して馬捨場に皆で持って行ったことがあったという。

五　鬼怒川・小貝川流域南部

鬼怒川・小貝川流域南部では、二月八日、十二月八日はエビスサマ（エビス講）の日としてエビス・ダイコクを祀る行事を行う地区が多く見られる。この地域では概ね、二月はエビスサマの稼ぎに出る日で十二月に稼ぎから帰って来るとされており、地区によっては二月、十二月のどちらかしかやらないといった所もある。また、稼いで帰って来る十二月を盛大にやる所も見られる。このほか、エビスサマとは関連しない行事を行っている所もあるが、これらについては一部の集落での行事といった色合いが強い。

これらのうち、「ササガミ」の確認できる地区として、水海道地区の一部でエビスサマの一連の行事として庭に笹を三本結んだものを立てる習わしがかつてあったことが確認されているが、現在は伝承されておらず詳細については分からない。

大穂全域（No.83）

つくば市吉沼のA家では、二月八日、十二月八日の両日、特別なことは行わなかったという。

桜全域（No.84）

桜全域では、昭和六十年発行の『桜村の民俗』（桜村教育委員会）に農家の行う「恵比須講」として十二月八日の行事が収載されているが、現況調査ではササガミ習俗に相当するものは確認できなかった。多くの家で籠を家に上げるという話が聞かれたが、妻木出身であっても昭和二十三年生まれの女性は聞いたことがないという。

つくば市妻木のA家では、二月八日に針供養をしたという。

妻木のB家では、時期については覚えていないが籠を掛けたことがあるという。籠は草を刈るための籠で、竹の棒でそれを家の前に掛けた。女の人が準備し男の人が掛けた。詳しくは覚えていないが昔、十二月八日にエビスサマといって祀って何かしていたことがある。そのため籠もエビスサマに関する行事かもしれないという。二月八日については特に伝承がなかった。

右記のように現況を確認できなかったので、前記『桜村の民俗』の記述を以下に引用する。

（一七）恵比須講

七福人の一人、エビスさまを祭る講である。これは講といっても大勢の村人の集まりではなく、各自の家で行うもので、第二次世界大戦前までは行われたが、今はほとんどしなくなった。

毎年、商家では、旧暦の十月二十日にお得意さんを招いて商売繁盛を祈念し、宴会をしたこともあった。お得意さんへのサービスである。農家では旧暦の十二月八日に、金が入るように願ってそばなどを打ったり、金が入るという縁起で各家は軒場に籠を竹竿で支えて立てたりしたものである。（中略）

農家の行事としては、籠を立てると述べたが、この籠は大籠やクサカリカゴなどであった。十二月八日の晩には、庭先に小銭をまいておき、翌朝子供に拾わせ「エビスさまが金を持って来た」などといって祝った。そしてその晩はエビスさまに、鯛、ゴマメ、イワシなどを赤飯と一緒に供えた。

豊里全域（No.85）

豊里全域では、ササガミ習俗に相当するものは確認できなかった。何軒かで針供養の話が聞かれたが、嫁入り前に実家で行っていたものである。

つくば市沼崎のA家では、二月八日、十二月八日の行事は確認できなかった。奥さんの実家（石下町）では二月八日に針供養を行っていた。昔は着物を着ていたので、お針屋さんに行ってトウフに針を刺した。使っていた針を持ち寄ってトウフの柔らかい所に刺す。お嫁に来る前、四十五年ほど前に行っていたが今はもう行っていないという。

酒丸のB家では、二月八日、十二月八日の行事、針供養、エビス、ダイコクなどについても確認できなかった。

高野のC家でも、ササガミ習俗は確認できない。年の暮れにはダイコクサマを祀りソバを上げる。エビス講は十一月に行い、昔、呉服屋などが売り出しを行った。日頃の感謝を込めてか、米菓子や下着、翌年の暦などを配っていたので貰っていたという。話者の実家は八千代町で、二月八日にトウフに針を刺して針供養を行っていた。十一月、十二月に針を習うので二月に針供養を行うのだという。

谷田部東部（No.86）

谷田部東部では、ササガミ習俗に相当するものは確認できなかった。エビス講に関連して家に籠を掛ける習俗が聞かれた。

つくば市館野のA家では、十一月八日と十二月八日を「エビス講の日」と言っていた。エビス講はお金がもうかるようにということでしていた。二回のエビス講が十二月の一回だけになり、東京オリンピック（一九六四年）の後にはエビス講自体をやらなくなっていたという。十一月八日と十二月八日の二回、エビス講をする。どちらがどちらかは忘れたが、ひとつは商人のエビスサマでもうひとつが農家のエビスサマの日だという。農家は作ったもの（野菜や米）を売るので商人でもあるといい、農家と商人の両方のエビス講を行う。両日とも昼過ぎから翌日の朝にかけて籠掛けをした。エビス講は昼過ぎから普段使っているニトザル（二斗笊）の周りを縄で縛り、お金が入るように上向きにして竹竿に結び付け、家の真ん中に当たる所の屋根に掛けた。この作業は家の主人が行い、屋敷前の竹藪から竹を切り出して竹竿にしていた。旧桜村（つくば市）では、カッコウヅキという熟み柿をすり鉢でつぶし、麦コウセンを混ぜてお饅頭を作ってエビスサマにお供えし、その後下げて食べていたが、館野では特にないという。

館野のB家では、ササガミサマにあたる習俗はない。十一月二十日頃を「エビス講の日」と言っていた。エビスサマがお金を持ってきてくれるという。十一月二十日頃、朝に籠を掛け翌日の朝に降ろした。クサカリカゴを逆さにして竹竿にくくり付け屋根に掛けた。これをするのは誰でもよかった。籠でなくても、「底抜け」でなければイットザルなど何を使ってもよかった。昭和二十三年頃から行わなくなった。家屋が藁屋根でなくなってから行わなくなったという。エビス講の日には尾頭付きのご馳走とお酒をエビスサマに供え、お供えが済むと棚から下げて食べた。

谷田部西部（No.87）

谷田部西部では、ササガミ習俗に相当するものは確認できなかった。エビス講に関連して十二月八日に籠掛けを行っている家が多い。

つくば市福田坪のA家では、十二月八日に籠を掛けていた。話者が小学五～六年生の頃、昭和三十七、八年頃まで、実家の土浦市宍塚では祖父が竹の太い棒でクサカリカゴを屋根に掛けていたが詳細は覚えていない。エビスサマの関係ではないかという。夕方から籠を掛けていたが、いつ降ろしたかは記憶が定かでない。福田坪でも同様のことを行っていて、茅葺き屋根の家で嫁入りした昭和五十二年頃までは行っていたという。

福田坪のB家では、旧暦十二月八日をシワスヨウカと呼び、二月八日は特に呼称はない。旧暦の十二月八日にはエビスサマがお金を稼いで持って来る、また、エビスダイコクサンが来るともいう。シワスヨウカのエビスサマといい、エビス講・エビスダイコク・ダイコクエビスの日であるともいう。この日には、竹をきれいにして籠を逆さにして支え、家の前に置く。旧暦の十二月八日（十一月八日だったかも知れないという）の前日にクサカリカゴを竹竿に逆さに掛け、ダイジンゴウサマ（大神宮様、神棚）の前に当たる主屋の正面中央の屋根に立て掛けた。夜にその下に小銭を撒いておき、翌朝、子供たちに「エビス、ダイコクサンが来た」と言って小銭を拾わせた。旧暦十二月八日の前日から八日朝まで行う。子供が小さい頃は行っていたが、お金がないから最近はやらないという。近所でも行っていたという。

福田坪のC家では、十二月八日にはエビスサマがお金を持ってやって来るという。旧暦の十二月八日（二十日かも知れないという）はエビス講の日で、エビスサマがお金を稼いで持ってきてくれるという。ダイコクサマ・エビスサマともいう。子供が小さい頃、夕方に籠を家の前の所へマダケを付けて置いた。籠はクサカリカゴで草を刈って歩くときに後ろに背負っていたものを使う。籠の目については特に決まりはないが、それほど大きくない籠を用いる。籠を掛けるのは男性たちであった。どこでも構わないが主屋の正面中央に籠を逆さにして、夜、お金をその下へつっことしといた（落としておくの意味）。朝、子供たちはこれを喜んで競って拾っていた。エビスサマが背負っていた一銭か何かを撒いておいたのを朝に拾うのだという。十二月八日は、酒屋などの商店に買い物に行くとヨウカンやカマボコなどのオヨコシ（景品）をくれたという。二月八日には針供養も行い、この日はお針屋でお針をしない日であった。トウフに針を刺すなどはしたことがなく、ただ休みの日である。

真瀬のD家では、二月八日、十一月（十二月かも知れないという）八日に、長竿の先に籠を付けて家の前に立て掛けた。昔はこの辺りではよくやっていて、家にもよるが戦後しばらく三十年前までは行っていたという。籠の目が沢山あるものを上げると良いと伝え、目がお金なのだろうという。お金が入って来るようにと行った行事だという。

また、行事や神様の名前は記憶が定かでないが、十一月（十二月かも知れないという）八日は、お店（呉服屋など）で特にお祝いする日であるという。日頃のお客様に感謝の意をこめてご馳走する。この辺りの人は水海道へ買い物に行ったので、おばあちゃん（女の人たち）を呼んでご馳走した。これはエビス講といった。このときに家では籠をあげる。玄関ばかりとは限らないが主屋の正面に上げる。二月八日にも同じく籠を掛ける。掛ける籠は全く同じで農作業に使うような小さい籠を使う。夕方に竹竿に籠を引っ掛けて持ち上げ屋根に立て掛ける。話者によると、この両日の行事はどうも出稼ぎに関係しているといい、家の男の人は農閑期である十一月八日に出稼ぎに出掛けて、二月八日に帰ってきて仕事（農業）を再び始めるので、つまり働きに行くというお金に関係した行事であるという。

谷和原全域（No.88）

二月、十二月とも行事は確認されなかったが、『茨城の民俗文化』（二〇〇二年）の中で谷和原村宮戸ではこの日をエビス講としていることが記述されている。

伊奈全域（No.89）

伊奈町下宿のA家、B家では二月をニガツヨウカ、十二月をシワスヨウカと呼び、エビス・ダイコクを祀る。この行事は現在も行われており、二月はアオダイズ・ケンチンジル・ゴハン・タイを供え、十二月にはササゲマメ・ケンチンジル・ゴハン・タイを供える。このほか、メカイカゴを物干し竿の先に伏せて軒先に立て掛け、十二月はエビスサマが稼いで帰って来るのでその下にお金を撒いて子供たちに拾わせる。また、この日に針供養も行われている。

新戸のC家、D家では二月をニガツヨウカ、十二月をエビス講と呼び、エビス・ダイコクを祀る。この日に供えるものは下宿とあまり変わりないが、酒を供えることと、二月にアオダイズではなくダイズを供える所が若干違っている。また、メカゴを立て掛けるのは同じであるが、こちらでは針供養は行わない。

また、『茨城の民俗文化』（二〇〇二年）には、伊奈町板橋で二月八日にエビスサマが稼ぎに行くので餅を搗いて祝うと記述されている。

茎崎全域（No.90）

茎崎では、ササガミ習俗は確認できなかった。

つくば市小茎のA家では、二月八日にザルのようなものを竹に刺して玄関の屋根に立て掛けた。その下にお金を撒いておくと子供が拾いに来る。これは話者の子供時代（昭和初期）に行っていた。籠は普段草を刈るときの籠（クサカリカゴ）を使う。これをするとお金が増えるという。エビス講といった。四十年くらい前には行っていた。ササガミ習俗に相当するものは確認できなかった。また、二月八日はかつて谷田部まで針を習いに通っていたころに針供養を行った。針供養はトウフに針を立てるという。

六斗のB家では、十二月八日、二月八日ともに特に行事はない。針供養も特に行ったことはない。

新利根全域（No.98）

新利根町柴崎では、二月八日をニガツヨウカと呼ぶが、行事は確認されなかった。

『茨城の民俗文化』（二〇〇二年）には、新利根町伊崎でこの日をコトハジメと呼ぶとされており、エビスサマが稼ぎに行くので餅を搗いて祝うと記述されている。

河内全域（No.99）

河内町平川では、特に決まった呼び方はないが二月八日にオデハンニャ（大般若）を行っている。この日は、大般若経の納められた経櫃を担いで各戸を回り、真言宗灌頂院の御札と総代の家で用意したキリモチが配られる。

利根全域（No.100）

旧暦十二月八日にエビス・ダイコクを祀る行事が昭和四十三年まで残っていた。エビス・ダイコクには、ご馳走・生きたフナ二匹・古銭を供え、フナは翌日川に戻した。

同様の記述は、『利根町史　第四巻　通史民俗編』（一九九二年）にも見られる。十二月八日にエビス・ダイコクを祀るのは大房の一部で、立木・羽中・押戸・横須賀・大平・布川・大房では別の日に行っている。利根地区ではこの行事はエビスコと発音される。大房では、この他、旧暦二月八日にアワシマサマ（針供養）をかつて行っており、この日は千葉県沼南町のアワシマサマに参拝したが、現在は裁縫を教えている所もなく行っていないようである。

龍ヶ崎全域（No.101）

龍ヶ崎市大徳町のA家では、昭和四十年代まで十二月はエビス講の日なのでエビス・ダイコクを祀っていた。この日はゴハン、ダイコン・ニンジンのナマス、貝のムキミを供え、枡の中にお金も入れて供えた。このほか、物干し竿にセオイカゴやミを掛けて家の前の外壁に立て掛けた。その下にはお金を撒き子供に拾わせた。

A家は十二月にエビス・ダイコクを祀っていたが、このほかに、『龍ヶ崎市史　民俗編』（一九九三年）にも二月、十二月の行事が述べられている。二月をコトハジメと呼ぶのは大塚・紅葉内などで、この日はエビスサマが稼ぎに出るのでマゼゴハンなどを供えた。小屋ではコトハジメの餅を搗いたという。若柴・板橋・泉でも同じようなことを行っているが、こちらではこの日をエビス講という。この日にエビス・ダイコクを祀るのとは違う行事を行っている地域も見られる。『龍ヶ崎市史民俗調査報告書Ⅰ』（一九八五年）によれば、この日、貝原塚ではオデハンニャを行い、若い衆が金剛院から大般若経の入った箱を担ぎ、各戸を回ってお札を配りオヒネリもしくはオヒラ（米）二合をもらって歩いたと記述されている。十二月はエビスサマが稼いで帰って来るので、農村部ではA家と同じような内容でエビス・ダイコクを祀る。この日はほとんどの所がエビス講の日というが、大塚は二月のコトハジメに対してコトジマイといっている。

藤代全域（No.102）

藤代町山王のA家では、十二月八日はササハライの日で自宅や山王神社で笹を使ってすす払いを行っていた。この日はユズとダイコンの千切りの酢漬け（ユズハジメ）を作り、またドウロクシンを飾った。

この他、『藤代町史　通史編』（一九九〇年）では、二月八日、旧十二月八日にはほとんどの農家でエビス講が行われていたと述べられている。二月も十二月も籠を軒先に立て掛けるが、二月は上向き、十二月は下向きで立て掛け、十二月は庭にお金も撒いて子供たちに拾わせた。二月、十二月ともご馳走を供え、十二月はナマス・シラヤ・ノッペジルなどが供えられた。

取手全域（No.103）

取手市桑原のA家、B家では、二月、十二月ともエビス講の日と呼び、エビス・ダイコクを祀っている。ご馳走を供えるのとナガメケを立て掛けるのは十二月で、この日はエビスサマが稼いで帰って来るので、オニなどに邪魔されずに入ってこられるようにナガメケを立てたようである。ナガメケの下にはお金を撒いて子供たちに拾わせた。二月は稼ぎに出て行くので十二月ほど盛大にはやらなかった。

『取手市史　民俗編Ⅰ』（一九八〇年）によれば、取手市では桑原のほかほとんどの集落でエビス・ダイコクを祀る行事が確認される（祀る日には若干の前後も見られる）。エビスサマが二月に稼ぎに出て十二月に帰って来るというのはどの地区でも同じであるが、お供えものは二月と十二月で区別する家や同じものを供える家もあり、集落によっても分かれている。また、軒に立て掛けるものもナガメケ・ザル・ミケなど何種類か見られ、その立て方も二月は上向きで十二月が下向きと変える集落もあり違いが見られる。

守谷全域（No.104）

守谷市野木崎では、二月、十二月とも行事は確認されなかったが、『茨城の民俗文化』（二〇〇二年）には、守谷市大山で二月八日にエビスサマが稼ぎに行くので餅を搗いて祝うとの記述があるので、一部地域ではエビス・ダイコクを祀っていたのではないかと考えられる。

水海道北部・中部・南部（No.144〜146）

水海道市三坂町のA家では、昭和四十年頃まで旧十二月八日をシワスヨウカと呼び、オニやヤクビョウガミといった災いをもたらす存在のやって来る日としていた。この日は、家に病気や災厄が入らないようオダに架ける天井竹にナガメケをかぶせて立て掛けた。また、この日は念仏衆が各戸を回り椀一杯ほどのダイズをもらい歩き、そのダイズを行屋で炒り各戸へ配った。念仏衆は配った残りのダイズを売ったりして、ゴモクメシの材料を調えて行屋で作って食べた。各戸に配られたダイズは食べたり福茶にしたりした。A家でもこの日ご馳走を作って食べたらしいが内容は分からない。

大輪町のB家、C家では二月、十二月の呼び方は覚えていないが、エビス・ダイコク（あるいはタノカミ）が来るとしてエビス・ダイコクを祀っていた。十二月はナガメケ（近くで作ってもらって次の年に使うもの）を立て掛けた。また、B家では十二月八日に小作人の清算を行っていたので、土間で焼酎・モツ・ナマリ（ナマリブシ）などを振る舞った。それとは別にエビス・ダイコクには赤飯・ケンチンジルのようなご馳走とカケブナ（もしくは尾頭付き）、お金を入れた財布を供えた。

上蛇町のD家、E家、三坂新田町のF家では二月八日の呼び方は特にはないが、アクマが来るとして昭和三十年頃まではナガメケを立て掛けていた。この日はご馳走を作って食べた覚えはあるとのことだが内容は分からない。

内守谷町のG家、H家では、二月八日、十二月八日のどちらかをエビスサマと呼んでエビス・ダイコクを祀っていた。この日はオニが寄り付かないように竹竿にナガメケを伏せて立て掛けた。赤飯とケンチンジルといったご馳走は作った。同じ内守谷町でもI家では、二月、十二月の二回エビス・ダイコクを祀った。二月は特に呼び方はないが、十二月はエビス講の日であった。二月は、朝早くエビスサマが稼ぎに出るので特にご馳走やお供え物はせず、五時から六時の間頃に灯明を上げた。十二月はエビスサマが稼いで帰って来るので、オニが邪魔しないよう（オニ＝借金取りなので一緒に来ないようにとも言っていた）にメエケを竹竿に伏せて立て掛けた。この日は赤飯が多いが、アワコワメシのようなマゼゴハンとケンチンジル・テンプラといったご馳走を作って供えた。また、一升枡にお金を入れて供えた。この家ではエビスサマのときによく供える魚介類（尾頭付きやムキミなど）は供えない。

以上のように水海道市では五町から九軒を選んで調査を行ったが、この中で特に「ササガミ」と結びつく事例は見当たらなかった。しかし、このほかの町でかつて「ササガミ」に関連する行事が行われていた事例が文献から確認された。これは、茨城県教育委員会がまとめた『県内民俗資料緊急調査報告書』（一九七一年）に収められた、「48 a．二月八日（行事名称）」「48 b．二月八日（行事内容）」「49 a．十二月八日（行事名称）」「49 b．十二月八日（行事内容）」の内容で、この中で水海道市では沖新田町、大生郷町上口、内守谷町鹿小路の三カ所で調査を行い、沖新田町、大生郷町上口で「ササガミ」の事例が確認されているので以下に述べる。

沖新田町では、二月はエビスサマが稼ぎに出る日、十二月はエビスサマが稼いで帰って来る日とされている。二月にはエビス講をし、メカゴを立て掛けウドンを打ち、竹を三本組んでその上にウドンなどを供えて「ササガミ」を祀るとされており、十二月もほぼ同様の行事を行うとされている。当時の聞き取りによれば、エビスサマが稼ぎに出る二月は表にメカイを立て掛け、裏に笹を三本結んでそこにウドンを供えたとされている。これと同様に沖新田町出身者の著書『大正っ子筑波野ものがたり』（一九九六年）にも、二月八日はエビス・ダイコクが稼ぎに出掛ける日で、家の裏に「ササガミ」（ササガミサマと呼んでいる）を祀り、メカイを見たオニが逃げていくので、エビス・ダイコクが安心して裏から稼ぎに行けると書かれており、「ササガミ」の行事がかつて行われていたことをうかがわせている。沖新田町の住民の中には「ササガミ」を立てた覚えのある方もまだいるが、既に行われている家はなく、やり方などは伝わっていない。また、沖新田町と同じ五箇地区にある福二町でも聞き取りが行われており、こちらでは二月八日、十二月八日の二回「ササガミ」を祀り、供物は皿に盛ってあげていたが、この日はダイニチサマの年取りとしているため、沖新田町の「ササガミ」とは祀る理由に違いが見られる。福二町出身者の著書『大正っ子風物詩』（一九八一年）では、二月と十二月はエビス講の日でこのときに「ササガミ」を祀るというように、沖新田町と同様な事例も書かれている。

大生郷町上口では、二月はエビスサマが稼ぎに出る日、十二月はエビスサマが稼いで帰って来る日とされている。二月にはエビス講をし、ダンゴを作り、竹を三本組んでその上にウドンなどを供えて「ササガミ」を祀るとされており、十二月もほぼ同様の行事を行うとされている。当時の聞き取りによれば、旧二月は籠を立て掛け表に笹三本を立てる。十二月は笹を立てる場所が裏になるが、年に二回立てていた。沖新田町では笹の上にウドンを供えていたが、こちらでは笹の上に炊いたゴハンを供える。大生郷町上口では既に「ササガミ」(ササムスビともいったという)を作っている所は確認されず、六〇歳代のこの集落の住民に聞いたところ、エビス講と籠を立てるのは覚えているが、笹を立てた覚えはないという。また、上口の西隣の中新田という集落では、「ササガミ」を祀らないという。

六　県北地域

県北地域では、今回の調査で「ササガミ」を確認することはできなかった。調査を実施した地区では聞き取り時に「ササガミ」の写真を示したが、「見たことも聞いたこともない」という返答ばかりであった。

二月八日と十二月八日の名称については、ニガツヨウカ、シワスヨウカ（ジュウニガツヨウカ）が多く、針供養やヨウカドウフ、ニンニクドウフ（ヤッカドウもこの種か）、メカゴタテなど行事の内容を名称とするもの、センマナクニクチヒトツのように去来する魔物の名前で呼ぶものなどがあった。

この日に去来する魔物等の名称については、ヤクビョウガミなど漠然としたものが多かったが、ヒトツメコゾウやヒトツメノカイブツのほかにヒトツメノダンジロウオトコ（高萩市下君田）、ヒトツマナグノダンジュウロウ（美和村氷ノ沢表郷）、メダマノイカイダンジロウ（緒川村油河内）、センマナクニクチヒトツ（御前山村門井片瀬田）、千の目を持つヨウカドウ（『金砂郷村史』）など目に特徴をもつ魔物であると考えられている例が比較的多かった。これは、メカゴを立てる理由として、目の多いメカゴを見て魔物が退散するのだという説明に符合するものである。ほとんどが人間に悪い影響を及ぼす魔物の去来とする一方、山に緑をもたらすテング（天狗）（水府村国安）、タノカミ・ヤマノカミ（大子町東部）、エビス・ダイコク（那珂町額田北郷）などの回答もあった。

県北の沿岸部から内陸までの広い範囲で、二月八日と十二月八日に行われた顕著な行事はメカゴタテとニンニクトーフである。「ササガミ」以外の行事について、調査票に二月と十二月といずれか一度だけか、両日行うのかを尋ねる項目を立てなかったので明確ではないが、前述の水府村のような十二月のみという例や、二月のみ行っていたという地域もある。ほとんどの調査区で回答のあった針供養は市町村史の記載によれば二例を除き、また県北で特徴的なエリカケモチの習俗は十二月には行われず二月八日のみ実施されていた。

メカゴタテについては、竿の先にメカゴ（メガイ・メカイ・メケー）を引っ掛けて主屋の軒に立て掛けるほかに、庭に積んだ堆肥に竹を立てて引っ掛けた（緒川村小舟）、わざわざ竿を立てたりせずに門口の立ち木や垣根の枝、また庭にある既存の杭に引っ掛けた（日立市東河内、水府村国安、美和村氷ノ沢野沢）、戸袋や柱の釘に引っ掛ける（美和村氷ノ沢表郷）、庭先に籠を伏せて置く（山方町盛金桧沢口）などがある。メカイの下にお金を撒くという回答が県北で唯一、那珂町西部の飯田に見られた。二月と十二月でメカゴを立てる場所を変えることはない。

ニンニクトーフは、手軽であり節分のヤッカガシと時期も方法も近似しているので現在も行っている家が多数あった。賽の目に切ったトウフと薄切りのニンニクをヒイラギの小枝に刺して家の出入口に挿すという家が多かったが、ヒイラギを庭木として植えるのはそう古いことではないという老人も多く、ニンニクトーフ用の竹串を削って作る（大宮町西塩子）、カヤ（十王町高原）、ダイズカラ（山方町大久保他）、コウゾ（美和村氷ノ沢野沢他）という回答があった。また、ニンニクも現在のようにいつも家庭にあるものではなく、ニンニクトーフとは呼んでも、常に使用するのはネギとトウフ（緒川村油河内）、ニンニクがなければネギで代用（大宮町小倉）、そのままネギトーフと呼んでいる地域もあった。

「ササガミ」とは性格の異なる行事であるが、竹を立てる事例として、十二月八日に水府村北部の下高倉では、枝葉を残して一メートルほどに切った竹を家ごとにカドバなどに立て、鎮守である武生神社から受けてきたヨウカフダ（八日札）を挟んでその上からメガイをかぶせたという。武生神社の宮司に確認したところ上高倉でも行っており、かつては同日に各戸とともにムラ境（集落の境）にもハッチョウジメとしてこの札を立てたが、いつの間にか各戸での行事のみになってしまったという。金砂郷村赤土では、各戸でメカゴとは別に門口に下高倉と同様の竹を立て、輪に作った注連縄を掛けたという。大宮町鷹巣の鷹巣神社を鎮守とする集落の中には、二月八日に門口にお祓いの御幣を立ててカドジメと呼ぶ所もあったという。

ヨウカフダ（茨城県水府村下高倉）

エリカケモチは、二月八日に県北地域で行われる子供の成長を祝う行事で、七歳以下の子供がいる家では八日の朝に餅を搗き、直径一〇センチメートルほどに丸めた餅を子供の年齢より一つ多くフジヅルに通して輪とし、首に掛けさせる行事である。県北でも、主に久慈川と那珂川の中流から下流域に分布が見られた。また、子供の成長を祈る行事としては、二月八日に子安講の供養や犬供養を行う例が大宮町や常北町でみられた。

針供養については、お針を習っている若い娘がお師匠さんの家に集まって行ったもので、各家で行うことはなかったという。しかし、お針を仕事とする人がトウフに折れた針などを刺して供養し、近在の淡島様の社や祠に供える風習は現在も目にすることができる。

二月八日や十二月八日に集落で行事を行う事例は少なかった。先に述べた子安講の供養のほか、ヤマノカミ講を行う（水府村国安）、集落の境に辻札を立てる（那珂町額田北郷・飯田）、ハッチョウジメを張る（『山方町史』『美和村史』)、年寄りたちがカンカンネンブツをして集落を回る(常陸太田市茅根・白羽・田渡)などである。

禁忌事項については、ほとんどが特になしとの回答であったが、風呂に入らない(山方町舟生)、屋外での仕事を休む(緒川村油河内)、辻に立たない(『美和村史』『常陸太田市史　民俗編』)のほかは、山に入らない(御前山村門井他)というものが多かった。

北茨城全域(No.1)

北茨城市磯原町内野では、メカゴを庭先や門口に伏せ、ニンニクとトウフをヒイラギの小枝に刺したニンニクトウフを戸口に挿していた。

高萩全域(No.2)

高萩市下君田では、メカゴを庭先や門口に伏せ、ニンニクとトウフをヒイラギの小枝に刺したニンニクトウフを戸口に挿したが、ニンニクトウフをメカゴにも刺した。「八日、二十八日には木を切るな」と言ったという。

十王全域(No.3)

十王町高原では、庭先や門口にメカイカゴを伏せおき、カヤ(家によってはヒイラギ)を切ったものにニンニクとトウフを刺して戸口に挿した。また二月八日は針供養の日で、この日は針を使ってはならず、昭和四十年頃まで女の人たちが集まって一緒にお茶を飲むなどしていた。

日立西部・北部・南部(No.5~7)

日立市東河内町上坪では、昭和三十五年頃まで十二月八日には門口にある立木などにメケエを引っ掛け、ネギ・トウフ・ニンニクを小さく切ってごく細い篠竹に刺し、何カ所もの戸口に突き挿した。使用するメケエは、ふだんはサトイモの泥を洗うときなどに使用するもので、葬儀の出棺の折に座敷で転がすのにも用いる。

二月八日はエリカケモチの日で、子供のいる家では当日餅を搗き、歳の数より一つ多い数の丸餅をフジヅルに通して首に掛けさせた。

また、この日は麦少々を入れた小豆飯を炊き食した。小豆飯に入っている麦をオニノキンバ（鬼の金歯）だと言ったという。

日立市田尻町では、二月八日は近くの稲荷社の初午祭なので家での行事は行わず、十二月八日のみメカゴカケとヒイラギサシを行った。悪い病気が入ってこないようにと目の沢山あるメケエを門口へ引っ掛けた。また、ヒイラギにニンニクとトウフを刺して、住居はもちろん外の倉や便所の戸口にも魔除けとして挿した。昭和二十二年頃まで行っていた。またこの日は甘酒を作った。

日立市石名坂町のA家では、東河内町上坪と同様に二月八日にはエリカケモチを行い現在も続いている。昭和三十年頃までは、十二月八日に竹竿の先にメケエを付けて門口に立て、ヒイラギにニンニクとトウフを刺して主屋の戸口に挿した。メケエは目が沢山あるので見張りになるといったという。

なお、昭和五十七年に日立市教育委員会が発行した『語りつぐ日立の昔』（日立の昔を記録する会編集）の久慈地区の記述に、二月八日に「ササガミ」を行っているとの記述があるが、今回の調査に当たって日立市郷土博物館の職員が当時の聞き取りテープで確認したところ、司会者が県内の事例として示したのみで話者たちは全く「ササガミ」には触れていなかった。

大子西部・東部・南部（No.８～10）

大子町西部にあたる中郷のA家と、初原のB家、相川のC家では、この日ヒトツメノカイブツやアクマなどが来るとされており、メカゴを竿に掛けて家の軒先に立て掛けたり、庭先や門口にメカゴを伏せ置いたりした。また、戸口にニンニクとトウフを突き挿したり、イワシの頭を突き挿したりした。

大子町東部にあたる矢田のD家、外大野のE家、下津原のF家では、この日はヒトツメコゾウやタノカミ・ヤマノカミが去来するとされ、家の軒先に竿に付けたメカゴを掲げ戸口にニンニクとトウフを突き挿した。

また、大子町南部の上小川頃藤のG家と大子のH家では、去来する魔物等のことは聞いていないが、戸口にニンニクとトウフを突き挿す行事は行っていた。また、二月八日には針供養を行っていた。

（茨城県大子町）

里美全域（No.５）

水府北部・南部（No.11～12）

常陸太田東部・西部（No.15～16）

金砂郷全域（No.17）

里美村上深荻下幡のA家では、二月八日と十二月八日にはヤクビョウガミが来るとして、庭先や門口にメカゴを伏せ置き、戸口にニンニクとトウフを挿しておいた。またこの日は生木を切ってはならないといわれていた。

水府村下高倉のB家では、二月八日を針供養ともいい、十二月八日をシワスヨウカと呼んでいる。「ササガミ」やそれに類する行事は行われていないが、ヤクビョウガミが来るとされるこの日には、上部に枝葉を残して切った一メートルから一・五メートルほどの竹を庭に立て、武生神社から受けて来たヨウカフダと幣束を挟み、竹の枝にメカゴを引っ掛ける。かつては二月八日と十二月八日の両日行っていたが、昭和五十年頃からは十二月のみとなった。

武生神社の宮司によると、この行事は下高倉と上高倉で行われており、各戸で立てるほかに以前は集落境にハッチョウジメとして立てていたが、いつからか家ごとの行事のみとなったという。御札には「八衢比古比女久那土神悪疫消除攸」とある。

二月八日には女の人たちは針供養を行い東金砂神社に参拝する。

水府村国安のC家では、二月八日を針供養とも呼び、十二月八日をシワスヨウカという。十二月八日には天狗が木の実を採集するため、また二月八日は天狗が十二月に集めた木の実を蒔き付けるために山に降りて来る日なので、この両日は天狗に会う危険があるため山には入らないという。

現在は行っていないが、昭和五十年頃までメカゴをモガキ（垣）の枝に掛け、ヒイラギナンテンにニンニクとトウフを刺して戸口に飾り、十二月八日は坪内で男女別々のヤマノカミ講が行われ、男性は米五合ほど女性は一升ほどを持ち寄り餅を搗いて会食した。

常陸太田市機初のD家では、二月八日と十二月八日に特別な名称はないが、戸口にニンニクとトウフを挿していた。二月八日には折れ針をトウフに刺して針供養も行った。

常陸太田市誉田のE家でも、この両日に特別な呼び名はない。十二月には何も行わないが、二月八日は針供養とエリカケモチを行う。針供養では、トウフに針を刺したものを若宮八幡宮にある淡島さまに持って行き、戻ると家でご馳走を食べた。エリカケモチは、子供が流行り病などにかからず丈夫に育つようにと行う。未就学児のいる家では、当日に紅・白やモチグサ（ヨモギ）を入れた餅を搗いて直径八センチメートルほどの丸い平らな餅に作り、子供の年齢より一つ多い数の餅をフジヅルに通して輪にする。この時、フジヅルは固いので餅搗きの終わった臼に入れた湯につけて柔らかくして使用する。できたエリカケモチは神棚に上げ、その後下ろして子供の首に掛け家の中を歩かせ、家族でご馳走を食べて祝う。

金砂郷町赤土畑中のF家では、二月八日を針供養、十二月八日をシワスヨウカと呼ぶ。この両日は魔除けだといい、二、三十年前くらいまでは、当日の朝に門口にあった物干しの柱にメケエを引っ掛け、戸口にヒイラギにニンニク（なければネギ）とトウフを刺したものを挿しておいた。また、上部の枝葉を残して一・二メートルほどに切った竹を門口に立て、元から一〇センチメートルほどの所で結えて一束にした藁を二つに分けて三つ縒りにし、先を結んで輪にした注連飾りをその竹に掛けたという。近所ではみんな同じように行っていた。

また、二月八日には近所四、五軒共同で、田を掻くときに牛馬に引かせるマンガ（馬鍬）の引き綱を三本縒りで作った。集落境に西金砂神社から受けて来た御札を立てたのもこのときかと思うが、記憶は定かではないという。両日とも朝小豆飯を炊いて神棚や仏壇に供えて家族で食した。二月八日には針を使ってはならないと言った。

山方全域（No.13）
美和全域（No.14）
大宮全域（No.18）
緒川全域（No.19）
御前山全域（No.20）

山方町舟生のA家では、前日の夕方庭先や門口にメカゴを伏せておき、戸口にヒイラギに刺したニンニク・トウフを挿しておくが、翌当日の朝にはどちらも片付けてしまう。両日は早寝をし風呂に入ってはなら

戸口のヒイラギ（茨城県山方町舟生）

庭先のメカゴ（茨城県山方町舟生）

ないといい、どうしても入るときはネギやニンニクなど臭いのきついものを風呂に入れるという。二月八日の針供養には床の間に針をあげて赤飯などを供えた。

また、現在も坪内全戸が両日の行事を行っている山方町盛金桧沢口の下組坪のB家では、この日はオッカナイモノが来るといい、庭先に籠を伏せて置き、戸口にダイズカラに刺したニンニク・トウフを入口の戸袋に挿しておいた。昔は落ち葉さらい用のショイカゴ（キノハッカゴ）を庭に伏せ置き、ニンニクトウフもコウゾの枝に刺した。この日は早寝をした。

美和村氷ノ沢表郷のC家では、ヒトツマナクノダンジュウロウが来るといい、メゲエを立てておくと「俺負けた」と言って帰るという。メゲエを立てるといっても、戸袋に打ってある釘にちょいと掛けておくだけである。

同じく氷ノ沢野沢のD家では、オニメが来るといい、庭にある杭などにメゲエを引っ掛けておき、コウゾの枝にニンニクとトウフを刺して戸口に挿した。ヒイラギを庭に植えるようになったのは最近のことであるという。野沢集落の入口二カ所に鎮守で受けて来た盗難除けの御札を付けた注連縄を張る（最近は注連縄を張らず付近の立ち木に御札を縛り付けている）が、この両日に行う行事ではないという。二月八日の針供養に

庭先のメカゴ
（茨城県山方町舟生）

戸口のニンニクトウフ
（茨城県山方町盛金桧沢口）

庭先のメカゴ（茨城県山方町盛金桧沢口）

は、針を刺したトウフは神社に納めず、針を取り除いて前の川に流した。

大宮町西塩子山口のE家では、魔除けといって竿にメガイを引っ掛けて門先に立てた。また、竹串を削ってニンニクとトウフを刺したものを一〇本ばかり作り、主屋の戸を開け閉めする所すべてに挿す。ニンニクトウフは現在も行っている。

また、大宮町小倉山根のF家では、昭和十年頃、家の軒先に竿に付けたメカゴを立て、ヒイラギにニンニク（なければネギ）とトウフを刺したものを主屋をはじめ物置や倉の戸口にも挿したという。

緒川村油河内のG家では、メダマノイカイダンジロウが来るといって、現在も前日の晩にメケエを物干しの竿に引っ掛け、ニンニクトウフを戸口に挿す。メケエの掛け方にこだわりはなく、かつては庭にあった杭などに引っ掛けたという。ニンニクトウフとは言ってもヒイラギにネギとトウフを刺したものである。近所に豆腐屋があって、そこのおばあさんが二月八日と十二月八日にはトウフを売りに来たので、この周辺ではニンニクトウフをほとんどの家で行っていたのではないかという。メケエは八日の晩に片付ける。両日とも、朝小豆ご飯を炊き神棚に上げて家族で食す。この日は山や田畑など外での仕事はしないこととなっていた。

余談ながら、この地区は栃木県境に接していて栃木県域との縁組が多い。話者も栃木県上都賀郡粟野町の出身で、実家では両八日に堆肥の上に「ササガミ」様のものを立ててアンコロモチを供えていた記憶あるという。

緒川村小舟鷲坪のH家では、メゲエを掛けた竹竿を庭に積んだ堆肥に立てたという。

御前山村門井片瀬田のI家では、二月八日をセンマナクニクチヒトツと呼ぶ。庭にメカゴを付けた竿を立て、ヒイラギの枝にニンニクとトウフを刺したものを戸口に挿した。これらは八日の夕方に行い一晩中そのままにして九日朝に片付ける。この日は山に入ってはいけないという。十二月にはやらない。針供養は、針を刺したトウフを桂村赤沢の千手観音に奉納した。

桂全域（No.21）

常北全域（No.26）

七会全域（No.27）

桂村下圷のA家では、二月八日をヤッカドウと呼び、桂村粟のC家では、十二月八日をニンニクトウフまたはオヨウカと呼ぶ。魔物やヤクビョウガミが来るとして、桂村錫高野のB家のようにイワシの頭をヒイラギに刺して戸口に挿すほかに、C家のようにニンニクトウフとともに軒先にメカゴを立てる家もある。A家では二月八日にニンニクトウフとエリカケモチを行うのみで、B家は二月には節分行事があるので十二月八日にのみイワシの頭をヒイラギに刺して戸口に挿した。

常北町下古内安渡のD家でも、十二月八日には何も行わず、二月八日のみ針供養と呼んで、ヤクビョウガミを追い払うためにメカゴを掛けた竿を軒端に立て掛け、ヒイラギにニンニクとトウフを刺して戸口に挿した。

七会村徳蔵では、三十年くらい前まで悪い病気を寄せ付けないアクバライとして、籠を青竹に付けて軒端に立て掛けたが、このときの籠はなるべく目の大きなものをできるだけ高く掲げるのがよいとされた。終戦くらいまで途絶えたが、七会村小勝のE家では、メカイを立てるほかにイワシの頭を戸口に挿したという。

東海全域（No.22）

那珂東部・西部（No.23〜24）

瓜連全域（No.25）

東海村村松のA家では、ヒトツメコゾウやヤクビョウガミが来るとして、二月八日にメカゴを竹竿に付けて軒端に立て掛け、ヒイラギにニンニクとトウフを刺して戸口に挿している。またこの日はエリカケモチを行った。

那珂町額田北郷では、この日はヤクビョウガミとともにエビス・ダイコクも来るといわれている。ニンニクトウフを戸口に挿し、軒端に立てたメカゴの下にお金を撒く。また、エビス・ダイコクを祀り子供の成長を祈ってエリカケモチを行った。

集落では、神社で幣束を受けてきて竹に挟み、地区境に立てた。オデイハンニャも行って、各家では餅搗きをしたりソバを打ったりしたが、全て終戦までにやらなくなった。この日は山に入ってはならないといった。

那珂町飯田のB家では、この両日来るのはヤクビョウガミと伝えるが、エビス・ダイコクを祀るという。メカゴを軒端に立てたり、ニンニクトウフやイワシの頭を戸口に挿したというが、終戦前に行わなくなってしまった。二月八日のエリカケモチのみ現在もやっている。その日は餅を搗いてお供えにし、その後雑煮にして食べるという。

集落では、現在も御札を受けてきて竹に挟み、集落の四隅に立てている。

瓜連町瓜連のC家では、昭和三十年代前半まで軒端にメカゴを立てて、戸口にヒイラギに刺したニンニクトウフとイワシの頭を挿し、エビス・ダイコクを祀って、二月八日にはエリカケモチを行っていた。二月八日には、エリカケモチのために餅を搗き赤飯を炊いたという。

七　水戸周辺地域

水戸市周辺の調査地区では、ササガミ習俗に相当するものは見られなかった。二月八日、十二月八日の両日に対する特別な呼称も認められない。しかし、特に二月八日は「何か悪いもの」、例えばヤクビョウガミ・ヤクガミ・オニなどがやって来る日と理解されていた様子がうかがえる。二月八日に水戸市周辺の多くの地区で軒先や屋根に竹竿等で掲げられたメカゴは、やって来るであろう「何か悪いもの」を沢山の目で驚かし退治してくれることを祈って掲げられることが多かった。二月八日のみにメカゴを掲げた家が多いが、十二月八日にも掲げた例もある。また、家の出入口に魔除けとしてヒイラギとイワシの頭やニンニクトウフを挿す家もある。

また二月八日は、子供の成長を祈る行事が多く行われる日でもあった。ひたちなか市・水戸市・茨城町で行われるエリカケモチやカワッパレモチという行事である。

また、二月八日には針供養が地域の娘に針仕事を教える裁縫所などを中心に広く行われていた。

以下では、具体的事例をあげる。

那珂湊全域（No.28）

勝田全域（No.29）

水戸北部・中部・南部（No.30〜32）

赤塚全域（No.33）

内原全域（No.34）

常澄全域（No.45）

茨城北部・南部（No.46〜47）

小川全域（No.52）

美野里全域（No.53）

ひたちなか市三反田のA家では、二月八日はヤクビョウガミ・ヤクガミがやって来る日と認識され、物干し竿にメカゴを付けて家の軒先に立て掛けた。「メカゴには目が沢山あるのでヤクビョウガミを追い払ってくれる」からだという。またA家では、二月八日に子供が健康に育つようにとの願いを込めて、三、四歳くらいまでの子供に肩から襷がけに掛けた。二月八日は、新しく生まれた子供へのお祝い返しに紅白の餅を配る日でもあった。二月八日には針供養も行った。針を習っていた人は欠けた針を水戸の八幡宮に納めに行った。

水戸市飯富のB家では、二月八日、十二月八日の両日とも何か悪いものが来る日とされ、家の軒先に物干し竿の先にメカイ（メカゴ）を付けて立て掛けた。「メカイは目が多いので悪いものを見張ってくれる」のだという。二月八日、十二月八日とも、家の出入口に大豆の枝にヒイラギの葉とイワシの頭を挿して飾った。また、二月八日は針供養の日なので針を使わず、欠けたり・折れたりした針を淡島神社に納めに行った。

水戸市見川のC家では、二月八日に、竹竿にメカゴを付けて屋根に立て掛けた。何のためにという明確な目的意識はもたれていない。二月八日と十二月八日には子供に関する行事も行われた。二月八日には、山から取ってきたフジヅルに手の平くらいの丸餅を通し、それを子供の肩から斜めに掛けて子供の無事な成長を祈った。紅白の餅とクチナシで染めた黄色い餅を使った。学校に入る頃までの子供を対象とした行事であった。また、子供が新しく生まれた家では年末に破魔弓（男子）、羽子板（女子）のお祝いをもらうが、二月八日はそのお返しをする日でもある。十二月八日にはカワッパレモチを行った。手の平ほどの丸餅三個を大人が川に投げ入れ、子供がそれを拾い持ち帰って焼いて食べた。網ではすくわず必ず川に入って拾えといわれた。また、二月八日は、エビス・ダイコクを祀る日であり、神棚からエビス・ダイコクを下ろし、枡に家族それぞれがお金を入れウドンとともに供えた。エビス・ダイコクが働きに行くための供養の意味であるという。帰って来る日は特に意識されていないが、「出掛ける日にお金を供えることで、沢山お金を持って帰ってきてくれる」といわれていた。二月八日は針供養の日でもあるので、雷神様に折れた針を納めた。この日は針を使ってはいけない日で使うとケガをするといわれた。

水戸市谷田のD家では、二月八日、十二月八日とも物干し竿にメカゴを付けて屋根に立て掛けた。「メカゴは目が沢山あるので、悪いものが来るのを見張って寄せ付けない」といわれる。さらに、両日とも玄関や出入口に大豆の茎にニンニクとトウフを刺して飾った。「ニンニクは臭いので、悪いものを寄せ付けない」からだという。特に二月八日には何か悪いものがやって来ると意識され、「下駄などの履物を外に出しておくと、悪いものを呼び込んでしまう」ので家の中へしまうようにいわれていた。D家の周辺では、二月八日はどこの家でも餅つきをした。幼い子供のいる家ではその餅でエリカケモチをした。エリカケモチは、山で取ってきたフジヅルに手の平ほどの丸餅を刺し、子供の肩から斜めにさげ成長を祈るものである。餅は紅白が基本だが草餅を加える家もある。三歳までの子には三個の餅、四歳には五個、五歳には七個を掛ける。偶数を嫌い必ず奇数にする。学校にあがるまでの子供を対象として行い、その餅は二、三日後に焼いて食べる。また、二月八日は針供養の日なので針を持たないようにした。昭和四年に常澄村で生まれた話者が実家にいた頃は、和裁の先生と生徒がアワシマサン（淡島神社）へ行き、折れた針をトウフに刺して納めてきた。

水戸市赤塚のE家では、二月八日に、竹竿の先にメカゴを付けて屋根に立て掛けた。何のためにという明確な目的は意識されていない。二月八日、十二月八日ともエビス講の日といわれ、神棚にお金を入れた枡と川で捕ってきたフナを生きたまま供えた。また、二月八日はエビスサマが働きに出る日、十二月八日は戻る日だという。「お金を供えると、エビスサマが沢山お金を持って帰ってきてくれる」ともいう。子供に関する行事として、二月八日には、丸餅に穴を開けてフジヅルに通したものを子供の肩から斜めに掛けるエリカケモチをした。学校に入るまでの子供を対象に行った。十二月八日には、丸餅三個を大人が川に投げ入れ、子供がそれを拾い持ち帰って焼いて食べるカワッパレモチを行った。それを食べるとチュウサ（脳溢血）にならないといわれた。また、二月八日は針供養の日なので、折れたりして使えなくなった針を神社に納めた。その日に針を使うとケガをするので使ってはいけないともいわれた。

茨城町上石崎のF家では、二月八日は何か悪いものが来る日とされ、魔除けのためにヒイラギにトウフを刺して家の出入口に飾った。十二月八日はカワッパレモチという行事を行った。当日の朝、手の平くらいの丸餅を作り、子供はそれを持って川に投げに行き、投げた餅は拾って食べた。「他人の投げた餅を拾って食べると、一年間難を逃れる」といわれた。餅は正月の供え餅のように二個組で、川に投げるのは水難（カッパの悪さ）から逃れるためだといわれる。また、二月八日は針供養をした。針仕事を習っていた人が集まり、トウフに折れた針を刺し近くの寺に奉納した。

茨城町城之内のG家では、十二月八日のみ家の出入口や門に物干し竿の先にメカゴを付けて立て掛けた。「籠は目が沢山あるので、悪いものが怖がって入ってこない」のだという。当日、悪い病気が家に入らないようにと、家の出入口や門などにヒイラギにニンニクとトウフを刺して飾った。また、十二月八日にはカワッパレモチという行事を行った。川に五百円硬貨ほどの大きさの丸餅を投げ、それを川に入り拾って来る。その餅を食べると風邪をひかないといわれた。カワッパレモチを行うのは小学生くらいまでの子供のみであった。さらに、十二月八日は山仕事をしない日とされていた。二月八日には針供養を行った。日頃使っている針を休ませるために糸を抜き、参加した人が針刺に自分の針を一本ずつ刺した。

美野里町納場のH家では、二月八日、十二月八日の両日とも何か悪いものが来る日と認識され、物干し竿の先にメケイ（メカゴ）を付けて家の軒先に立て掛けた。また、家の入口にはニンニクドウフを挿しておいた。「ヒトツメノヤクビョウガミを目の多いメケイで驚かし、ヒイラギの葉に付けたニンニクの臭いで追い払う」ためだという。さらに、この日は山に入ってはいけない日とされていた。

八　鹿行地域

鹿島郡周辺の調査地区では、ササガミ習俗に相当するものは鉾田町の一地区を除いて見られなかった。大洋村・鹿嶋市で、二月八日をオコトヨウカと呼ぶ例があるが、それ以外の地域では二月八日、十二月八日の両日に対する特別な呼称も確認できなかった。「何か悪いものがやって来る日」という認識は大洗町・旭村・鉾田町・北浦町・大洋村で確認できた。メカゴを柱・門口・軒先等に立て掛ける習俗やヒイラギとイワシの頭を家の戸口に挿す習俗はその対応策と考えられ、昭和三十年代まで行われていた。鹿嶋市北部（旧大野村）以南の地区では、メカゴに関わる習俗は確認できなかったが、「二月八日は、エビスサマが稼ぎに出掛ける日」との伝承やモチセオイ等の子供の祝いに関する習俗が数例確認できた。

二月八日の針供養は、針仕事をしていた若い女性とその指導者を中心に、地域を問わず広く行われていた。

以下では、具体的な事例をあげる。

鉾田全域（No.51）

鉾田町上富田のA家では、二月八日に、三本の笹を地面に刺し、上部を結びその上にウドンを載せた「ササガミ」（ササガミサマと呼ぶ）をウジガミサマの祠の前に作った。昭和二年に鉾田町上富田のA家に生まれた話者は、昭和十八年から数年間家を離れたが、それ以外は同所に居住している。話者は、最も年上の子供（ソウリョウ）であったため、親に言われて話者自身が毎年ササガミサマ作りを行った。何のためにというはっきりした理由は分からないが、親からは魔除けだといわれた。A家では、昭和十八年までは確実にササガミサマを作っていたが、戦後、同所に戻ってきてからは行っていない。ウジガミサマの前に作るという家の行事であったので、上富田地区の他家が同様に行っていたかどうかは分からないという。また、上富田在住の他の三名の話者から聞き取り調査を行ったが、ササガミサマについては全く知らなかった。

下富田のB家では、ササガミサマを祀ることはない。魔除けのために家の門口にメカゴを伏せておくことはしていたが、二月八日ではなく一月十四日でありトリマトイといった。二月八日には女性たちが針供養と犬供養を行っている。

飯名のC家では、二月八日は何か悪いものが来る日とされ、家の門口にメカゴを伏せて置いた。屋根には掲げないが、「家の入口でメカゴに見張ってもらう」ためだという。また、毎月八日に山に入ることは嫌われ、特に「二月八日に山に入るとケガをする」といわれた。

大洗全域（No.44）
旭全域（No.50）
大洋全域（No.54）
大野全域（No.55）
鹿島全域（No.56）
神栖全域（No.57）
波崎全域（No.58）
玉造全域（No.59）
北浦全域（No.60）
牛堀全域（No.62）
潮来全域（No.63）

大洗町磯崎のA家では、二月八日はオニが来る日とされ、竹竿の先にメカゴを付けて家の軒先に立て掛けた。「メカゴは目が沢山あるので、ヤクビョウガミを追い払う」といわれた。メカゴの他にザルやクサカリガマをくり付けて掲げる家もあった。

旭村子生のB家では、二月八日、十二月八日の両日ともオニが来る日とされ、物置の柱にメカゴを縛り付けた。「メカゴは目が多いので、魔除けになる」のだという。また、二月八日には子供の成長に関連したモチセオイ（餅背負い）という行事が行われた。当日の朝に餅を搗き、小さく丸めた餅を子供の年齢分だけ風呂敷で背負わせた。そのまま祖父母などと外出し、近所でその餅を買ってもらう真似事をする家もあった。七歳くらいまでの子供を対象とした行事であった。

大洋村汲上のC家では、二月八日は、オコトヨウカと呼ばれ、ヤクビョウガミのやって来る日と理解されていた。ヤクビョウガミを寄せ付けないように竹竿にメカゴを付けて家の軒先に立て掛けた。

鹿嶋市荒野のD家では、二月三日にヒイラギにイワシの頭を刺した物を家の玄関・出入口等に飾り、一年間そのままにしておくので他の魔除けはしない。D家では、二月八日にダンゴショイという子供の成長に関連した行事が行われた。当日の朝にダンゴを作り、子供の年齢分だけ風呂敷で背負わせた。また、小学生くらいの子供は商売の初めとしてそのダンゴを近所に売り歩く真似事をした。

鹿嶋市木滝のE家では、二月八日は、オコトヨウカと呼ばれたが、何か悪いものがやって来る日との認識はない。E家で明治四十四年に生まれた話者によると、二月八日は「子供のために餅を搗く日」とされていたが、大正期頃まででやらなくなってしまったという。また、二月八日は山へ入ってはいけない日とされていた。

神栖町平泉のF家、波崎町柳川のG家では、二月八日は「エビスサマが稼ぎに行く日」とされ、神棚のエビスサマにお金や餅などのご馳走を供えた。「供えたお金の何倍ものお金をエビスサマは持ってきてくれる」といわれる。F家、G家ともエビスサマが帰って来る日についての認識はない。

北浦町小幡などでは二月八日をニガツヨウカ、十二月八日をシワスヨウカと呼ぶ。この日はアクマやヤクビョウガミなどが去来するとされ、メドカゴ（メカゴ）を二つ門口に伏せておいた。目が沢山あるメドカゴを見て、アクマやヤクビョウガミが逃げるようにという意味であった。この日は赤飯・尾頭付きの魚・酢の物・ケンチンジルなどを作って食べた。また、昭和の終わり頃までは山に入ってはいけないといわれた日であった。

潮来市大賀のH家では、二月八日はエビスサマが稼ぎに出掛ける日といい、エビス・ダイコクの掛軸を掛け、餅と尾頭付きの魚のご馳走を供えた。「エビスサマは二月八日に出掛け、十月二十日に帰って来る」といわれている。『潮来町史』（一九九六年）では、「潮来地方では、二月八日にメカゴを立てる行事は行われず、その名称もない」と記述されている。

九　霞ヶ浦周辺地域

今回の調査では、霞ヶ浦周辺地域でササガミ習俗に相当するものは確認されなかった。この地域に特徴的に見られる習俗は、二月八日と十二月八日にエビスやダイコクを祀ることである。地域や家例によって、両日とも祀るのか、エビスとダイコクのどちらを祀るのか、その際の供物や迎える所作などには異同が見られるが、エビス・ダイコクが福をもたらす日と認識されている点は概ね共通している。したがって、この日にメカゴなどを掲げる風習があった地域や家では、籠は福神のもたらす宝（財）を受ける容器と認識されていることが多い。このようなエビス・ダイコクを祀ることに加えていくつかの習俗・儀礼が付随している。その多くは二月八日に行われており、土浦市・玉里村・千代田町などのオコトノモチやセマモリ、江戸崎町や桜川村のオデハンニャ（大般若）がそれである。また、針供養は地域を問わず行われていたようだ。以下では、具体的な事例をあげる。

石岡北部・南部（No.72～73）

玉里全域（No.74）
千代田北部・南部（No.75〜76）
出島全域（No.77）
土浦全域（No.78）
新治全域（No.79）

土浦市今泉のA家では、ニガツヨウカとシワスヨウカ（十二月八日）はエビスコウ（恵比寿講）の日とされる。この日は家の前ですくってきたフナを丼に入れてエビスやダイコクに供えた。夕方には、竹竿の先にクサカリカゴを結わえて家の軒の所に立て掛けた。籠には収穫物が沢山入るようにと口を上向きにして掛けた。また、八日の日は山へ入るものではないとされた。二月と十二月に限定されたことではないが、山へ行く時期は主に冬季であるため、当然、二月八日と十二月八日は山へ入ることを忌む日であると認識していた。

A家で昭和四年に生まれた女性は、若い頃に和裁を習っていたので二月八日の日に針供養を行った。千代田町佐谷にあった和裁の先生の所で、トウフに針を刺してご馳走を食べた。また、小さい頃の記憶として、二月八日にサイカチの実と餅を子供の背に付ける風習を覚えている。子供のある家ではどこでも行われていた行事で、子供の虫除けのような意味があったとされる。具体的な名称は分からないが、内容からして後述する事例にあるセマモリのことと推測される。二月八日はオコトノモチの日でもあった。ツツコにお餅を入れて家の近くにある大きな杉の木にぶら提げに行った。「かーらす、かーらす……」と烏を呼びながら行った。

土浦市粟野町のB家では、旧暦二月八日をオコトノモチの日と呼び、子供が餅をツツコに入れて供える行事を五十年ほど前まで行っていた。ツツコに入れられるだけの餅を詰めて、近くを流れる天ノ川の桜の木に提げに行った。このときに「かーらす、かーらす、オコトノモチ、つっつぅけぇ」と囃しながら行った。吊す場所は家によって区々であった。

土浦市立博物館の映像資料にある『土浦市白鳥町C家の年中行事』によると、C家では旧暦十月二十日のエビスサマの日に旅に出たエビスが十二月八日（採録時は新暦にて行われていた）に帰って来るとされ、この日をダイコクサマと呼んでいる。当主は夕方になると、竹竿の先に籠の口を上向きにして結わえ玄関脇の軒の所に掲げる。エビス・ダイコクに尾頭付きの魚などを載せた御膳を用意し、一升枡にお金を入れて供える。また、エビス・ダイコクに対して、当主自らが風呂を沸かして風呂に入っていただく所作をする。

千代田町上佐谷のD家では二月八日と十二月八日はアクビとされ、何か悪いものがやって来る日と認識されている。ササガミやエビス・ダイコクなどの去来伝承はないが、竿の先に付けたクサカリカゴを家の軒先に立て掛けた。また、ショインにはハンナ（竹を細く割ったもの）で小さな籠を作り挿しておいた。D家では、二月八日と十二月八日は山へ入ってはいけない日であった。トシトリという悪い神が山に入っているからだという。二月八日は七歳までの子供にセマモリと呼ばれるものを行った。D家のセマモリは、ワシ（和紙）・ナンテン（南天）・サイカチ・ヒイラギ・ツケギ・サトイモ・餅を紐で結んだもので、子供の背中に縫い付けたという。ワシには「心は白く」、ナンテンには「(食うと）悪いものを吐き出す」、サイカチには「(サイカチのように）大きく栄える」など、いずれも子供の成長を祈願する意味が込められていた。オコトノ餅も行われていた。七歳の子供なら八つというように、年齢より一つ多い数の餅をツツコに入れて、「カラス、カラス」と呼びながら近くの川面にあるヌルデの木に提げに行った。同じヌルデの木にはセマモリも一緒に提げて来たという。なお、土浦や石岡の裁縫所などに通っていた人は二月八日に針供養を行っていたようだ。いずれの習俗も昭和三十年頃まで行われていたという。

千代田町下志筑のE家でも、二月八日と十二月八日は悪いものがやって来る日と認識されている。昭和初期まで両日には家の庇にクサカリカゴの口を上向きにして引っ掛けた。二月八日はオコトノモチとセマモリを行った。セマモリは木の葉と里芋を交互に結び付けたもので、背中に付けるとカサカサと音がしたという。オコトノモチはツッコに餅を入れて、「カラス、カラス……」と叫びながら近くの天王様の所に提げに行った。

ところで、『茨城県民俗文化財分布調査報告書―茨城県民俗文化財分布地図―』（一九八五年）によると、千代田町雪入にササガミの事例がある。今回の調査では、雪入にてササガミを行っていたという家を確認できなかった。

石岡市東石岡のF家では二月八日に針供養を行った。トウフに針を通して金毘羅さんに供え、その後ご馳走を食べた。針を持ってはいけないということではないが、針に感謝する日だから特には針仕事を行わなかった。

『石岡市史　中巻Ⅱ』（一九八三年）によると、石岡では十二月八日は「在のえびすこ」と呼ばれ、フナ二、三尾を入れたどんぶりや、お金を入れた財布を枡の中に入れて飾る。また、二月七日にはメゲイカケを、二月八日には針供養や襟かけ餅・セマモリが行われた。セマモリは二月一日から八日まで、一歳から七歳までの子供に、ヤマイモ・サトイモ・ヒイラギの葉・ツケギ・木炭・サイカチの実などを五角あるいは丸く切って糸に通し、それを子供の着物の背縫いに縫い付け下げた。襟かけ餅は二月八日に餅を搗き、年齢より一つ多い数の餅を麻紐に通し一歳から七歳までの子供の襟に掛ける。

玉里村高崎のG家では、旧暦二月八日をオゴトノモチと呼んだ。話者が子供の頃、藁のツッコに餅を五個入れて高い木に吊してカラスにやった。話者の昭和二十五年の農事日記にオゴトノモチの記載があり、その頃までは行われていたと考えられる。G家の後ろには天王様（八坂神社）があり、そこの杉の木に吊した。他家でも近くにある高い木に吊していたと記憶されている。

霞ヶ浦町下軽部のH家では十二月八日をダイコクサマと呼び、ダイコクサマを祀る日とされる。家の門口に背負い籠を口を上向きにして掛けた。籠の中にお金が沢山貯まるようにと目が詰まっている背負い籠を用いた。また、ダイコクサマには「お金を捧ぎ込むように」とササギで作ったアンコロモチを供えた。エビスは十月十日に祀ったという。

『霞ヶ浦の民俗―美浦村・出島村・麻生町―』（一九七三年）の霞ヶ浦町（旧出島村）の二月の項に、以下のような記載がある。「8日　大黒様　おことの餅、お正月は休みが多くこの日大黒様が極月8日まで出稼ぎに出るので餅を搗いて川に流す大黒様が留守中に水難などがないようにと祈る。」

阿見全域（No.91）

美浦全域（No.92）

牛久西部・東部（No.93〜94）

東全域（No.97）

麻生全域（No.61）

阿見町大形のA家では、ニガツヨウカに出稼ぎに出たエビスがシワスヨウカに稼いで帰って来るという去来伝承があった。十二月八日は銚子方面からムキミ（剥き身）売りが来た。エビスにはムキミとワカメ・ダイコンを酢に和えて供物とし、お金を入れたがま口を一升枡に入れて供えた。また、二月八日は山に入ることを忌む。

美浦村茂呂のB家では、二月八日と十二月八日にエビス・ダイコクを祀る。二月八日は餅を搗いてお供えをし、十二月八日は尾頭付きの魚・ナマス・餅とともに一升枡に入れた財布を供える。

牛久市城中町石神のC家では、昭和二十年頃まで二月八日にエビスを祀った。この日の夕方に家の軒先に籠を掛けて、籠の下にお金を撒いておいた。子供たちは「エビスの晩は早く寝なさい」と言われていた。そうすると軒先の籠にお金をいっぱい入れてくれるのだという。また、一升枡にお金を入れて供えたという。

『牛久市史　民俗編』（二〇〇二年）には、「十二月八日の恵比寿講は二月八日のコトハジメ（事始め）と組み合わせで考えられている。二月八日は事始めの日でエビスサマは稼ぎに出掛けられるといい、十二月八日は稼いで帰って来るといわれている。二月八日をデカセギエビスコウ（出稼ぎ恵比寿講）、十二月八日をカエリエビスコウ（帰り恵比寿講）という言い方もある（上町、下町、島田）」との記載がある。

東町伊佐部では二月八日と十二月八日をエビスコウノヒ（恵比寿講の日）、エビスサマノヒ（恵比寿様の日）と呼んでいる。二月八日はエビスが旅立つ日である。二月八日の朝、台所に祀られるエビスサマに対して御膳に拵えたご馳走を供えた。二月八日はキンピラゴボウ・ゴモクニ（蒟蒻や野菜の煮物）・ヤキザカナ・餅とともに、硬く煮た豆餡を餅に付け膳に載せた。これは心持をゆるくしないでマメに働くようにという意味であった。家の者も同じものを食した。十二月八日は、旅に出ていたエビスサマがしっかりと稼いで帰って来る日である。夕方になると台所に祀られたエビスサマに御膳に拵えたご馳走をあげ、同じものを家の者も食した。話者たちの間では、この日は特に精の付くものを食べられる数少ない機会として記憶されている。また、家の主はエビスサマが稼いできた証として、百円札や一升枡に山盛りの銭貨を入れて供えたという。伊佐部では一月二十五日に針供養が行われていた。ただし、かつては二月八日と十二月八日の両日に東町結佐にある淡島神社に折れ針を奉納していたことを一部の話者が伝承している。

麻生町富田の一乗寺では、歳明け（節分後）最初の縁日にあたる二月八日に鬼子母神の祭がある。集落内でおにぎりなどの炊き出しをした。鬼子母神は子供の神様であることから、子供のための行事として認識していたという。地区の人が鬼子母神の尊像を納めた厨子（笈）を背負い、一軒一軒を歩いてお参りしてもらったという。現在は交通事情の変化などから行われていない。なお、『麻生町史　民俗編』（二〇〇一年）には、この行事に関して以下のような記載があることを付記しておく。「初孫や子供が生まれた家では、子供の無事な成長を願い、布切れで桃の形を作り木の枝に結び付けた作り物を、特別に台に飾っておく。この桃は縁起物とされ、厨子に付き添っている人たちが争ってちぎっていく。我が子の服の背に付けると背守りになり、また、子宝に恵まれるともいわれているものである。」

今回の調査では確認できなかったが、麻生町でも二月と十二月の八日はエビス・ダイコクを祀る。『麻生町史　民俗編』（二〇〇一年）によると、二月八日と十二月八日にエビスサマを祀る。二月八日の朝に稼ぎに出掛けて十二月八日の晩に戻って来るという。また、粗毛や玄通など一部の地域では、両日をダイコクサマと呼んでエビスサマと同様の去来伝承をもつとされる。

江戸崎全域（No.95）
桜川全域（No.96）

江戸崎町桑山では二月八日と八月八日をオデハンニャと呼ぶ。両日は桑山の西泉寺にある般若経が入った箱を、青年会のメンバーが担いで集落内の一軒一軒を歩いて回った。この際に、事前にお寺で準備をしておいた御札の配符も行われた。般若経を担いだ男性たちが玄関から入って来ると、家の者は「いただきます」といって箱の下に低頭する所作をした。そして、御札を受けとると御礼（お金）を渡した。桑山には九〇軒近くの家があるので全戸を回るには半日ほどかかった。

桑山のA家では、エビス・ダイコクが二月八日に稼ぎに出掛け、十二月八日に帰って来ると伝えられている。現在でも、両日には台所に祀ったエビス・ダイコクに対して、料理を二膳と一升枡にがま口の財布を入れて供えている。料理としてはボタモチ・尾頭付のタイ・スノモノ（ガリガリオロシでおろした大根に酢蛸と油揚げを和えたもの）であるが、十二月八日にはこれにケンチンジルが付く。二月八日は旅に出掛けるので朝にご膳を用意し、逆に戻って来る十二月八日は夜に用意した。二月八日や十二月八日にメカゴを掲げる風習はなく、メカゴは節分（二月三日）のときに行うものとされる。なお、同じ桑山に居住していたB家では、エビス・ダイコクを祀る風習はなく、二月八日はオデハンニャを行う日と認識しているのみである。

桜川村浮島でも二月八日にオダイハンニャが行われている。浮島のC家では十二月八日はエビスコウと呼ばれエビスの去来伝承がある。当日はフナナマスを食したという。ただし、メカゴを掲げる風習は二月三日の節分に行われている。

『桜川村史考Ⅵ　桜川の民俗』（一九八六年）には、二月八日にエビスコウとオダイハンニャ、十二月八日にエビスコウの記載がある。これによると、ダイハンニャの御札は各戸の入口の柱に貼られる他、葦の棒にはさんで集落の境や坪の入口などにも立てられた。オダイハンニャの行事は村内ほとんどで行われていたが、昭和二十五、六年頃を境としてだんだん取りやめられたとされる。

第三章　資料

一　各種史料にみられるササガミ習俗

ここには、茨城県内の市町村史や報告書ならびに文学作品において記述されたササガミ習俗を紹介する。下妻市横根の横瀬家「年中家行事」は、掲載誌の『茨城の民俗』を引用したため註も原文のままとした。長塚節の「十日間」は、中山省三郎編『長塚節遺稿』からササガミの記述のある部分のみを収載した。三和町諸川の中村家文書『当家嘉例式』は、年未詳であるが内容からみて幕末のものとみられる。また、同町仁連の鈴木家文書『年中行事亀鑑』は、表紙に慶應三年と記されているもので、当時問屋であった当家の行事と村内における当家の動向を知ることができる。いずれの史料においてもササガミに関する記述のみを抄録した。

「年中行事帳」弘化三年（一八四六）真壁町真壁新宿町　安達家文書

二月

七日夜、目籠高く

八日、笹神之御祭り、小豆めし

（中略）

十二月

一、七日夜、目籠ヲ高く立る

八日
一、笹神様御祭り、赤飯

「年中家行事」万延元年（一八六〇）下妻市横根　横瀬家

二月八日　夜業なし。

晩に麦飯焚。

笹神（一）を庭へ作り、長竿の頭に籠を竪る也（二）。

註（一）笹神は、竹の枝を三本土にさし、上でたばねて、そこへソバとか割飯（麦飯）とか三角の形をしたものを供えて祀る。笹神は、貧乏神なので年を越した正月は家の表へ祀るが、暮の十二月八日には借金取をおそれるので、裏へ祀るのだという。
（二）籠を立てるわけについて、明野町では、この灯、一ツマナゴ（一ツ目小僧）が空を通るから、目の沢山あるものでおどかすために、長竿にミカゴ（農事用の小さな籠）をさかさにつけ、主屋の入口の所の屋根へ立て掛けておくのだ、としている。
＊出典「その四　江戸時代末期の年中行事―下妻市横瀬家の「年中家行事」―」赤城毅彦（『茨城の民俗』六号、茨城民俗学会編）

「十日間」長塚節（石下町国生の笹神祭）

六日（※註　明治三十六年三月六日＝旧二月八日）、金曜、曇、陰鬱なる空から折々日光を見る、風吹いて寒し、小便酒臭し、これは寝しなに睡眠剤として少しやつたからである、下戸といふものは恐ろしいものである、冷

水浴いつもの如し、

けふ舊暦の二月八日、屋根へ目籠を立てる、一つの目の鬼が夜になると家内を覗ひに來るのであるが、目籠さへ立てゝ置けばその目の夥しいので怖れて逃げてしまふので人間が無事で濟むのだといふ言ひ傳になつて居る、それでその鬼が何のために來るのかどうかちつとも解らない、かういふこともいふ、この日福の神様が世間へ稼ぎに出て十二月の八日に歸つて來るのである、これも何のことかちつとも解らない、

（中略）

夕方表へ笹を三本立てゝ上の所を一つに結ぶ、これはけふの祭りの例である、うちの福の神様がけふ表から出て行くのださうである、十二月になると裏から歸るので笹も裏へ立てる、この笹を立てるので笹神祭と呼んで居る、麥飯を焚いてこの笹の上へ供へまつるのである、

＊出典「十日間」長塚節（『長塚節遺稿』中山省三郎編、一九四二年、小山書店）

「当家嘉例式」年未詳、中村家文書（三和町諸川）

（※註　十二月）

一、八日　だいまる

八日早天ニさほのうらにかごめかへのるいのものをつけて立る、当日はうら口え立べし、其夜ささ神祭り、ささの枝三本うらをむすびテ立、其上ニめんるい上ル、其夜めんるい

「年中行事亀鑑」慶応三年、鈴木家文書（三和町仁連）

（※註　二月）

八日
一、籠を棹ニさし七日夜建置候事
一、笹神と唱竹の枝を結合井戸の辺りに造り候事
一、夕飯計　　蕎麦　右笹神へ備候事
　　短キハ内ニて用へべし
一、春の事収メと唱裏へ造り候事
一、辻くり　　百万遍之数珠をくり念仏を唱門々軒別廻候
　　又門くり
　　初穂十弐銅茶うけを拵ひ置茶を振舞可申事
（※註　十二月）
八日
一、夕計蕎麦　　笹神其外二月之通
　　正月之事始メ二月之通り但表ニ参ル

二　茨城県内の市町村史・民俗誌におけるササガミ習俗の記述

ここでは、茨城県内の市町村史や民俗誌等からササガミ習俗の記述があるものを収載した。書式や数字の表記がまちまちであったが、ここではそれぞれの表記を報告書の体裁上統一した。また、家の特定ができる報告については、個人情報保護の立場から各市町村ごとにアルファベットでAから順番に表記を変えた。

岩瀬町

『岩瀬地区民俗資料緊急調査報告書』（昭和五十年三月三十日、茨城県教育委員会発行）

二月八日　百マナコ　笹神様（ヨーカダ様）

（中略）

笹神様

クマザサ（オカメザサのこと）を三本、先端を丸く結んで家の表庭にサギッチョウにして立て、これにそばまたはうどんを掛けて供える。今泉ではこれを「ヨーカダ様」と呼んでいる。なお十二月八日の晩にも同じことをするが、目籠や笹神様は家の前に立てる。

昔八日の朝は必ずそばがきをつくって食べた。とくに川を越す場所へ行くときには、そば粉だけでもよいからなめていけといわれていた。水の災難にかからないという。

（中略）

十二月八日　百マナコ　笹神様

二月八日の行事と同じく前日の夕目籠を掲げ笹神様を祭るが、十二月は主屋に立てる。

八郷町

『八郷町誌』（昭和四十五年七月三十一日発行、八郷町誌編さん委員会編、八郷町発行）

第八節　年中行事

（中略）

〇二月八日

この日は忌日とされて祝い事には用いない。午後に山に入ると厄病神が入るといって山仕事はしなかった。夜、小豆飯を炊いて庭先につくった笹神様に上げる。軒先に籠をさかさに吊して大黒様を送るが、この夜、大黒様が稼ぎに出て、暮れの八日に帰るという。針供養をこの日にするようになってから、そちこちの針子が、根小屋の七代天神社で行われる神楽舞「ジャカモコジャン」に詣ったが、今はこの神楽舞は行なわれない。

（中略）

○恵比寿講　十月二十日

馬持農家では町へ新米売りに行く。夜、ソバを打って、買って来た魚や、小川で捕えたメダカを、一升枡に入れて若干の金、それから自分のほしいと思うだけの金額と珠においてそろばんなど、恵比寿・大黒の掛物の前に供える。

（中略）

○笹神様　師走の八日

二月の八日に稼ぎに出た大黒様が、宝を籠につめて、この夜帰って来るというので、軒先にカゴを上向にして吊し、また庭先に笹神をつくって小豆飯などをあげる。この日には祝事をしないし、午後から山へ行くこともしない。釜の底についている炭かきなどもしてはならないとされている。

つくば市

「筑波町の民俗」西村浩一（『茨城の民俗』第十九号、昭和五十五年十二月十四日、茨城民俗学会編・発行）

十二月

（中略）

八日

笹神様、入口にひいらぎをさす。

なお八日、二十四日、三十日は、悪日だから、鬼がやって来る日だから山へ行くなといわれた。

『筑波研究学園都市地区　民俗資料緊急調査報告書』（昭和四十三年三月三十一日、茨城県教育委員会発行）

二月八日　笹神さま　表へササを三本立ててそれをササで結ぶ。その上に赤飯をのぜる。八日の夕方立てて明日とりはずす。神さまが働きに出掛けるのだという。金をもって帰って来るのが十二月八日である。そのため十二月には笹を裏へ立て、オコワをふかしてあげる。笹はその後に燃やしてしまう。

（中略）

十二月八日　笹神さま（二月八日の項参照）（「筑波町、五　信仰、四　年中行事と信仰」）

大和村

『大和村史』（昭和四十九年十一月一日、飯島光弘編、大和村役場発行）

ササガミサマ　二月八日及び十二月八日の二回行う。竹の笹を三本立てて、その上を結びあわせる。その結び目の所にそば（うどん）を供える。田の神がこの竹笹に降臨するといわれる。二月には家の前に立て、十二月には家の後ろに立てる。十二月八日は田の神を天に送る日といわれる。この日は竹ざおの先に目かごをつけて屋根の上に立てる。めかごは目がたくさんあり、口が一つで大きいので、厄病神（鬼）がこわがって近づかないといわれる。（「七　年中行事」）

真壁町

『真壁町の民俗』（昭和六十一年一月、茨城民俗学会編発行、真壁町史編さん委員会発行）

笹神様、ダイマナコ、針供養。

七日の夕方、山からクマザサ（オカメザサ）を三本伐ってきて先端を結び、三脚にして庭に立てる一方、メケー（目籠）または草刈り籠を干し物竿の先につけて軒端に出す。目籠を高く掲げるのは、この晩ダイマナコ、あるいはヒトノマナコという一つの眼の疫病神がやって来るが、目のたくさんあるメケーを見てタマゲ、除けて行ってしまうというのである。

また笹神様は「八日神様」ともいって、立てたらその結んだ上にそばかうどんを供える。この笹神様は十二月にも立てるが、二月は庭に立て、十二月は裏口に立てる。これを笹神様は貧乏神で、暮は借金とりが来るので裏にかくれ、二月はもう来ないので表に出すのだといい、また二月は笹神様が働きに行き、十二月は金をつくって帰って来るので、人に知れぬよう裏に立てるなどともいう。そしてまた笹神様を立てるのは泥棒除けで、笹神様の竹があまり高いと泥棒はその下をくぐって来るから低く立てるなどと、俗説はさまざまである。（「二月八日」）

（中略）

笹神様（ダイマナコ）。

笹神様は二月と同じことをするが、三脚に組んだ笹竹は、二月の表に立てるのに対して十二月は裏口に立てる。やはり七日の夕刻立てて結んだ笹の上にはそばかうどんを供える。「笹神様は貧乏で、暮は借金とりが来るので裏にかくれるのだ」という。この日もヒトノマナコ（ダイマナコ）が通るので、これを除けるため、やはり目籠を竿の先につけて裏口に立てる。笹神様や目籠は八日の夕刻とり外す。なお八日は山に入らない日で、「八日に山でけがをすると治らない」とか、「八日だから山へは行くな」といわれている。（「十二月八日」）

『真壁町の歳時記』（平成三年十月二十五日、真壁町歴史民俗資料館編・発行）

ササガミザマ（笹神様）二月八日

二月と四月は田の神が山から里へ降りて来る時期といわれる。農作業も忙しくなる季節であり、各地に田の神を迎えるまつりが行われる。

ササガミサマもその一つ。庭にササを三脚の形にし、上部を一つに束ねてうどんを供える。竹竿に目籠をつけ、屋根に高く立て掛ける。目籠は穴がたくさんあいているものを用いる。山から降りて来る神々の中の厄神を追い払うのだという。

二月八日と十二月八日はコトヨウカ（事八日）と呼ばれ全国的に神事が行われる。（「春」）

（中略）

ササガミサマ　十二月八日

二月の庭先に対してササガミサマは貧乏で、暮は借金とりが来るので裏に隠れるからだという。（「冬」）

真壁郡明野町・真壁町

『筑波山麓の村』井之口章次（昭和六十年十二月二十日、名著出版発行）

笹神さま

二月八日と十二月八日とを対置して、一方を事始め、一方を事納めとする風は、国の南北を通じておこなわれているが、茨城県一帯では、この日に笹竹を組みあわせた作りものをもうけることから、笹神様と呼ぶのが一般であり、しかも筑波山をめぐる地方では、笹神様の去来する伝承が、きわめて顕著にあらわれている。以下これを集落ごとに見て行こう。

赤浜では笹神さまとか笹神八日とかいって、師走八日と二月八日とが祭り日である。まず七日の晩に、箸（※引用者註　竿カ）の先に目籠をつけて家の表の屋根の所に立て掛ける。軒端を二尺くらいは越すように高く立てる。笹神様は一つマナコの大入道だから、目の多い目籠で退散させようという寸法で、そのために高くかかげて目につきやすいようにするのである。もう一つの民間解説は、八幡太郎義家が奥州征伐のとき、紙をつけたり柳の木をまげたり籠を立てたりしたものを尖兵にもたせて目じるしにしたのでそれをかたどって今もこのようなことをするのだという。

このような目籠を立てることと平行して、笹神さまという神名を考えさせるような作り物をこしらえているのである。これは笹竹三本をたばねて上のほうで折りまげるように結び、太いほうをひろげて足にして立てる。それを二月の八日には家の前、十二月八日には家のうしろに立てるのである。そうして結んだ所に、そうめん、うどん、強飯、飯などのごちそうを上げるのである。春にはうどんと五目飯、秋にはソバをそなえることにしている家もある。笹神さまは厄病神で、十二月八日には裏から、二月八日には表から来るので、家の中に入らないように外でもてなし、食べたらすぐ帰ってくれという意味だといい、伝染病のはやらぬように笹神様をまつるのだという。また別の伝承では、笹神様は貧乏な神様で、暮には借金取りがおそろしいので裏にかくれ、春になると安心して表に出て来るのだとか、また反対に、笹神様は財源の神様で、裏から出かせぎに出て春には金をためて表から帰って来るのだという。笹神の笹竹の下をくぐって歩くと頭病みをしないともいう。また笹神八日のとき、春日様（神棚）からお迎えした水を手おけに入れ、その水を棟に掛ける家がある。

向上野でも笹神様はほぼ同様である。十二月のときは一尺から二、三尺の小さなものをつくり、二月には五、六尺の大きなものを作る。笹神さまにおそなえものを上げるときは、しゃもじに飯をのせて持って行き、たたきつけるようにして入れるものである。春に作る大きな笹神の下をくぐると、おできができないという。笹神八日には山へ入らない。山で神様の御相談がある。中上野では、十二月八日に鬼が来るいって豆をまく。また目籠には草刈鎌をつける。

東石田でも、笹神さまの日は一つ目小僧が来るといって、早くから戸をしめて寝てしまう。この日は白い物を家の外に出すものでない。針を持つものでない。そなえものにしても、こまかいものよりは荒いものを上げろといっている。いずれも物忌に関係したことであろう。笹神さまに関しては次のような話がある。どこの家にも子供がいるが、よい子もあれば金使いの荒いドラ息子もある。その子は親に「よそへ行ってかせいで残してこい」といわれる。だがその子は金をかせいでも、すっかり使いはたして一文なしになって、師走八日にこっそり家へもどってきて、裏から入る。親はわが子がかわいいので、寒いあいだだけは食わせて家においてやるが、春あたたかくなると「今年こそはしんぼうして、かせいで残してくるんだよ」とよくいいきかせ、表から出してやるのである。笹神さまもそのようなものだという話であろう。

白井では、笹神きまは貧乏な神様で、暮には借金取りから姿をかくしていたので、今も暮（十二月八日）には裏に笹の屋根をもうけてまつり、春（二月八日）はさいそくが来ないから表にまつる。笹神様は「竹の柱に笹の屋根」という。

長岡では二月八日の目籠は七日の晩に立て、九日の朝におろす。A家では、かま場のおかまさまの下に水を入れたびんをおいておき、この水を家のまわりにまいて歩く。二月八日に入れた水を十二月の八日にまき、十二月に入れた水は次の年の二月にまく。火難にあわぬためのまじないであろう。

上書生でも笹神様は二月八日に出掛け、十二月八日に帰って来る。この日は長いものを引っぱると悪いといって、機なども使わない。糸に引っかかってエビスサマがひっくりかえり、せっかくせおってきた金を落すというのである。機にはゴザでもかぶせておく。小屋集落では一月に前から出て、十二月には裏から入って来る。強飯に笹を三本交叉させて立て、裏表に上げる。大塚では夕方まつるためかヨウカタ様という。家々では籠などつるし、笹竹三本をたばねて立てて赤飯やソバなどを供える。十二月は家のうしろ、二月は表のカイド（道から家までの小道）に立てる。二月八日は金をためて大いばりで帰って来るが、十二月八日は大みそかが近いので裏から逃げて行く。上志筑では、二月八日と師走八日とは木を伐ったりすることを忌む。目籠など穴のあいたものを家のまわりに下げる。入ってきて見える所に吊すのである。別に春二月八日は、オコトの餅といって餅をついて投げる。鳥が食うと後生がよい。ひいらぎに里芋や付木などを突き通したものを、子供の背まもりとしてつける。また別に、師走八日には石屋などのフイゴマツリがある。

二月八日はまた針供養の日で、豆腐に折れ針をさして針供養をする。東石田では折れ針を薬師様におさめ、この日はコンニャクを食う。まわりの村々では、豆腐に針をさして淡島さんにあげることが一般である。

『木村信吉遺稿集　私家版　明野の民俗』飯田昌夫編（平成十三年十二月十七日、木村有孜発行、野生芸術社）

八日　この日に笹神様を祀った。二月には家の表庭へ、十二月には家の裏庭へ三本の竹枝を地につきさし、その上端をまるいて笹神様と称した。この日のご馳走のうどん（地区によっては蕎麦）を笹神さまに掛けてやる。これは笹神さま（農神の恵比寿さま）が十二月に裏から稼ぎに出て、二月に帰って来るといういわれからで、十二月は旅立ちのご馳走、二月は迎えのご馳走だといわれている。

この地では呼び名はないが、一般には「こと八日」と言われる習わしで、二月と十二月に行なう。この日の前日の晩から、目籠を竹竿にむすんで軒に立てておく。籠には沢山の目があることから、一つ目小僧（地区によっては鬼）が逃げていくという呪いである。南方熊楠氏の説では「目籠は鬼の怖がるものと言えり。目籠の底のすみずみは☆の形となり、この星状多角形の辺線は、幾度見回しても止まるところなきゆえ悪鬼来りて人に邪視を加えんとするとき、先ずこの形にみとれおるうちに、邪視が効かなくなる」と述べている。

二月八日は針供養の日で、お針屋（裁縫の先生の家）では、この一年間にたまった折れ針を豆腐やコンニャクにさして、川に流し針の供養をする淡島様の祭りと称される。お針娘たちはご馳走を用意して、一日をたのしくいわい感謝をする。

協和町

「真壁郡協和町門井　海老沢家の年中行事」海老沢藤助（『茨城の民俗』第一〇号、昭和四十六年、茨城民俗学会編）

二月七日　百まなぐ（まなこ）

竹桿の先に草かりかんご（篭）、めげい（目篭）の類をかかげて、軒ばたに立て掛けて置く。その夜悪魔が前の道を通っても、百もまなこのあるものが立っているので、さすがのあくまでも恐くて寄り付けないという。

これは現在も極めて稀に見られる。

二月八日　笹神様

三本の熊笹を揃え、先端を輪を作ってくくり、根元を三角形に地にさして、上のむすび目に笹の箸二本をさして、当夜のご馳走なるおそばを上げる。

笹神様は貧乏なため借金どりを恐れて、暮には裏庭に逃げるが、春は表の庭に立てる。

二月九日　からうす（空臼）つき

（中略）

十二月七日　百まなぐ

二月七日のそれに同じ。

十二月八日　笹がみさま

凡て二月八日のに同じ。ただし裏庭に立てる。

「信仰と俗信に生きた農民の歳時記」広瀬半之助（『茨城の民俗』第二一号、昭和五十七年、茨城民俗学会編）

八日　針供養・笹神様　笹神様は暮には貧乏で借金も払えないので、裏に遁れて居たが、春となれば催促もこなくなるから、前に出る。大眼という目篭や、篭を竿に刺して、屋敷に立て掛ける。悪神は百眼を見て、おそれて逃げるといわれた。玄関口にヒイラギの小枝を挿す。針供養は年間中、使い古した針を豆腐に刺し、供養の年中行事で、針子や娘たちの開放された一日である。

（中略）

八日　師走　二月八日と同じく笹神様で大晦日がやりくりつかず越せないので、屋敷の裏の方へ逃げのがれるように祀る。夕方屋根に大眼という目の多い篭や目籠を立て、悪魔が百眼を見て恐れて近よらないという。又戸口へはヒイラギの小枝をさし、くさいものを焼く。このにおいで悪魔は退散する。葱はこの日だけ焼くが、常には焼くものではないと戒しめられ、葱を焼くにおいは田の神・竈神・福の神が逃げるといわれてきた。

（協和町門井）」

下妻市

『下妻市史　別編　民俗』（平成六年三月三十一日、下妻市史編さん委員会編、下妻市発行）

またこの日に笹神様といって、笹竹三本の先を結んで三脚をつくり庭に立て、結び目にうどん、そば、白飯などを供える。笹神様は十二月八日に出かせぎに行き、二月八日に帰って来るといい、出掛けるときは裏から出て帰るときは金をもうけて表から帰って来るので、十二月は裏庭に、二月は表庭に立てる。（「コトヨウカ」）

（中略）

十二月八日、事八日でもある。二月のそれと同じ行事をするが、笹神様は家の裏に立てる。平方では大日様の年取りの行事がある。（「笹神八日」）

千代川村

『村史　千代川村生活史』（平成九年三月三十一日、千代川村史編さん委員会、千代川村）

○「ササガミ様」。

亀崎は、庭の真ん中に竹の枝を三本結いて立て、上に蕎麦切りを供えた。現在はやらない。

本田坪でも同様であるが、棒を籠に通して屋根に上げた。今はやらない。

○二十日「ササガミ様」。

砂子では三本の竹枝を結き、玄関先の庭に立て、畑で穫れたものや山海の物産を供えた。「ササガミ様」は、二月に働きに出て行くという。（「第三編　低地の村々、第五章　大園木、第四節　村の一年、二月」）

（中略）

○八日は「ササガミ様」、笊を長い竿にさして屋根に立て掛けた。神様が稼ぎに出掛ける日という。一般には「コトヨウカ」等という。「針供養」もこの日、女性が集まって飲食し、折れた針を大園木の淡島神社に奉納し、裁縫の上達を祈願した。（「第三編　低地の村々、第六章　鯨、第四節　村の一年、二月」）

八千代町

『八千代町史　通史編』（昭和六十二年三月三十一日、八千代町史編さん委員会編、八千代町発行）

『ささ神さま』（町内全地区）八日

※竹笹三本を組みあわせて立て、三又の所に、うどん、そばなどの供物をあげる。（「二月」）

「郷土の年中行事」石川花恵（沼森）（『八千代町史別冊　おもいで』昭和六十二年三月三十一日発行、八千代町史編さん委員会編、八千代町発行）

二月八日

笹神様といって、三本の竹の頭を結んで、庭に立て、だんご、そばを上げる。夜は目かごを屋根に立て、悪魔除けとした。

（中略）

十二月八日

暮の笹神様。笹竹の頭を結び、春と反対に、裏庭へ立てる。めかごの厄除けは前に立てる。

石下町

『石下町史』（昭和六十三年三月三十一日、石下町史編さん委員会編、石下町発行）

春秋の行事

（中略）また二月八日と十二月八日の一般にいうコトヨウ日には笹神様を祀り、三月三日、五月五日、春秋の彼岸、四月八日のお釈迦様の祭りも、近世中頃には一般化していたといえよう。（「晴（ハレ）の生活」）

『武蔵大学日本民俗史演習調査報告書Ⅸ　石下町小保川・崎房の生活と伝承』（武蔵大学人文学部日本民俗史演習、編集・発行、一九八六年十二月二十日発行）

ササガミサマ　十二月八日と二月八日に、笹の枝を二本とってきて丸め、それを上に通してしめ縄をゆわきつける。「マエカラカネヲササゲコム」「ウシロカラカネヲササゲコム」と言ってお金が増えるように祈る。ササガミサマは十二月と二月に、それぞれ一つずつ、家の前と後ろに作る。(「年中行事—小保川を中心として—」)

『蔵持の民俗—茨城県結城郡石下町蔵持・蔵持新田—』(東京女子大学文理学部史学科民俗調査団発行、一九八九年九月)

ササ神様　正月(二月八日)にササ神様が裏から出て行って、暮れ(一二月八日)に表からお金を持って帰って来るという。㉙家では「借金取りが来るので表から入れない」とされ、ササ神様は裏から入って来るという。二月には裏庭に、十二月には表庭に三本の笹の中心を結わえて＊形にして立て、上からご飯(白米)を散らした(㉒・㉙・㊵・㊺)。

⑫家では旧十一月八・十八・二十八日にこの行事を行なう。笹竹を三本組合わせて上を縛り?形にしたものを先に表庭に、別の日に裏庭に立てる。

㉟家では、正月一日に裏から出て、大晦日に表から帰って来るといい、うどんを供える。

ダイマナカゴ　二月八日、目玉が一つの鬼(あるいは一つ目小僧)が通るので、軒下に(㉙では屋根に)、直径三〇から四〇センチメートルのかごやザルを棒にさし立て掛けておいた。これは鬼が目のたくさんあるかご、ザルを怖がるからだという。このかご、ザルをメケ・メエケ・メザル・メガイなどと呼ぶ。

オセキマワリ　二月八日。前年の二月八日以降に亡くなった人の家族・村親戚と念仏衆が行屋の庭でオセキマワリを行う。

竿を四本立てて四角形を作り、その外側にゴザを並べ、その前に一つ焼香台を作る。鐘・太鼓を鳴らしながら、今度は誰々と念仏衆の人が亡くなった人の名を言う。そうするとその家族らが順々にゴザの上を三回くらい回り、歩きながらひいらぎの葉を中に投げる。

この日お茶菓子を持ち寄って食べ、念仏衆の人にお金をあげた。この行事は念仏衆がいなくなってしまったため終戦後数年でやらなくなった。（「第六章　年中行事、第二節　行事内容、（三）春の行事」）

（中略）

かつて二月八日に行われていた行事にササ神様、ダイマナカゴがある。両者はもともと別のものであったらしいが、蔵持・蔵持新田ではそれが習合されているようである。

二月八日、一二月八日は、それぞれ事始、事納の月でありコト八日と呼ばれていた。

ササ神の笹、ダイマナカゴの籠はいずれも神の依代であったとも理解できる。両者を同時に祭るのは、一年の仕事を始めるにあたって、災厄を追い払い、同時に神の力によって一年を無病息災で過ごせることを願ったのだと思われる。（「第三節　年中行事の問題、（二）神にまつわる行事」）

水海道市

『大正っ子風物詩』（昭和五十六年、秋山桑人著）

恵比寿講

私たちの村では旧暦十二月八日の晩、うどんをゆでる習慣があった。そして、庭先に笹竹を三本組み立て、その上にうどんを供えるのであった。また、二月八日にも裏庭に同じ時刻同じように笹を組んでうどんを供えた。これらはどちらも恵比寿大黒様が一年中の働いた「かせぎ」を持って、表庭から帰って来る。二月八日には、再び出かせぎに裏庭から出掛けて行くという。かんげいと見送りの意味がこめられたものである。そして二月八日には早朝から母屋の軒先に竹竿の先に、「めかい」（目籠の方言）をかかげて立てるのである。これはこの日、出かせぎに出掛ける恵比寿大黒様を喰おうと鬼が朝から空かけて待っている、その鬼の予防のためである。穴の多い「めかい」を見て鬼は眼玉の多い怪物と思って逃げてしまうからだ、という。

学校へ行く途中、この竿のてっぺんにめかいをかかげた竿を次々に見ながら登校した。長い竿、短い竿、半めかい、長めかい、とりどりであるが、おかしいともユーモアとも思わなかった。生活の中に根をのばした風習であったからどこの家でも疑うことなく、かならず実行した。

恵比寿講の晩はごちそうが作られた。いつもお勝手の隅にかしこまって安置されてある、黒くすすけた恵比寿大黒様の木像は、この日特別にもうけられたお膳の上に安置された。そしてお膳の上には、どんぶりに水をたたえ、その中に生きた鮒を入れて供えられた。これはとても鯛など買えなかったから、鯛のつもりで供えられたものであったろう。

『大正っ子筑波野ものがたり』（平成八年、長岡健一郎著）

笹神さま

恵比寿さまと大黒さまが稼ぎに出掛けるのが二月八日だ。この日は家の裏に笹神さまを祭る。竹の笹三本を三角形に刺し、上部を束ね、その上にうどんなどをのせる。母屋には、目籠を竹竿の先に着けて立て掛ける。鬼は、「目玉の多いやつがいる。俺より強いぞ」と逃げてゆく。恵比寿さまは大黒さまと（中略）また二月八日と十二月八日の一般にいうコトヨウ日には笹神様を祀り、三月三日、五月五日、春秋の彼岸、四月八日のお釈と安心して裏から稼ぎに出掛けられるわけだ。

三和町

『三和町史　民俗編』（平成十三年三月三十一日発行、三和町史編さん委員会編、三和町発行）

こと八日・笹神様　二月八日をこと八日といい、一つ目の妖怪が現れると考えられていた。そこで人々は、これをよけるために竹竿の先に目が多い目籠をつけて、主屋の軒に立てていた。また、笹竹を三本立てて上を丸めたものを作り、供物をあげる。これは茨城県の県西地方をはじめ、広く行われていたもので、ササガミサマ（笹神様）という。十二月八日にも同様の行事が行われるが、目籠や笹神様は、一般に二月に主屋の表、十二月には裏に立てるものとされている。

上根のAでは、二月八日と十二月八日には、ソバを打って笹神様に供えた。竹笹の先を合わせて丸めたもの上にソバをあげたという。また、目籠を竿につけて軒に立て掛けた。目籠は、穴がたくさんあいているので、ダイマナグという悪魔が驚いて来ないという。

仁連江口のB家では、この日、ネロハというお化けが来るといわれていた。そのため、悪魔除けとして草取りに使う、メエケ（目籠）を棒にさして、主屋に立て掛けていたという。これは、メエケに目がたくさんあるので、悪魔が恐れて来ないという。こと八日の日は「お化けが出るから早く寝ろ」と言われたという。また、この日は、笹神様を主屋の表に作り、ひもかわうどんを供えた。十二月八日には、主屋の裏に笹神様を作った。

（中略）

下片田のC家では、昭和三十年頃まで、この日、メエケを竿の先につけて家に立てていた。また、笹神様に、夜、うどんやソバをあげる。師走八日（十二月八日）にも同じことをしたという。

（中略）

こと八日・笹神様　十二月八日には、二月八日同様、竹竿の先に目籠をつけて主屋の軒に立てた。また、笹竹を三本立てて上を丸めた笹神様もこの日に作った。

上根のAでは、笹神様に朝はダンゴ、夜はソバを供えた。ソバは器に盛って供えるのではなく、直接笹竹を丸めた上に掛けた。猪瀬孝志家では、笹神様は貧乏神であるという。

恩名下坪のＤ家では、笹神様にうどんを掛けて供える。このほか一つ目小僧が来るからといって、主屋には目籠を立てた。これは戦前まで行っていた。

恩名丸山のＥ家では、主屋の大戸のあたりの軒先に半メケという目籠を竿に立てた。一つ目小僧が来るので、厄除けのため立てたといった。笹神様へは、ソバをひとつまみかけて供えた。二月八日にも行うが、二月は主屋の表、十二月は裏に作った。昭和から平成に変わる頃やめたという。（「３　受け継がれてきた伝統的行事」）

猿島町

『猿島町史　民俗編』（平成十年三月三十一日、猿島町発行、猿島町史編さん委員会編）

この日、笹神さまといって笹を三本庭に立て先端を結び、そこへそばを供えた。二月には表の庭へ十二月には裏の庭へ立てる。これは恵比寿さま（地区によってはお釜さまと呼ばれている）が十二月に裏から稼ぎに出て、二月に表から帰って来るといういわれからで、十二月は旅立ちのご馳走、二月は迎えのご馳走だといわれている。

（「コトヨウカ（こと八日）」）

「年中行事─民俗の聞き取り調査より─」山崎正巳（『郷土研究さしま　第六号』（平成五年十二月十日、猿島町史編さん委員会編、猿島町発行）

この日、笹神さまといって笹を三本庭に立て先端を結び、そこへソバを供えた。二月には前の庭へ十二月には裏の庭へ立てる。これは恵比寿さま（地区によってはお釜さまと呼ばれている）が十二月に裏から稼ぎに出て、二月に帰って来るといういわれからで、十二月は旅立ちのご馳走、二月は迎えのご馳走だといわれている。

岩井市

『岩井市史　民俗編』（平成十三年三月二十六日、岩井市史編さん委員会編、岩井市発行）

この日、笹神さまといって笹を三本庭に立て先端を結ぶ、そこへそばを供えた。二月のこと八日には表の庭へ、十二月のこと八日には裏の庭に立てる。これは恵比寿さま（地区によってはお釜さま）が十二月に裏から稼ぎに出て、二月に表から帰って来るといわれるからで、供えるそばは旅立ちと迎えのご馳走だといわれている。（「第5章　ムラの一年と行事、第3節　春から夏の行事、こと八日」）

「郷土の恵比寿講と由来」倉持秀雄（『郷土史研究会会報』第四号、平成三年三月三十一日発行、岩井市郷土史研究会編・発行）

（※引用者註　岩井市中里では）又正月二十日は裏庭に、三ツ足という熊笹にた長い葉を三ツ股にくみ、その上にソバをのせ、恵比寿のご来迎に供えたという。つまり神が裏口から入って来ると信じていたのである。

総和町

「イエと行事　二　総和町上大野　諏訪家の春夏の行事」立石尚之（『茨城の民俗』第二七号、昭和六十三年十二月十八日発行、茨城民俗学会編・発行）

二月八日の事八日に茨城県西部では、ササガミサマの行事を行う所が多い。A家でもこの日をササガミサマと呼んでいるが、県西地方一般に見られる「葉のついた篠竹三本を庭さきに立て、上の方で組み合わせ、あずき飯やうどんを供える」形態ではなく、カヤの束の先を結んだ「ササガミサマのウマ」を主屋の表に立て、その上に供物のソバを箸ですくって結んだ部分にのせる。またこの日には厄病神である「一つ目玉のダンジロウ」が来るというので、七日の晩から八日の晩まで、主屋の軒下にメエケ（目籠）をつけた竿を立て掛けておいた。ダンジロウは、この日履物を外に出しておくとハンコを押して行くという。ハンコを押された下駄や草履をはくと足が重くなると伝えられているため、履物はすべて軒下にしまいこんだという。このほかにこの日には、ヒイラギを二本ずつ八本、トシコシのヤッカガシ同様四カ所の戸口にさしたという。

「イエと行事　四　総和町上大野諏訪家の秋冬行事」立石尚之（『茨城の民俗』第二九号、平成二年十二月九日発行、茨城民俗学会編・発行）

十二月八日をシワスヨウカという。シワスヨウカに茨城県西部では、ササガミサマの行事を行う所が多い。A家でもこの日をササガミサマと呼んでいるが、県西地方一般に見られる「葉のついた篠竹三本を庭さきに立て、上の方で組み合わせ、あずき飯やうどんを供える」形態ではなく、カヤの束の先を結んだ「ササガミサマのウマ」を主屋の裏に立て、その上に供物のソバを箸ですくって結んだ部分にのせる。ササガミサマは、貧乏神であるといわれている。またこの日には厄病神である「一つ目玉のダンジロウ」が来るというので、七日の晩から八日の晩まで、主屋の裏の軒下にメエケ（目籠）をつけた竿を立て掛けておいた。ダンジロウは、この日履物を外に出しておくとハンコを押して行くという。ハンコを押された下駄や草履をはくと足が重くなると伝えられているため、履物はすべて軒下にしまいこんだという。このほかにこの日には、ヒイラギを二本ずつ八本、トシコシのヤッカガシ同様四カ所の戸口にさしたという。

「事八日に訪れる神　総和町上大野のコト八日とササガミサマ」立石尚之（『茨城の民俗』第三〇号、平成三年十二月　日発行、茨城民俗学会編・発行）

B家（話者　大正九年生　上大野松原）

二月八日、十二月八日をササガミサマという。

笹竹を一本、先をまるめて結び、十二月八日には主屋の裏に、二月八日には表にさす。結んだ笹の上にはうどんを供える。
「ササガミサマは貧乏神で、借金取りに追われて、暮れには家の裏に逃げ隠れ、年が明けると晴れて表に出られる」といわれている。
C家（話者　大正十年生　上大野片町）
二月八日、十二月八日をササガミサマといって、笹竹を三本立てて、先をまとめ合わせて、皿のようにまるめる。その皿の部分にソバを供える。

茨城県内各地のササガミ習俗―地域を限定しないもの―

『茨城県大百科事典』（一九八一年十月八日発行、茨城新聞社編・発行）
ささがみさま　笹神様　民間信仰の一つ。十月に訪れる田の神様の依り代であったとされている。本県の県西地方では、二月八日に祭りを行う。クマザサを三本、先端に円く輪を作り庭に立てる。上の結び目に、ササの箸二本を刺して、これにそば・うどんなど、この日のごちそうを供える。十二月八日の前夜にも、同じことをするが、このときは、裏庭に立てる。西茨城郡岩瀬町今泉では、ヨーダカ様ともいい、八日の朝には、かならずそばがきを作って食べるならわしがある。外出する場合、とくに、川を越す場所へ行くときは、「そば粉だけでもいいからなめて行け」などといわれた。
『茨城の民俗』鹿子田耕三編（昭和四十二年七月十五日発行、鶴屋出版部発行）
「二月八日」も田の神の祝い日である。県西では笹神様といって、タケザサを庭に三本立てて先を結び、ウドンや赤飯をそなえる。田の神がこのササに降臨されるという信仰があったらしい。（「二月」）
（中略）

県西地方では、八日に笹神さまをつくり、ササの枝を三本結んで立て、その上にウドンなどをそなえる風習がある。猿島郡三和村東山田地区などのように、二月八日の笹神さまは家の前に立てるが、十二月八日は家の裏に立てる例が多い。これは二月八日に農神を迎え、十二月八日に送るという信仰のあらわれとみることができる。（「十二月」）

『日本の民俗　茨城』藤田稔（昭和四十八年三月五日発行、第一法規出版株式会社発行）

ササガミサマ　県西地方では二月八日にササガミサマ（笹神さま）を立てる。葉のついた篠竹三本を庭さきに立て、上の方で組み合わせ、あずき飯やうどんを供える。この晩、大黒さまがかごを逆さに背負って裏口から出て稼ぎに行き、暮の宝をかご一ぱいにして帰って来るという。そのため二月八日のササガミサマは裏口に、十二月八日は表に立てる。反対に二月には表に立て、十二月には裏に立てる所もある。笹神は来臨する神々のための目印であったとみられる。（「2　春から夏へ」）

（中略）

師走八日（中略）

県西では二月八日と同じくササガミサマを庭に作る。笹の枝三本結んで立て、その上にうどんなどを供える風習である。笹竹は農神送迎の目印であって、二月八日には農神を迎え、十二月八日には農神を山に送るという習俗とみられる。（「秋から冬へ」）

「農耕年中行事」井之口章次（『日本民俗学大系』平凡社発行）

（引用者註　写真解説）

事八日の目籠と笹神様　茨城県真壁郡真壁町東山田　筆者撮影

茨城・栃木のあたりでは、事八日に笹神様をまつる。笹神様は二月八日と十二月八日に居所を替えると考えられている神様である。

「出稼ぎにゆく神々の門出」外山善八（『民俗学と茨城』昭和五十三年五月四日発行、茨城民俗学会発行）

二月八日には、大黒さまが籠をさかさに背負って稼ぎに出るのを送り、十二月八日には、大黒さまが、その籠いっぱいに稼いで帰るのを出迎えるのだといわれ（八郷町）、またこの日、えびすさまが金もうけに出掛けるので、餅をついて弁をもたせ、十二月八日に帰るので、この日にも餅をついて迎えるのだといわれている（鹿島町、水海道市、岩井市、取手市）。県西地方の笹神さまも同じ伝承である。県西、下館、結城、真壁地方では、この日は笹神さまを中心とした行事が行われている。表へ笹を三本立ててそれを笹で結び、その上へ赤飯（ソバ、麦めし）をたいてのせ、八日の夕方立て九日にはとり外す。笹神さまがはたらきに出掛けるという。金を持って帰って来るのはえびす大黒を同じ十二月八日である（筑波町）。笹神は貧乏神なので年を越した正月後は家の表へまつるが、暮の十二月八日には借金取りをおそれるので裏へまつるという（明野町、下妻市）

『茨城の年中行事』藤田稔（一九八八年十月三十一日発行、茨城新聞社発行）

県西の真壁郡地方では、二月八日と同じように笹神様を立てた。葉のついたしの竹三本を庭先に立てて上の方で組み合わせたのが笹神さまで、その笹の上に小豆飯やうどんを供えた。二月八日の晩、大黒さまが空のかごを背負って裏口から稼ぎに出掛け、師走八日に宝をかごいっぱいにして帰って来るという。そのため二月八日の笹神様は裏口に、師走八日は表に立てたが、反対に二月には表に立て、師走には裏に立てる所もあった。この笹竹は去来する神々の目印であった。（「師走八日」）

「正月のコト節供」井之口章次（『日本民俗学』二巻三号、昭和三十年一月発行　のちに『コト八日―二月八日と十二月八日―双書フォークロアの視点8』一九八九年二月十五日発行、大島建彦編に収載）

茨城県真壁郡上野村（現明野町）では、オコトというのは三月ごろまでの間に、若い衆がとりきめる休み日のことであるが、それとは別に二月十二月の八日に笹神様を立てるのである。五、六尺の笹竹三本を左義長に組んで、結び目の所にそうめん・うどん・飯などを上げる。二月は家の前、十二月は家のうしろに立てる。ここでも目籠を立てることがある。笹神様はどんな神様かと聞いてみると、笹神様は一つマナコである。また笹神様は貧乏で、暮には裏にいて春になると表に出て来るという人もあり、あるいは笹神様は財源の神様で、暮に裏から出稼ぎに出て金を貯め、正月に表から帰って来るというのであり、二月十二月の八日に訪れて来る神が、家の神の性格を持っている点に興味が感じられるのである。

「田の神の去来とコト八日の伝承」藤田稔（原題「田の神信仰と二月八日の伝承」『水戸一高紀要』二号、昭和三十三年三月発行を加筆・増補して『茨城の民俗文化』二〇〇二年七月十五日発行、茨城新聞社発行に収載）

田の神の去来と重要な関連のある二月八日と十二月八日は全国的に「事八日」と称して節日となっている。本県で「コト八日」と呼ぶ所は少ないが、江戸後期の『常陸国水戸領風俗問状答』二月の項に「八日おこと」と記されている。近年まで県西部を中心にした地域（結城市、真壁郡関城町、明野町、大和村、協和町、下館市、西茨城郡岩瀬町、笠間市、猿島郡三和町、総和町、猿島町、つくば市）で「ささ神様」と呼ぶ所が多かっただけでその他は一定しない（八日様、八日節供、でえまなく、コト始め、コト納め、二月八日、八日像、八日そば、おだいはんにゃ、えびすさまがかせぎにいく日、せえもんばらい、八日餅、孫の日、子供の八日など）。これらはその日に行う行事に名称が変わっていったのであってコトの日であることには変わりがない。（「2　事八日と山の神」）

（中略）

また先に記したように県西一帯では「ささがみさま」とよんでいるのは目籠を立てる時に用いる笹竹の名称であって目籠は立てなくとも笹竹のみを立てる風習に転化したからであり、家の前に三本の笹を束ねて立て、うど

んやそばを供える風が一般に行われている。（4　神々の移動）

「茨城県」平野伸生（『関東の歳事習俗』昭和五十年十月一日発行、池田秀夫・井上善治郎・日向野徳久・宮田登・平野伸生・田中宣一・高橋繁雄著、明玄書房発行）

（6）笹神さま（二月八日）　笹神さま、笹神八日、ヨウカタサマ（夕方さま）などと呼ばれ、主として県西・県南地域を中心に分布する行事である。三本の竹や熊笹を揃え、先端に輪を結び、根本を三角形に地に挿して、上の結び目に笹の箸二本を挿し、当夜のご馳走のうどん、蕎麦、五目飯、赤飯などを供える。笹神さまは厄病神あるいは貧乏な神さまのため、借金取りを恐れて暮には裏庭に逃げるが、春は表の庭に立てるという。また大穂町吉沼では、師走八日の笹神さまは一年中各地で働いて稼いでお金を背負い、裏口より入って来る日とされ、二月八日は表より稼ぎに出掛ける日といわれ恵比寿講と習合されている。この笹神さまは頭痛にご利益があり、翌日早朝この笹神さまを潜ると頭痛が治るという。

（中略）

（5）笹神さま・目籠立て（十二月八日）　二月八日の笹神さまと同様である。十二月の笹神さまは、家の裏側に立てる。

（中略）

年中行事表

八日　笹神さま　県南・県西地域の行事である。三本の竹笹の上部を結えて、蕎麦などを供える。春は表庭に立てる。（引用者註　二月の項目）

（中略）

八日　笹神さま　二月八日の笹神と同様。ただ暮の笹神は裏庭に立てる。（引用者註　十二月の項目）

『さしまの民俗』木塚治雄（昭和五十二年三月十五日発行、崙書房発行）

ささの神

竹ささを三本地面にさし、竹の先を三本とも結わえ、その上にそばをのせる。十二月には家の後に（ささ神が裏から出かせぎに行く）、二月には家の前に（二月八日には銭もうけをして表から帰って来る）これを供えるとその家の竹は枯れることなく成長するといわれ、昔は年に二回この行事が行われたそうである。

三　民俗地図によるササガミ習俗

ここでは、これまで編さんされた民俗地図から、ササガミ習俗が確認されたものを収載した。『日本民俗地図Ⅰ（年中行事1）』では、本文を収載した。『県内民俗資料緊急調査報告書』では、ササガミ習俗が確認された地点を表にし、行事名称を記入し、地図に付された記号を一覧化して、該当する項目に○を入れた。「笠間市田上、椿」の事例については、ササガミ習俗をその内容から確認することができないが、行事名称の「ようかどう」がササガミ習俗の名称と類似することから参考までに一覧に加えた。『茨城県民俗分布図解説書』は、茨城民俗学会の編になるもので、先の『県内民俗資料緊急調査報告書』の解説書である。『茨城県民俗文化財分布調査報告書―茨城県民俗文化財分布地図―』もササガミ習俗が名称もしくは内容から確認される地点のみ表にした。

『日本民俗地図Ⅰ（年中行事1）』（昭和四十四年九月二十日発行、文化庁編、財団法人国土地理協会発行）

こと八日（二月十六月）

一五　下青柳　　笹神様　　旧二月八日

この日大黒様が、籠をさかさに背負って稼ぎに出掛けるという。朝赤飯、夜あずき飯を炊いて門辺に小篠を三本組んで結い、そのまたに紙をのせてあずき飯を供える。家の入口の辺に籠をつるして大黒様を送り出す。この日は忌日とされ、祝い事には用いず。午後山にはいると厄病神にとりつかれるといって、山道も通らない人もいた。

（中略）

一七　北条　　笹神送り　　二月八日

白飯・桜飯を炊く。

（中略）

二〇　石下　　ササ神様　　二月八日

ササ神様が出かせぎに出る日で、家のうらに笹三本を立てて先を結び、うどんや赤飯を供える。

こと八日（十二月）

一五　下青柳　　笹神様　　十二月八日

春二月八日にかせぎに出た大黒様が籠一ぱい宝を入れて帰って来る日。春と同じ供物をするが籠は逆さでなく口を上に向けてつるす。朝赤飯をたく。

（中略）

一九　小塙　　笹神サマ祭り　　新十二月八日

二〇　石下　　ササ神様　　十二月八日

ササ神様がお金を持って帰って来るのを待つ行事である

『県内民俗資料緊急調査報告書』（昭和四十六年三月発行、茨城県教育委員会編・発行）

二月八日

（後掲表一）

十二月八日

（後掲表二）

『茨城県民俗分布図解説書』（昭和四十六年九月、茨城民俗学会）

四八ａ、四八ｂ　二月八日

二月八日は特別なこと日で、この日行う行事を名称とするものが多い。この日は、多くの神々が山から里へ移動するという信仰があったらしく、厄病神がはいってこないようにと、呪術的な行事もみられる。

（1）大豆のからに、にんにくと豆腐をつけて家の入口にさし、目かごを竹ざおの先につけて戸口や門口に高く揚げ、悪鬼が家にはいらないまじないとする。そのため、ようかどうふともいう。

（2）庭先に笹竹を立ててうどんなどを供え笹神さまをまつり、笹神様と呼ぶ。これは県西部に多い。大黒様がかせぎに出る日だという。

（3）もちをついて少（ママ※引用者註　小カ）さくまるめ、子供の年より一つ多く藤づるなどに結びつけ、その子のえりに掛けて成長を祝う。県北部ではこれをえりかけもちと呼び、県南部ではおことのもち、もちしょいなどという。

（4）裁縫を習う女の人たちが、お師匠の家で日ごろ使っている針に感謝し、折れ針を供養するのもこの日であった。その針をとうふにさして淡島様にお供えする風がある。そのためこの日を針供養ともいう。

（中略）

四九ａ、四九ｂ　十二月八日

十二月八日も、二月八日と対応する特別な日とされている。そのため二月八日と同じような行事が行われている。

（1）しわすようか。十二月八日と呼ぶのは、特別な日という意味で、やはり神々が移動する日とされ、厄病神よけとして大豆のからやひいらぎの枝ににんにくと豆腐をつけてさしたり、目かごを竹ざおの先につけて高く掲げたりする。にんにくと豆腐をつけてさすのは、県北・県中央部に多く目かごを立てるのは県北・県央・県西に多い。

（２）庭先に笹竹を立ててうどんやそばを供え、笹神様と呼ぶ。この日は大黒様がかせぎから帰って来るので、裏庭に笹竹を立てるという。県西に分布する行事である。

（３）県央部から県南部にかけて、餅を搗くという所が多い。また、県南部では大黒様をまつる例がみられる。

（４）二月八日と同じように、針供養をする所があるが、数は少ない。

『茨城県民俗文化財分布調査報告書―茨城県民俗文化財分布地図―』（昭和六十年三月二十日発行、茨城県教育委員会編・発行）

十二月八日

（後掲表三）

四　各種分布図

習俗の分布状況について、アンケート調査票を元に図一～図二八を作成したので参考にされたい。ただし、隣家であっても習俗伝承が異なる場合も多々見られ、アンケート結果が必ずしも習俗の地域分布を捉えているとは言い難い。習俗の複合、混淆も顕著であり、特に去来神や習俗の理由を問うような質問に対しては、ササガミ習俗における去来神を指しているのか、メカゴ立てや他のコトヨウカ行事における去来神を指しているのか不明確なものが少なくない。また、図化する上で捨象した事例も多くあり、各図については習俗の概要を捉えるための参考までに留められたい。

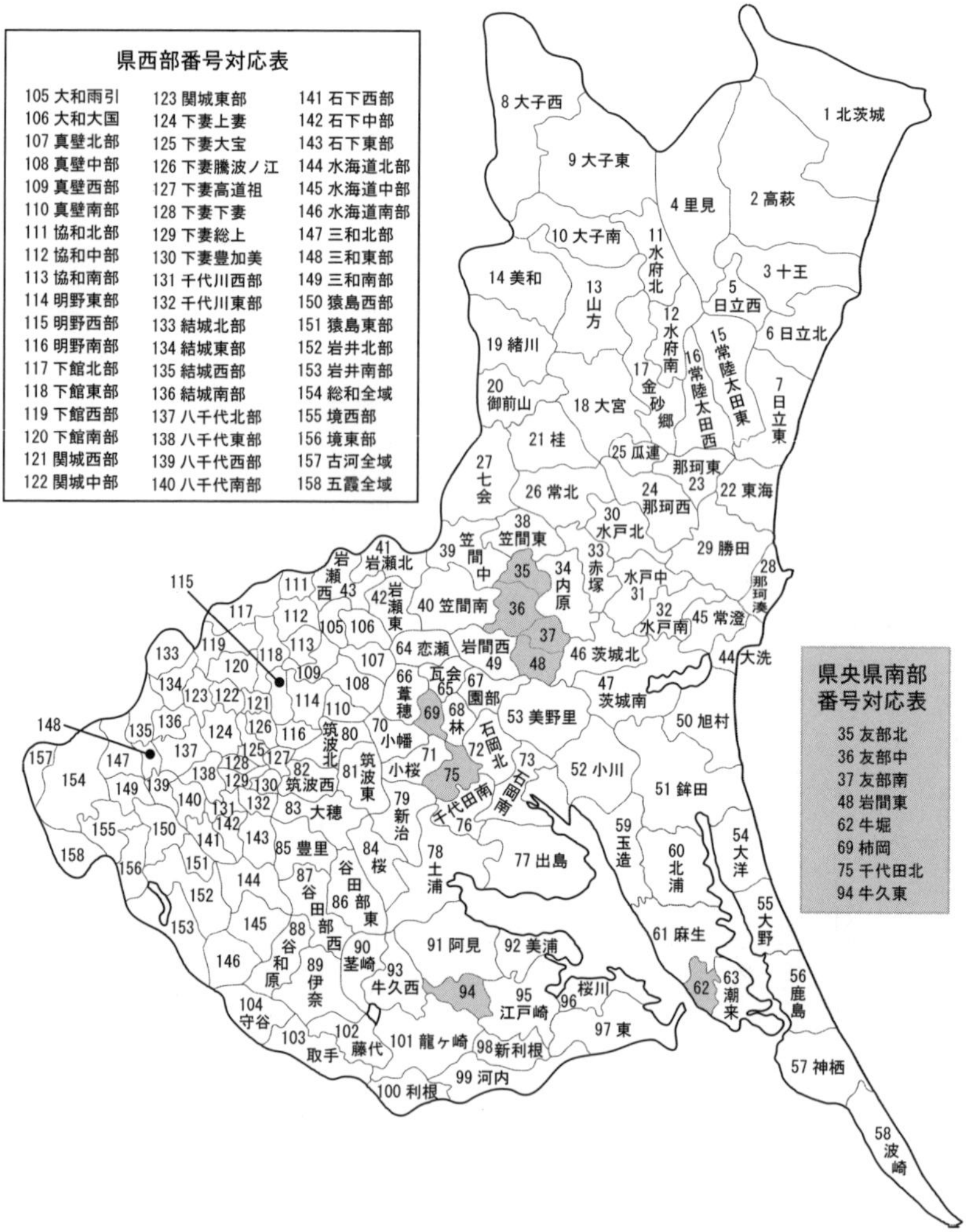

ササガミ習俗調査区分図

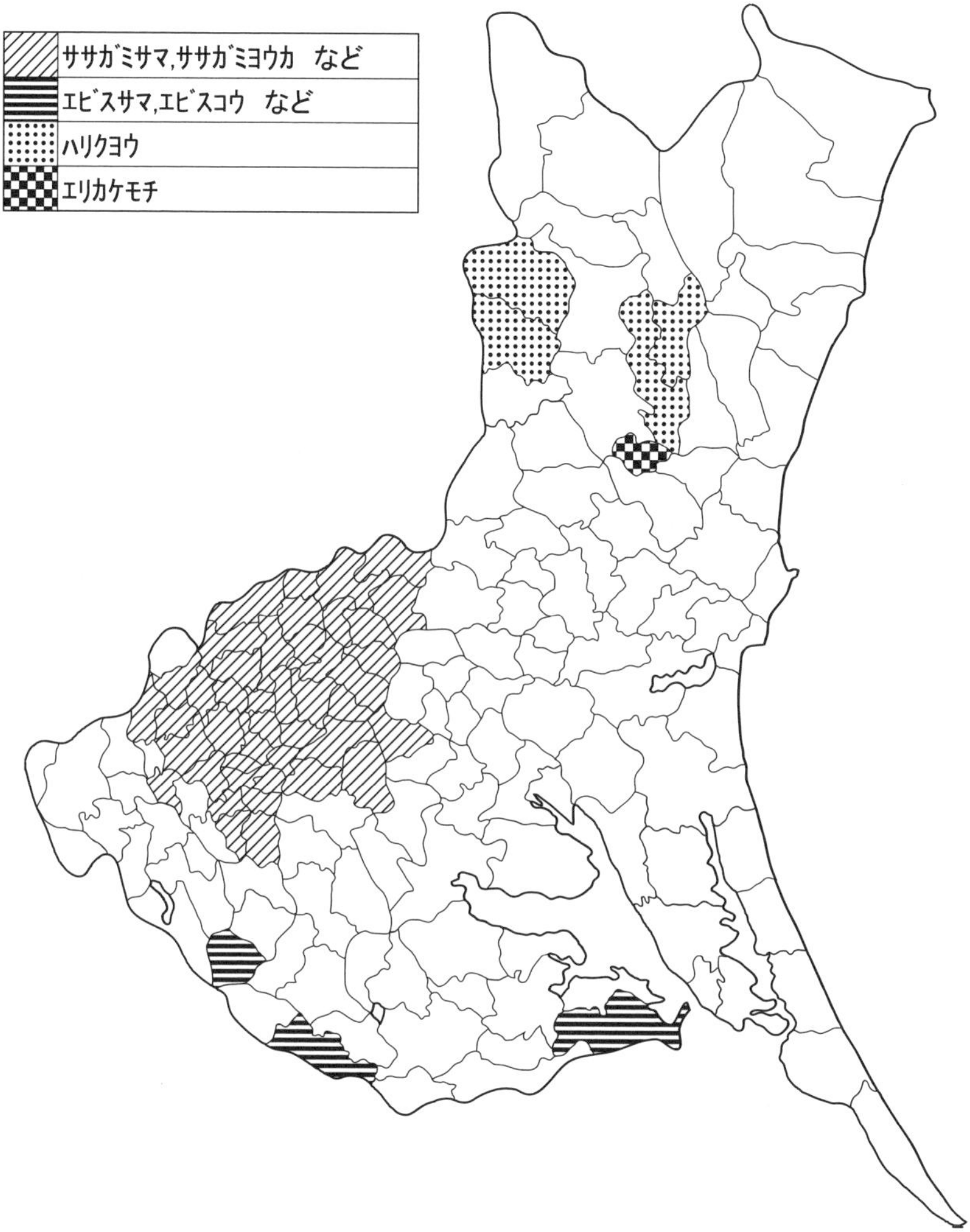

図1　2月8日の呼称①

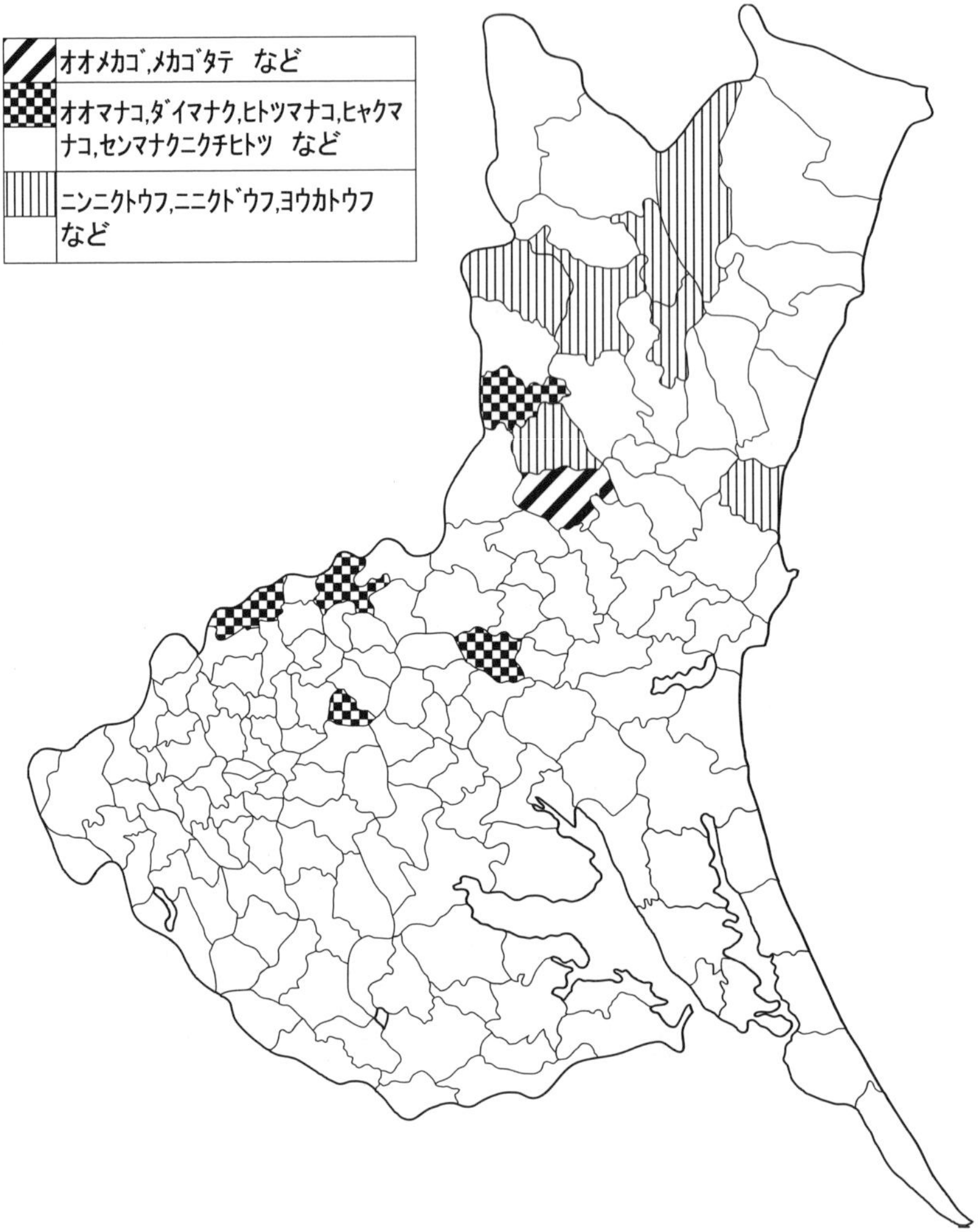
オオメカゴ,メカゴタテ　など
オオマナコ,ダイマナク,ヒトツマナコ,ヒャクマナコ,センマナクニクチヒトツ　など
ニンニクトウフ,ニニクドウフ,ヨウカトウフ　など

図2　2月8日の呼称②

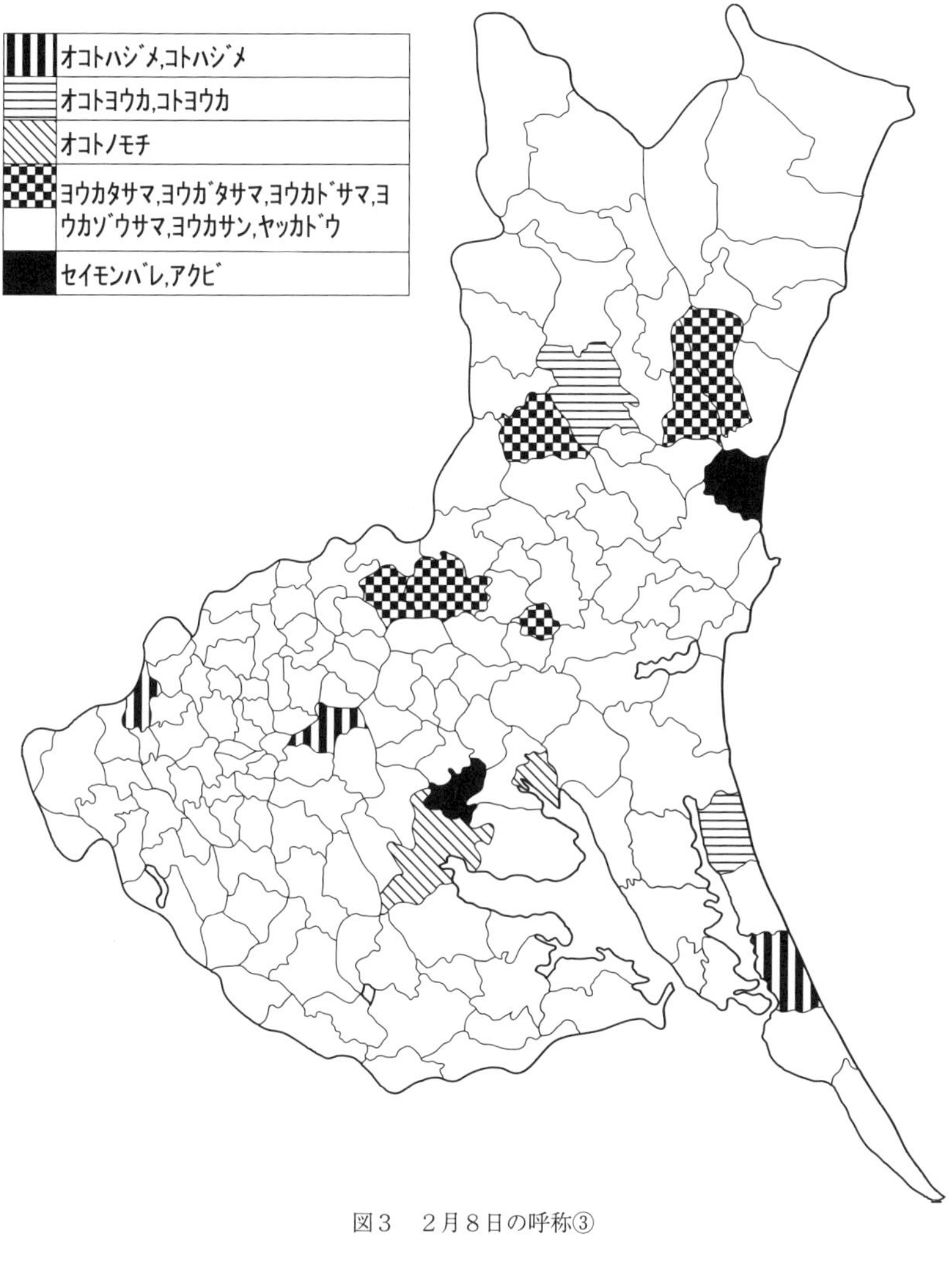
オコトハジメ,コトハジメ
オコトヨウカ,コトヨウカ
オコトノモチ
ヨウカタサマ,ヨウガタサマ,ヨウカドサマ,ヨウカゾウサマ,ヨウカサン,ヤッカドウ
セイモンバレ,アクビ

図3　2月8日の呼称③

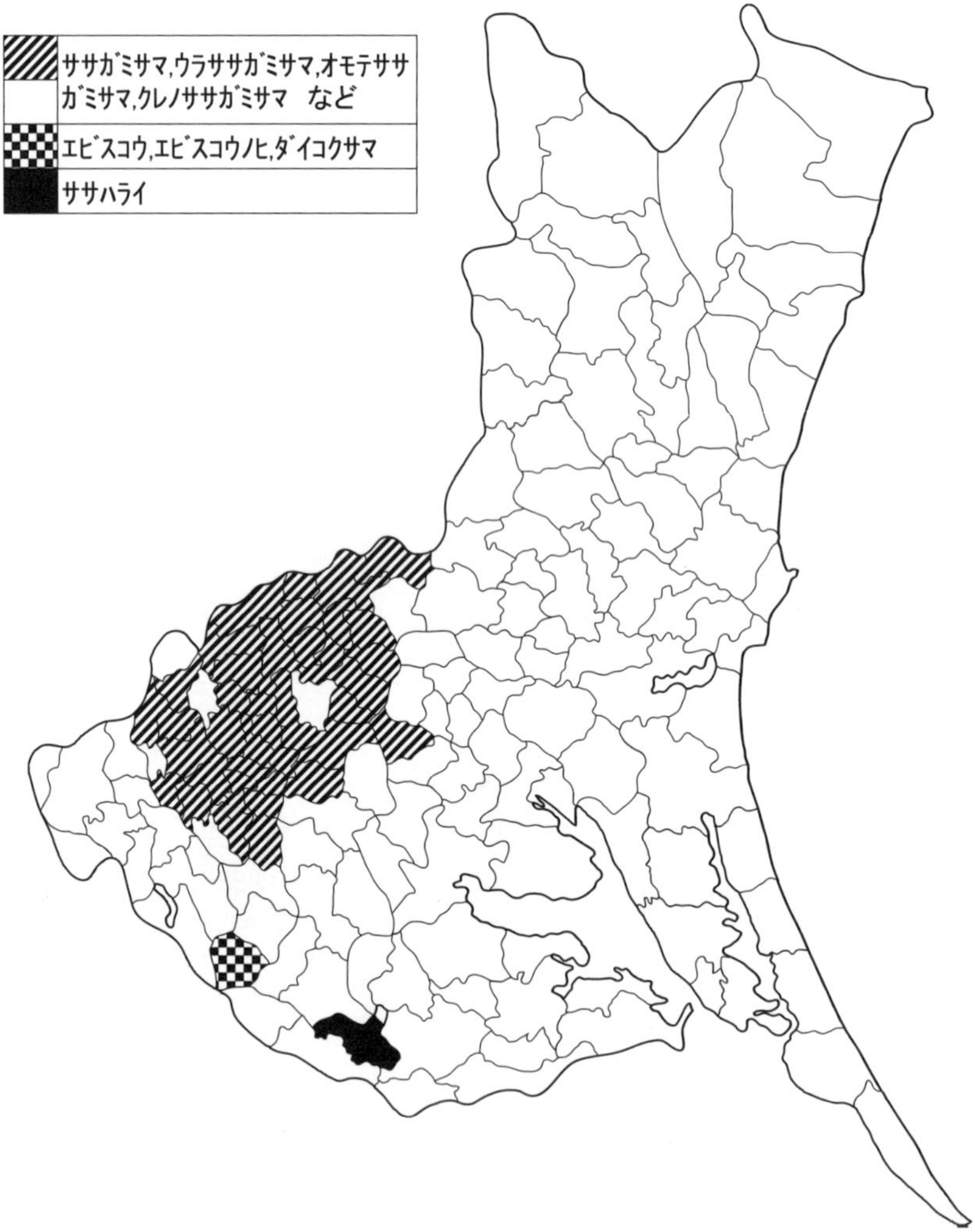

図4　12月８日の呼称①

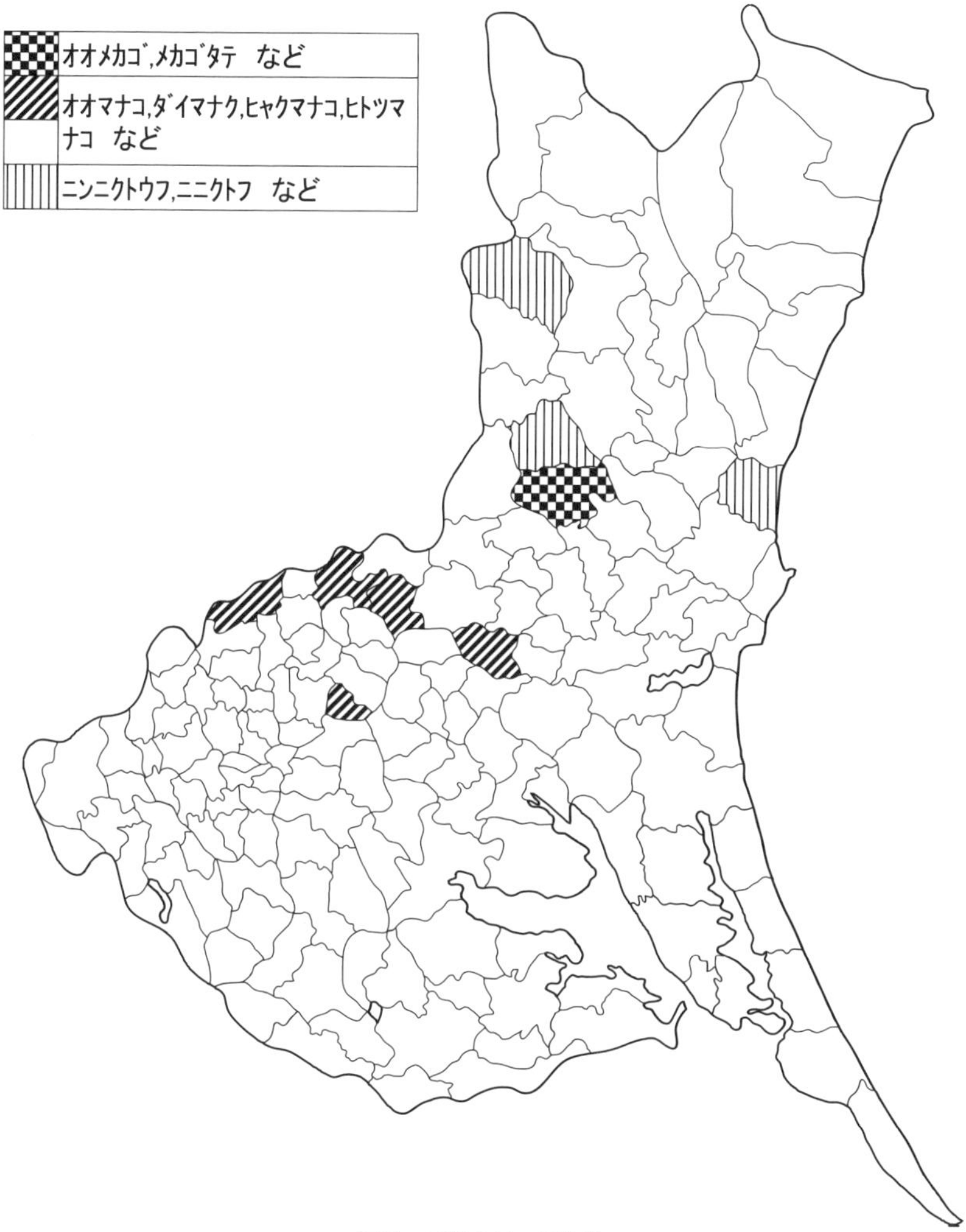

図5　12月8日の呼称②

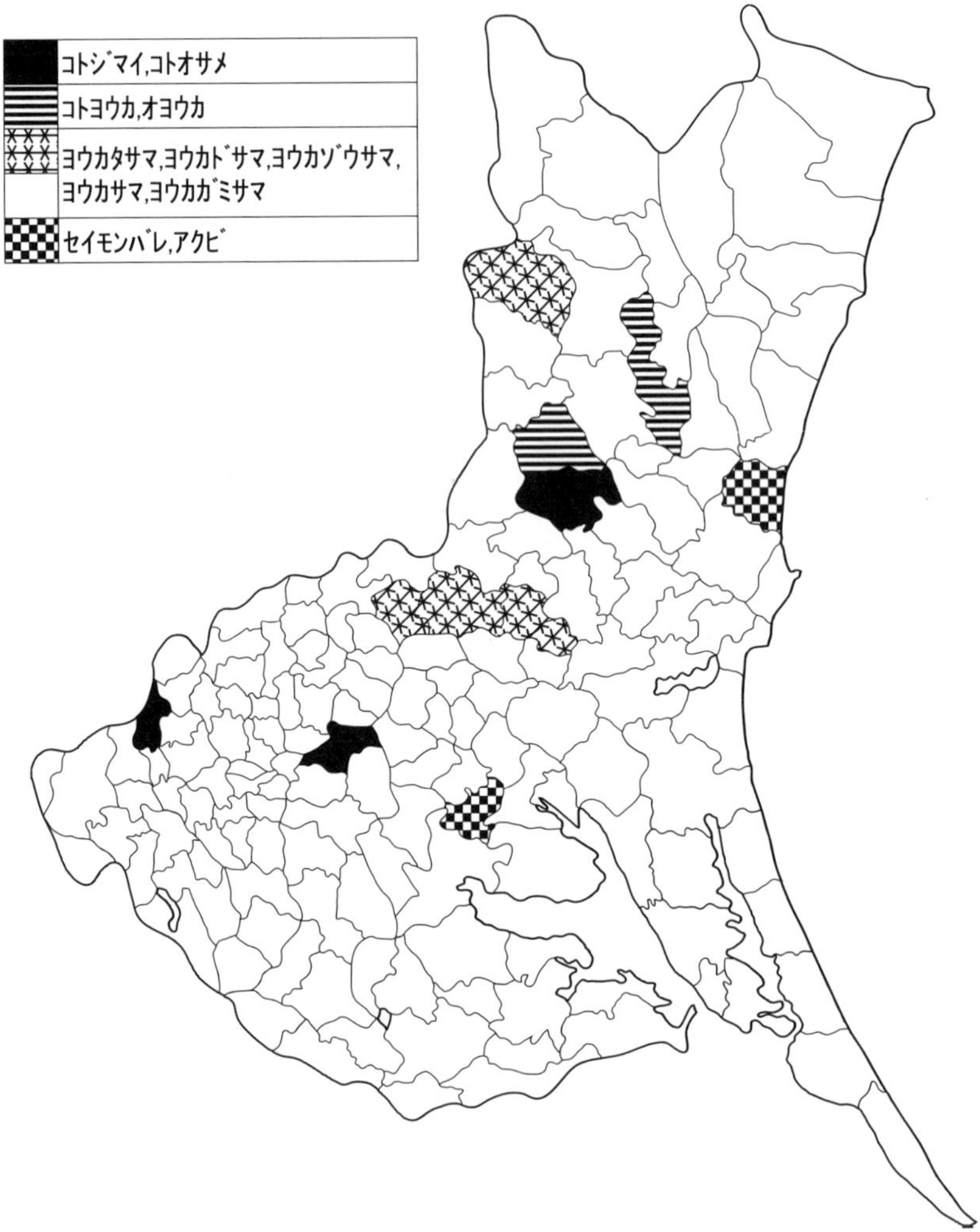

図6　12月８日の呼称③

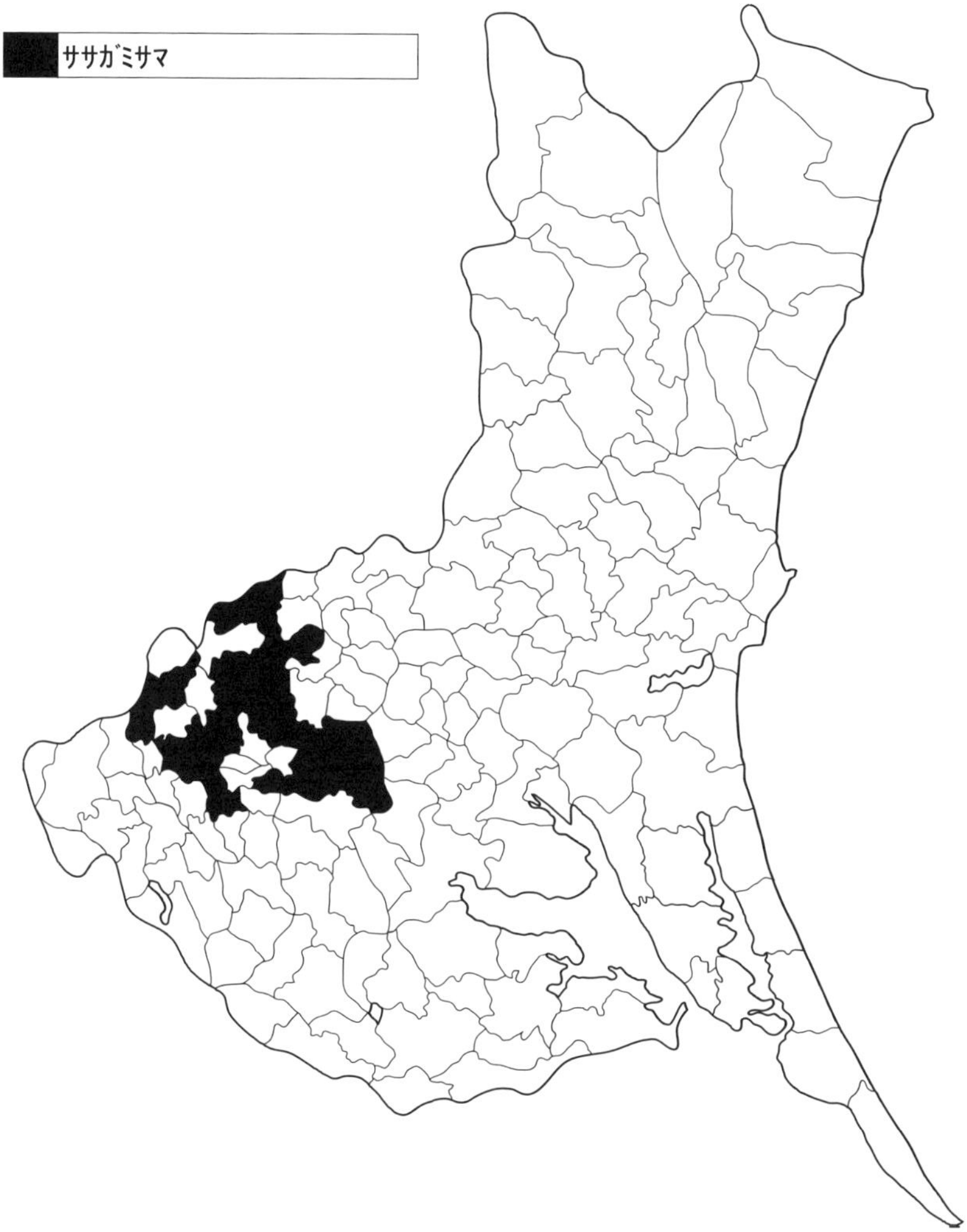

図7　去来するもの①／ササガミサマが来る

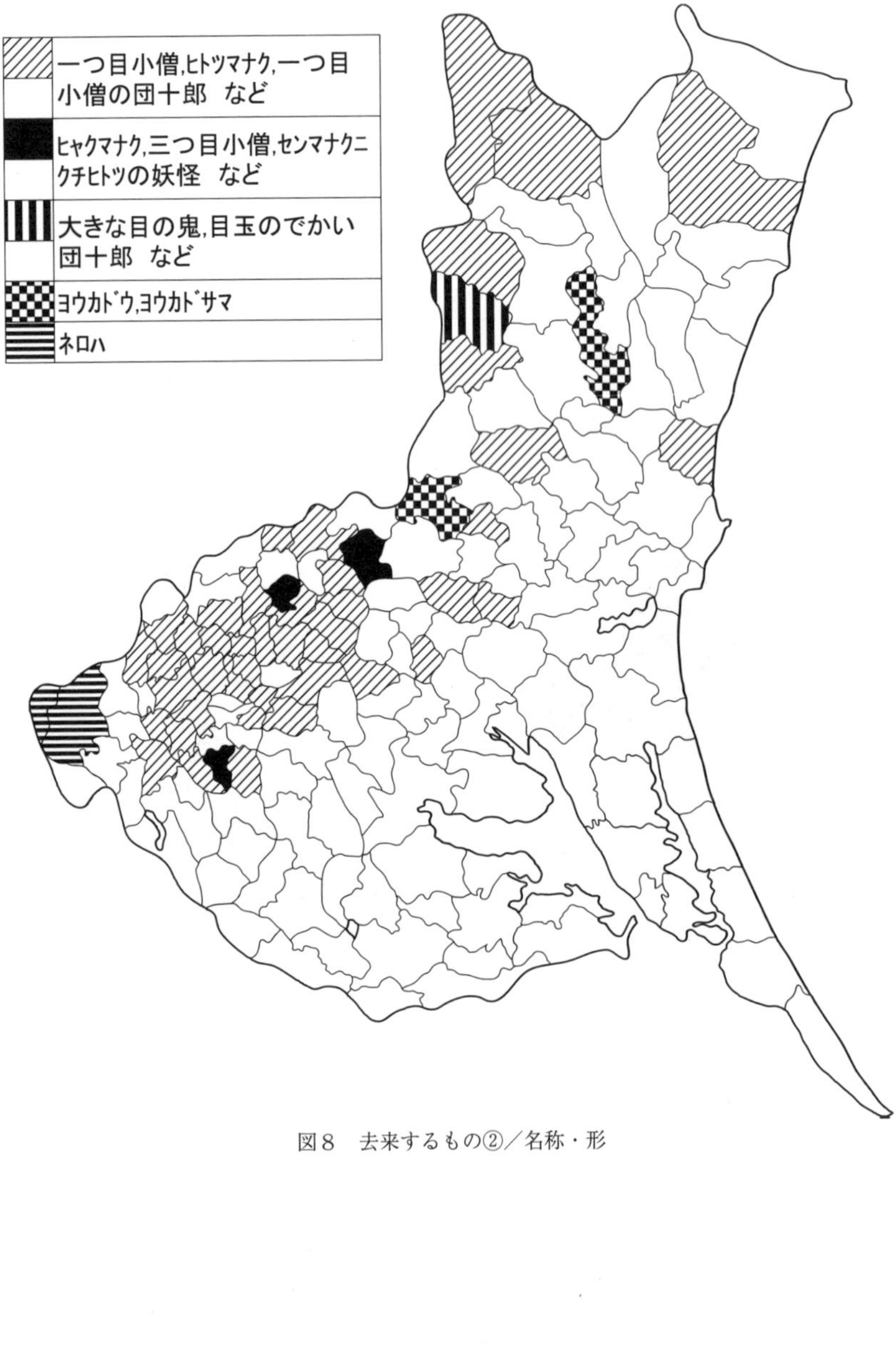

図８　去来するもの②／名称・形

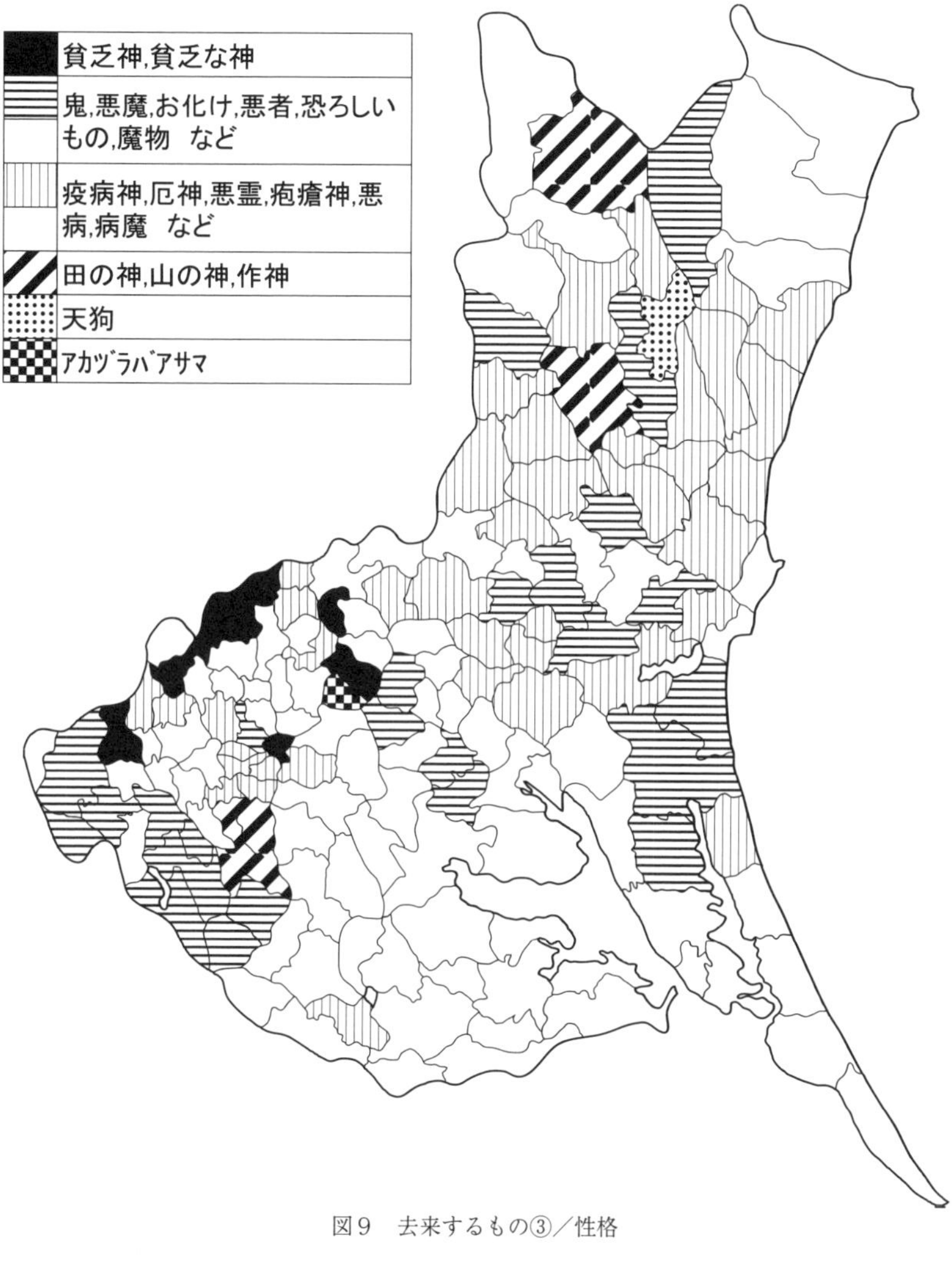

図9　去来するもの③／性格

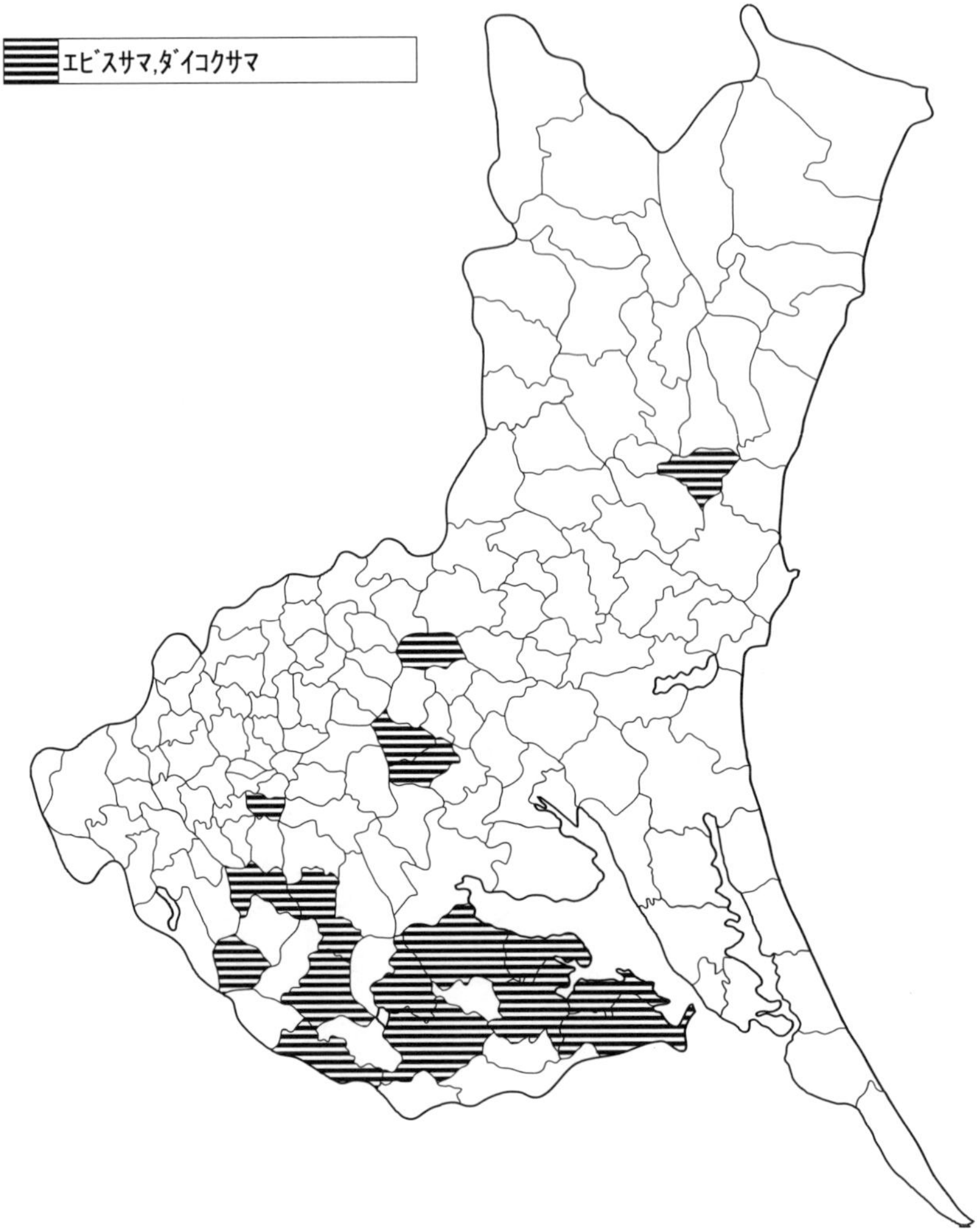

図10　去来するもの④／エビス・ダイコクが来る

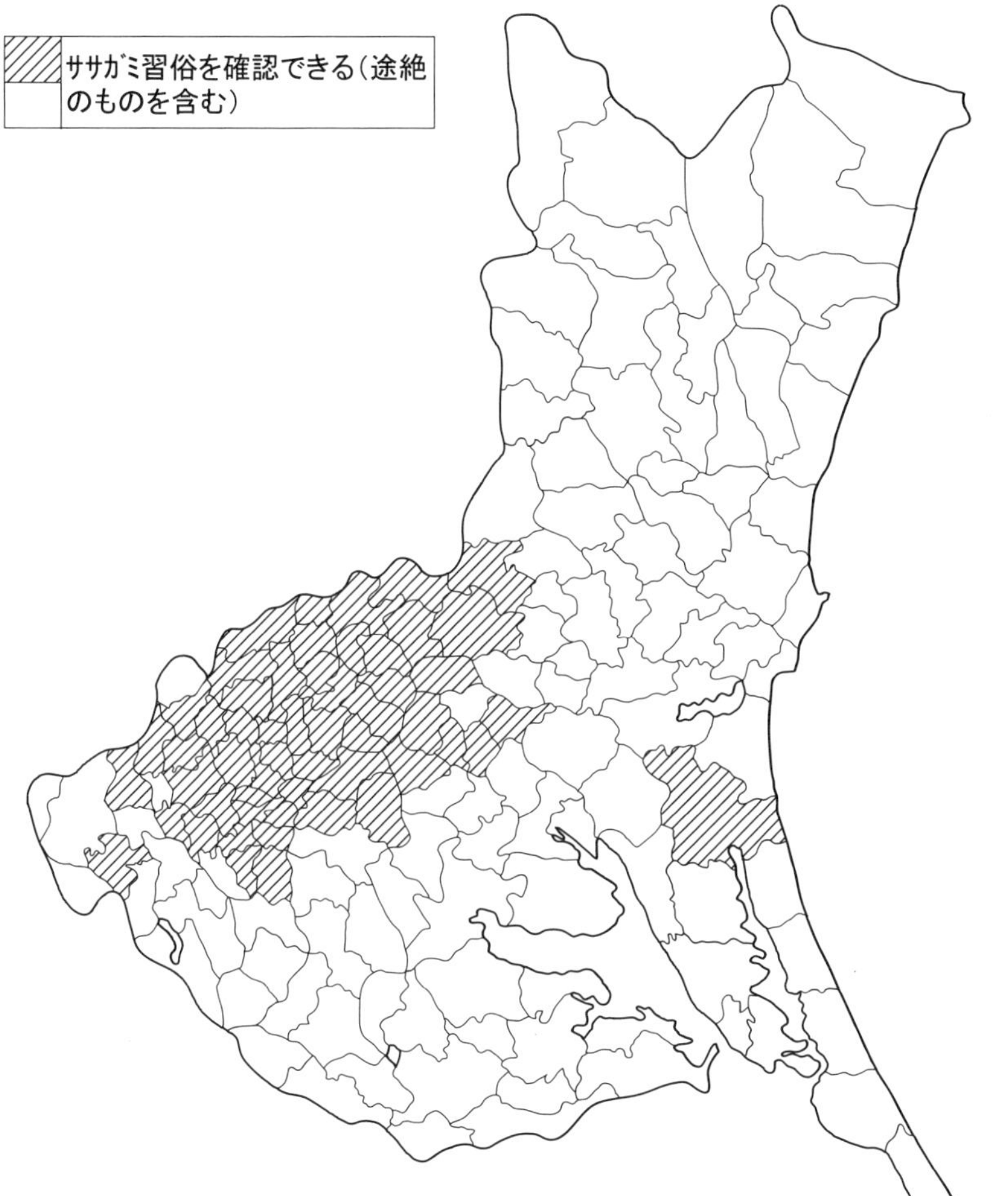

図11　ササガミ習俗の有無

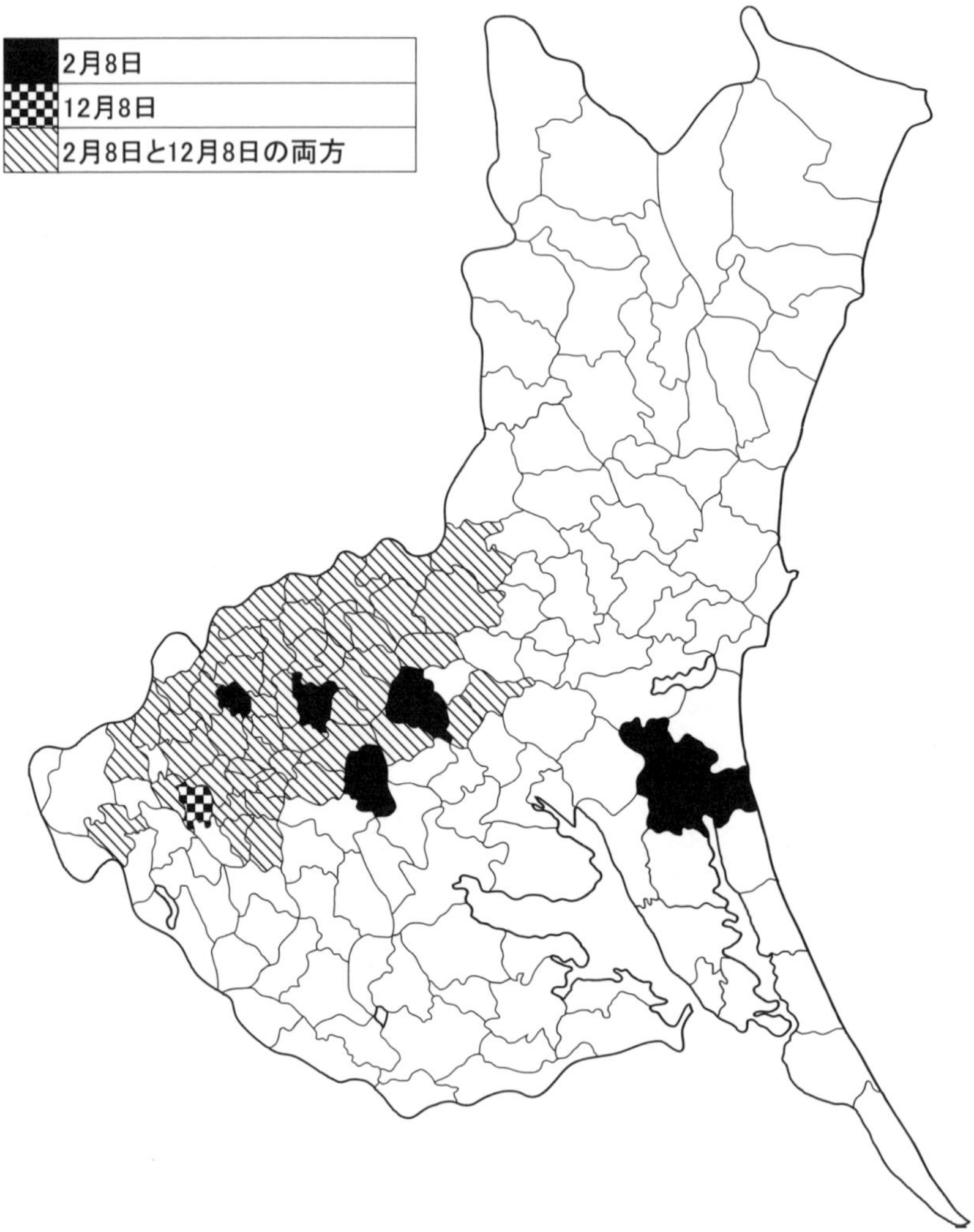

図12　ササガミ習俗の実施日

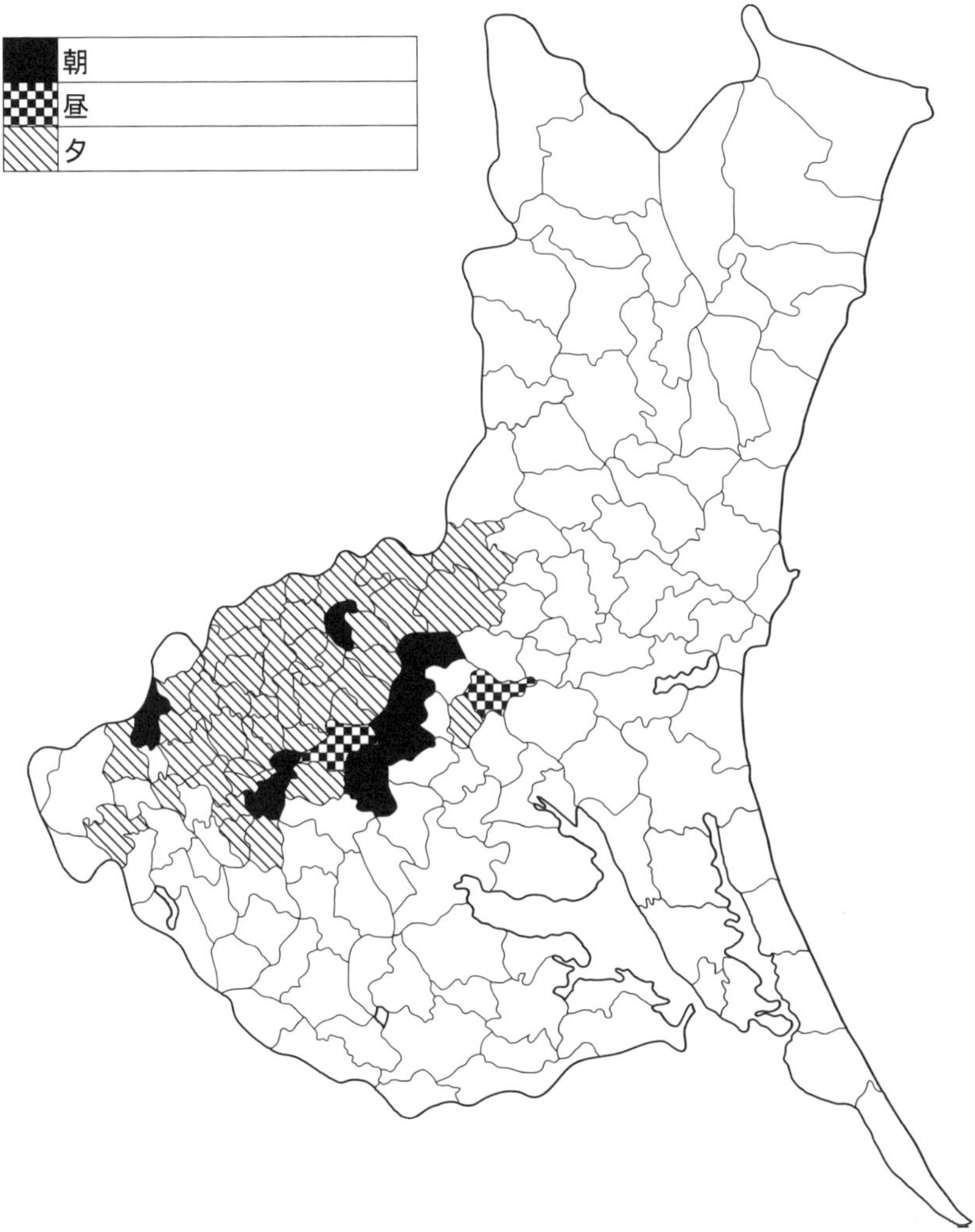

図13　２月８日の実施時刻

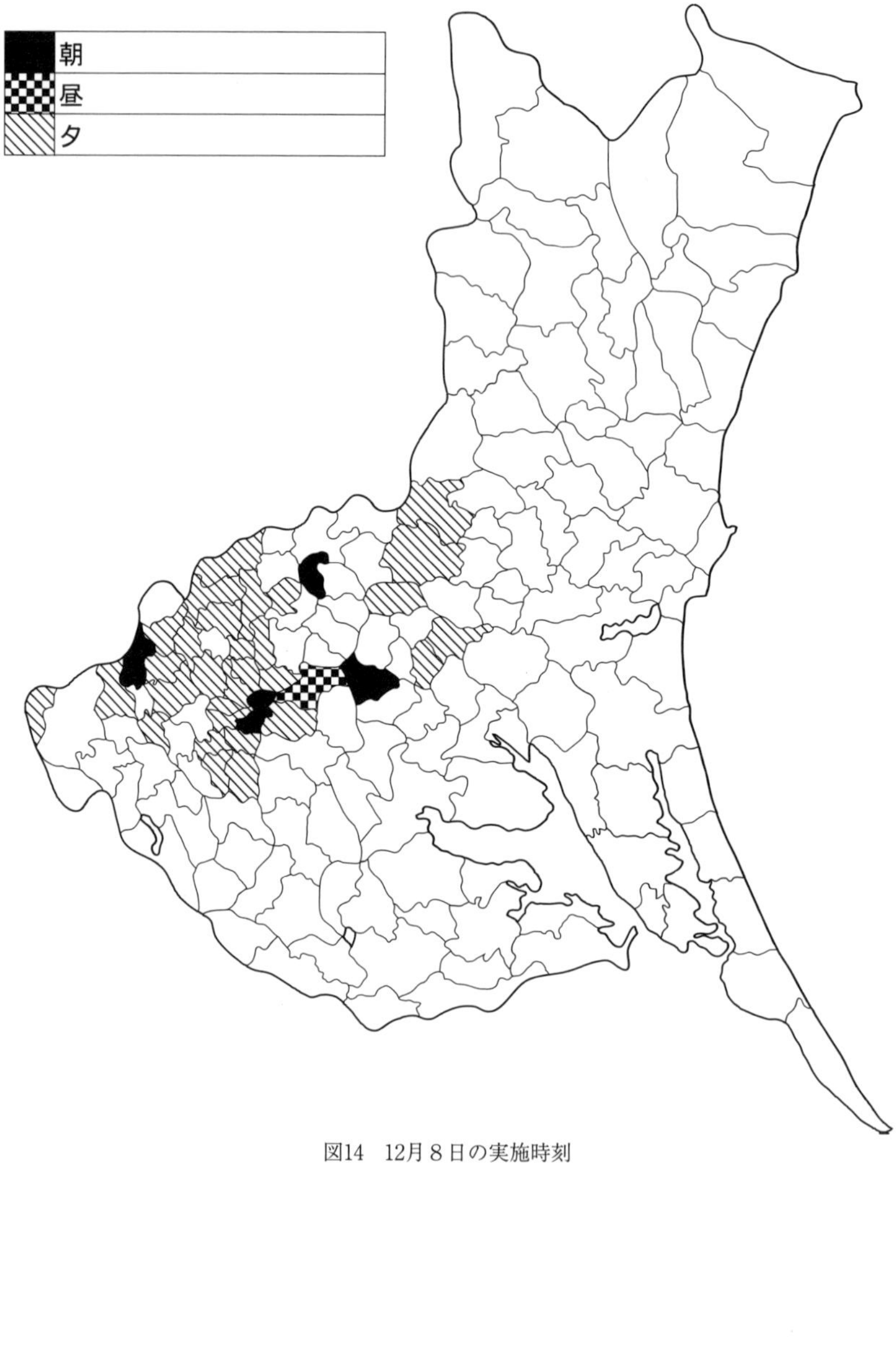

図14　12月８日の実施時刻

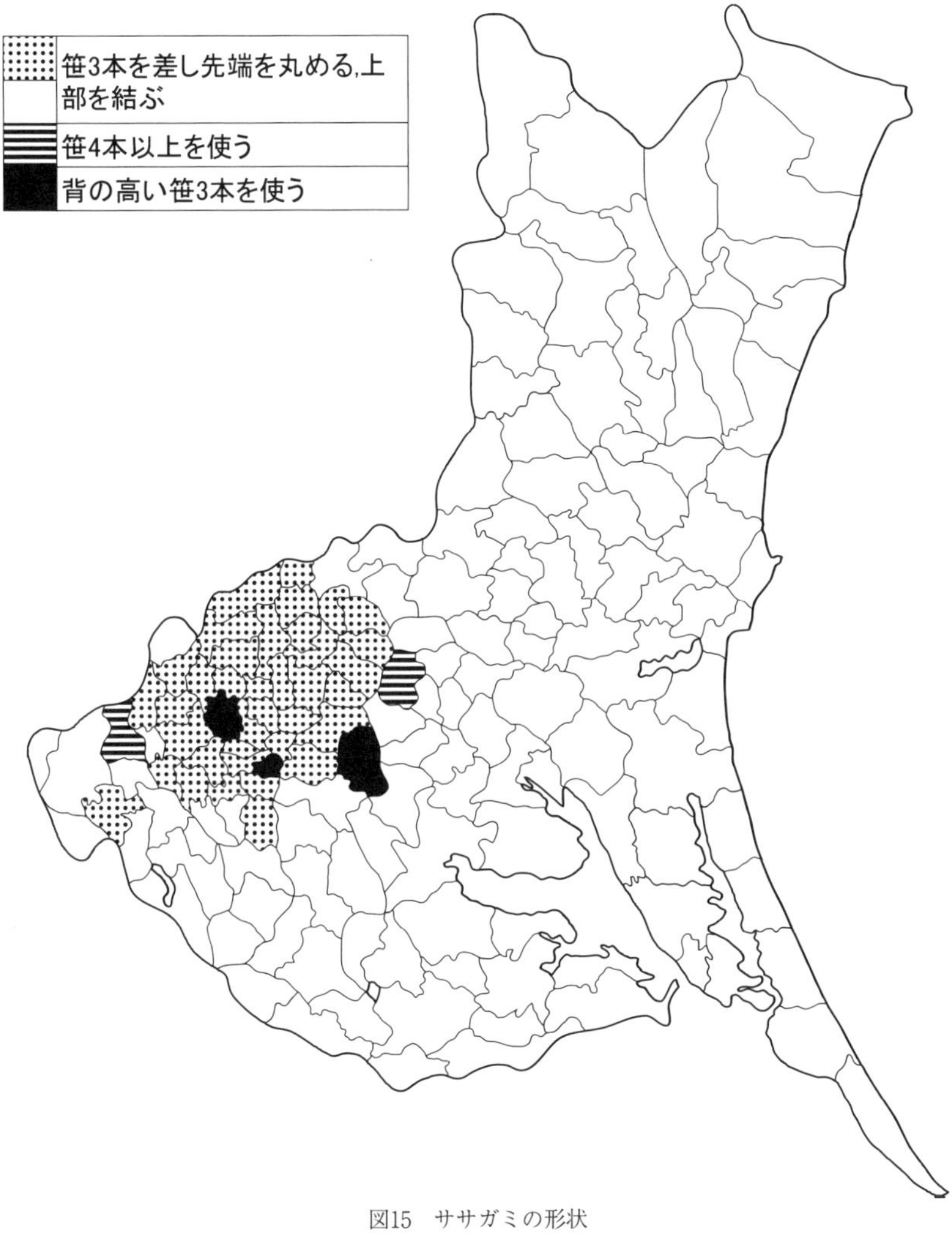

図15　ササガミの形状

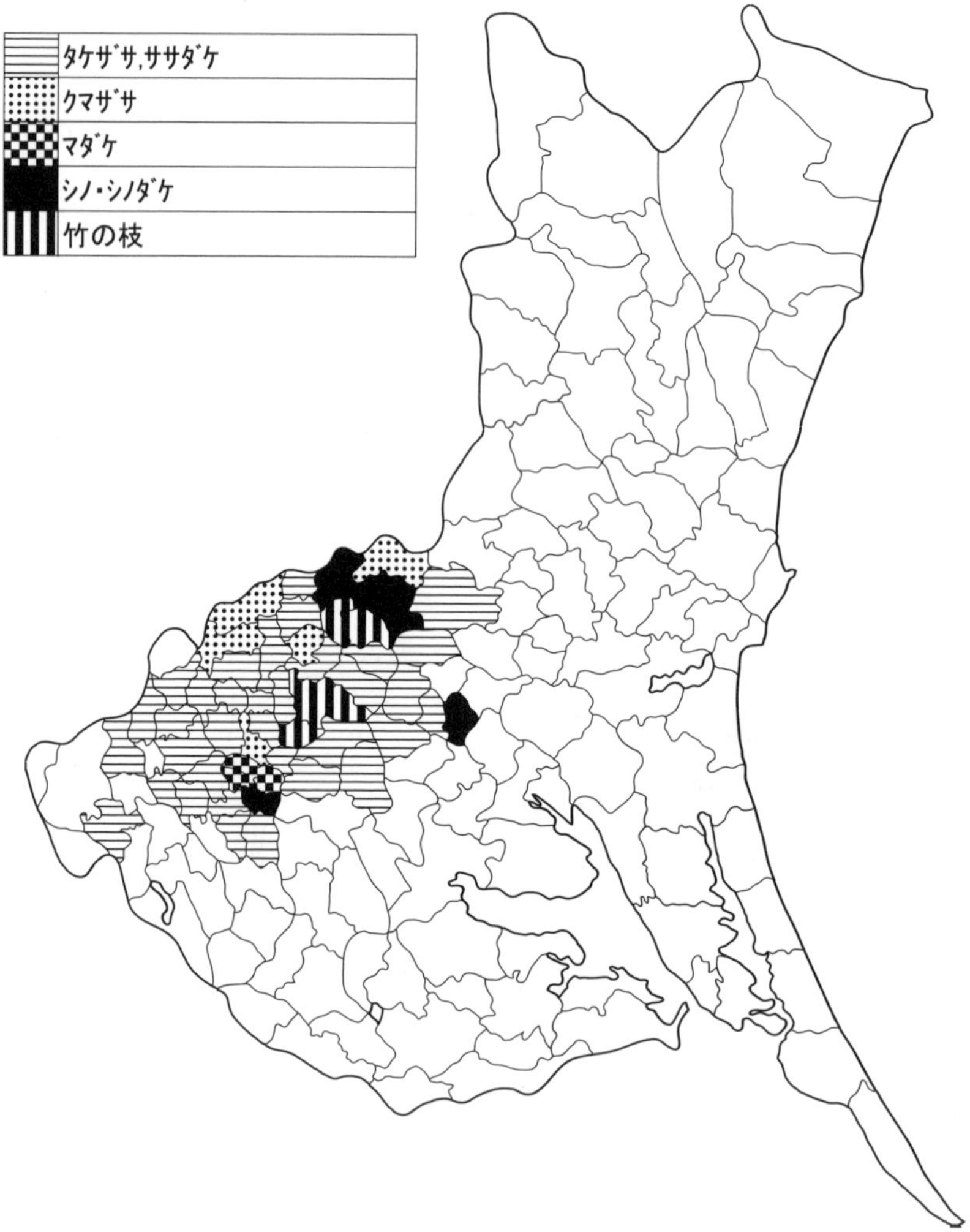

図16　ササガミの材料

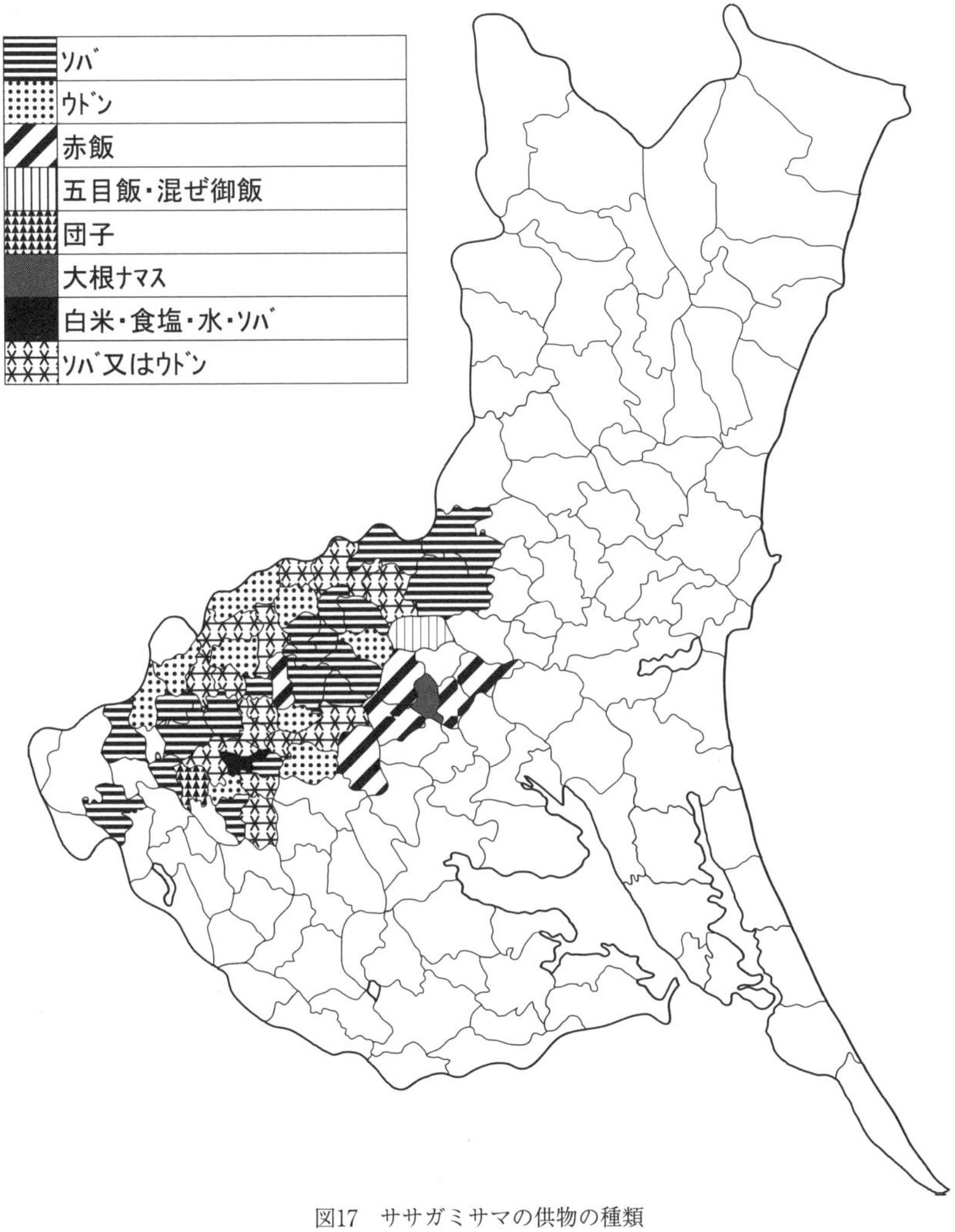

図17　ササガミサマの供物の種類

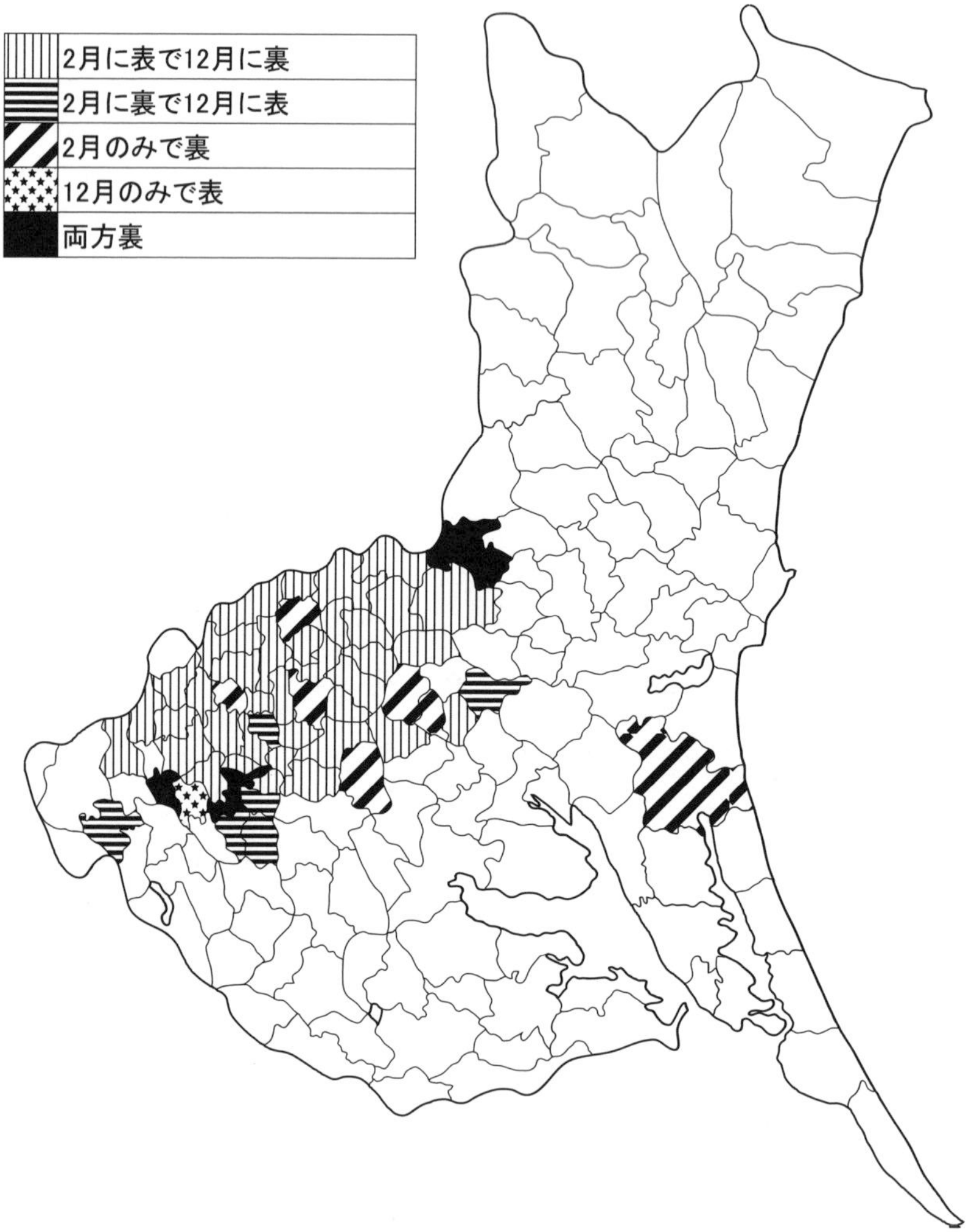

図18　ササガミを立てる位置

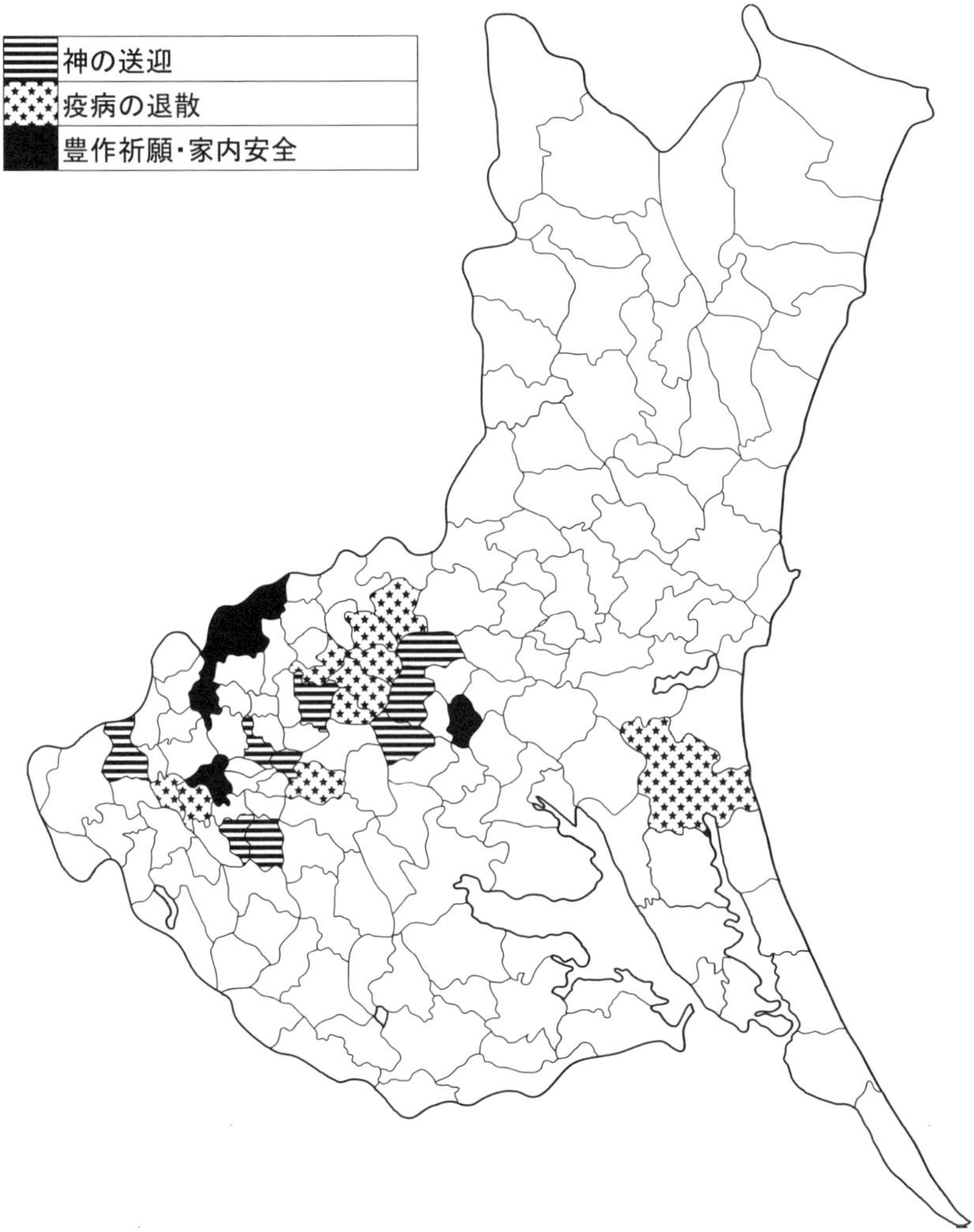

図19　ササガミを祀る理由　※目籠立てと混同の可能性含む

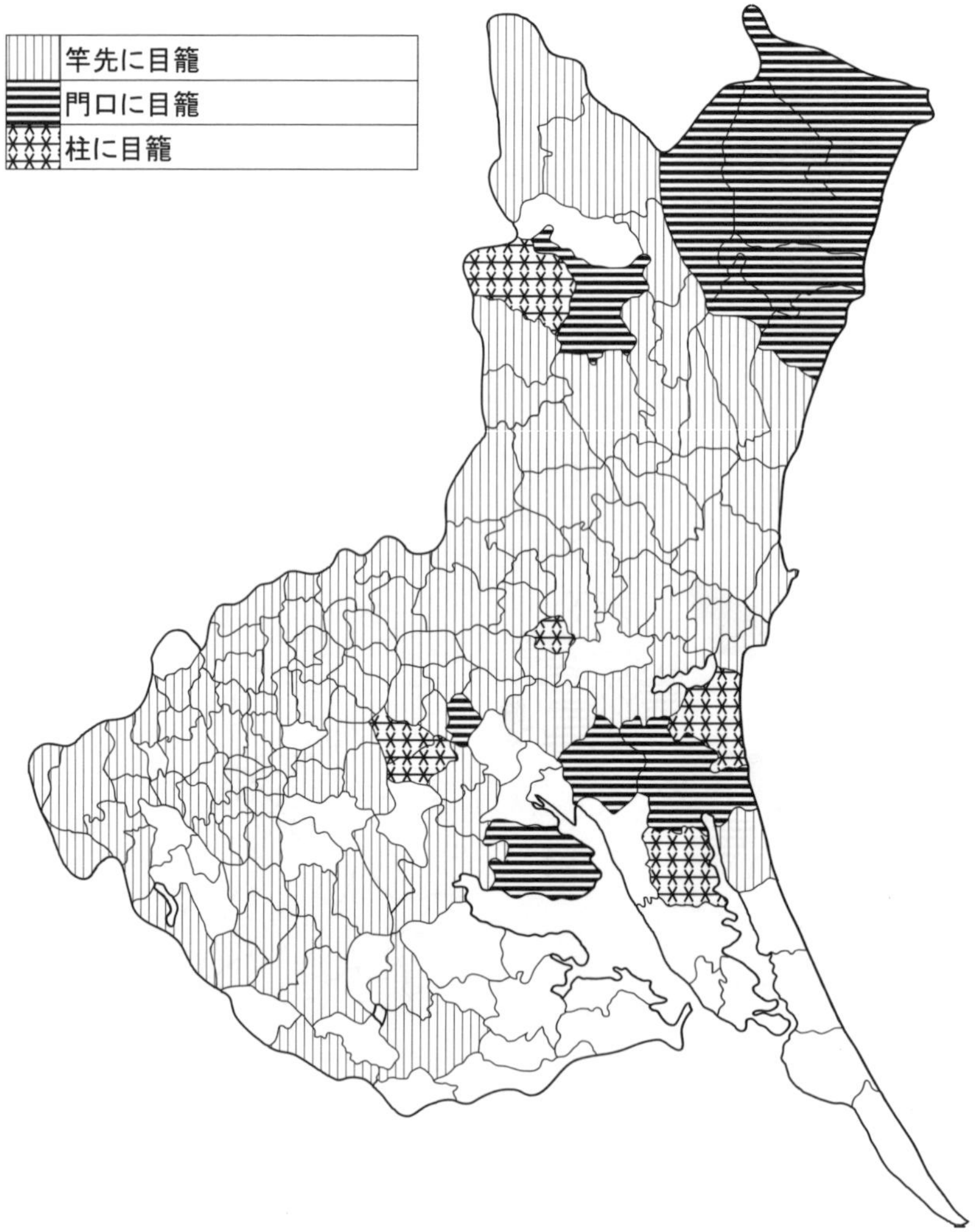

図20　目籠を立てる

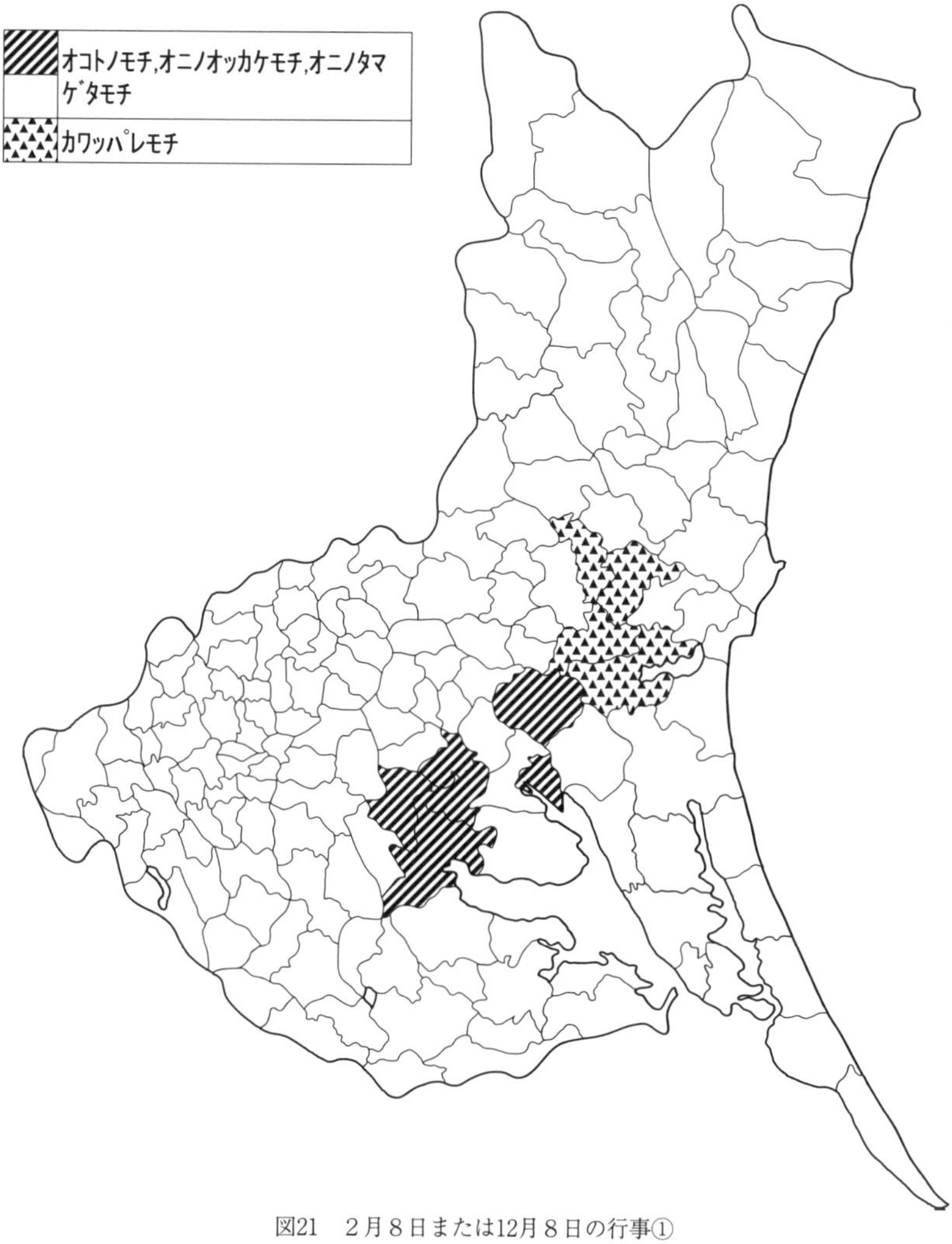

図21　2月8日または12月8日の行事①

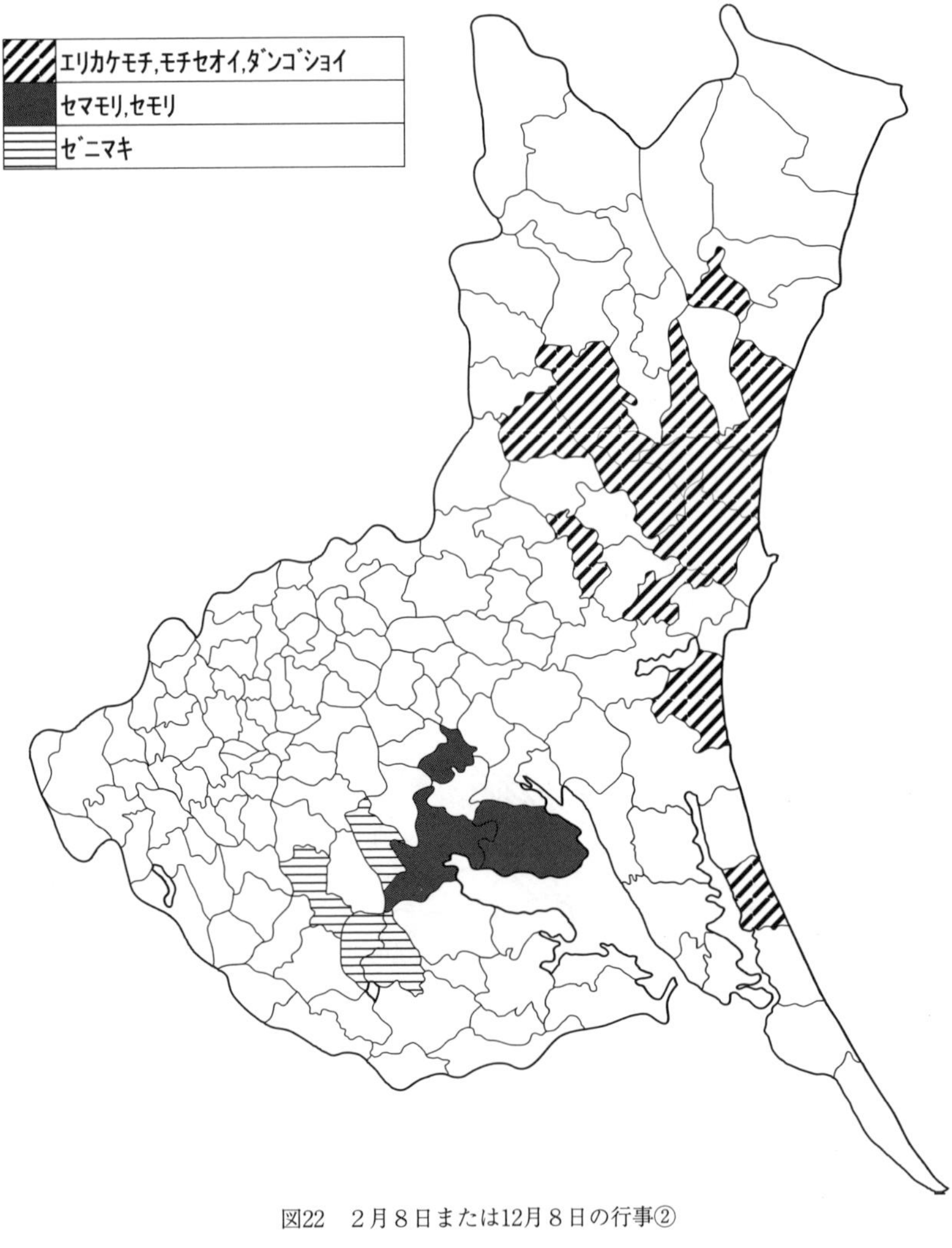

図22　2月8日または12月8日の行事②

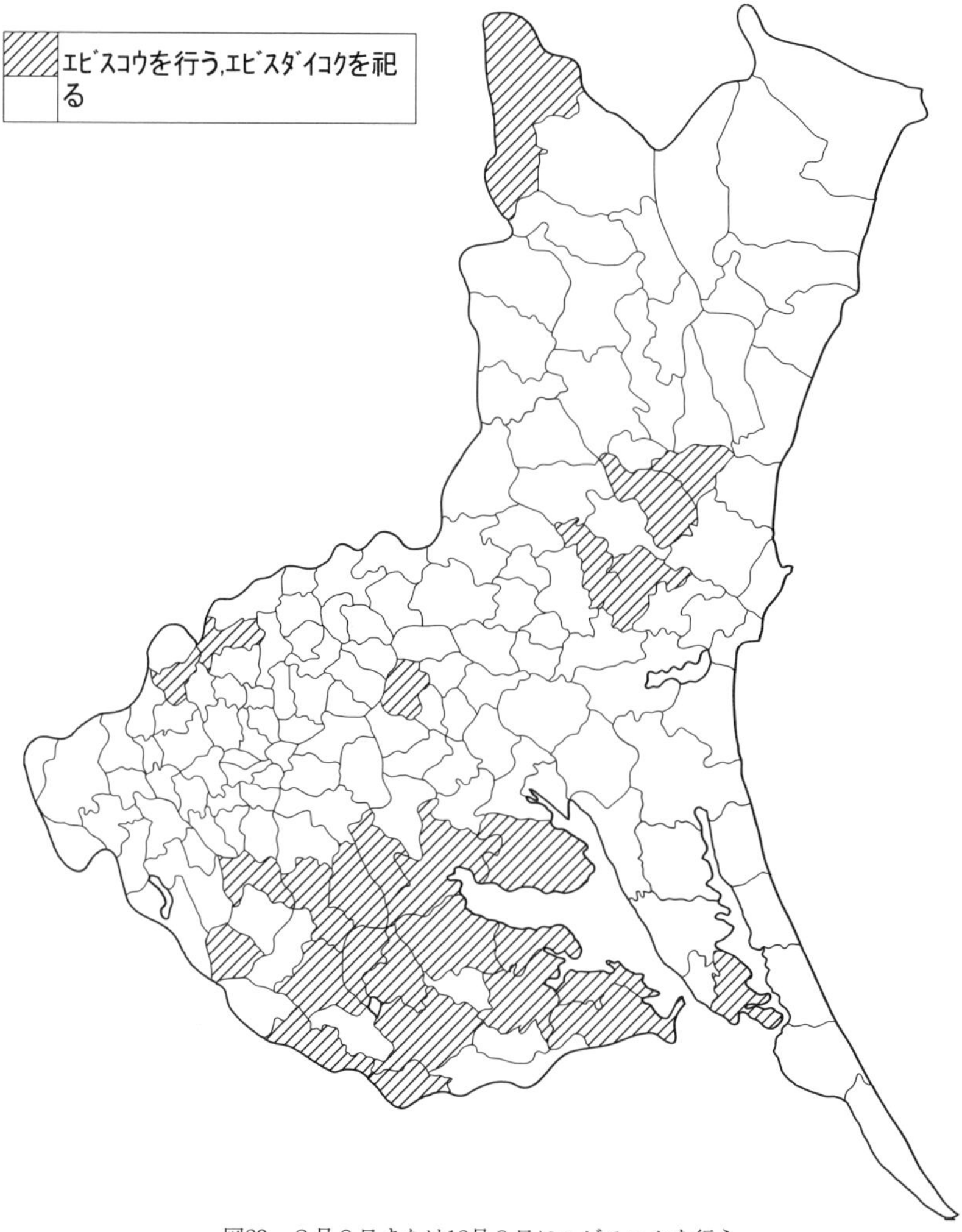

図23　２月８日または12月８日にエビスコウを行う

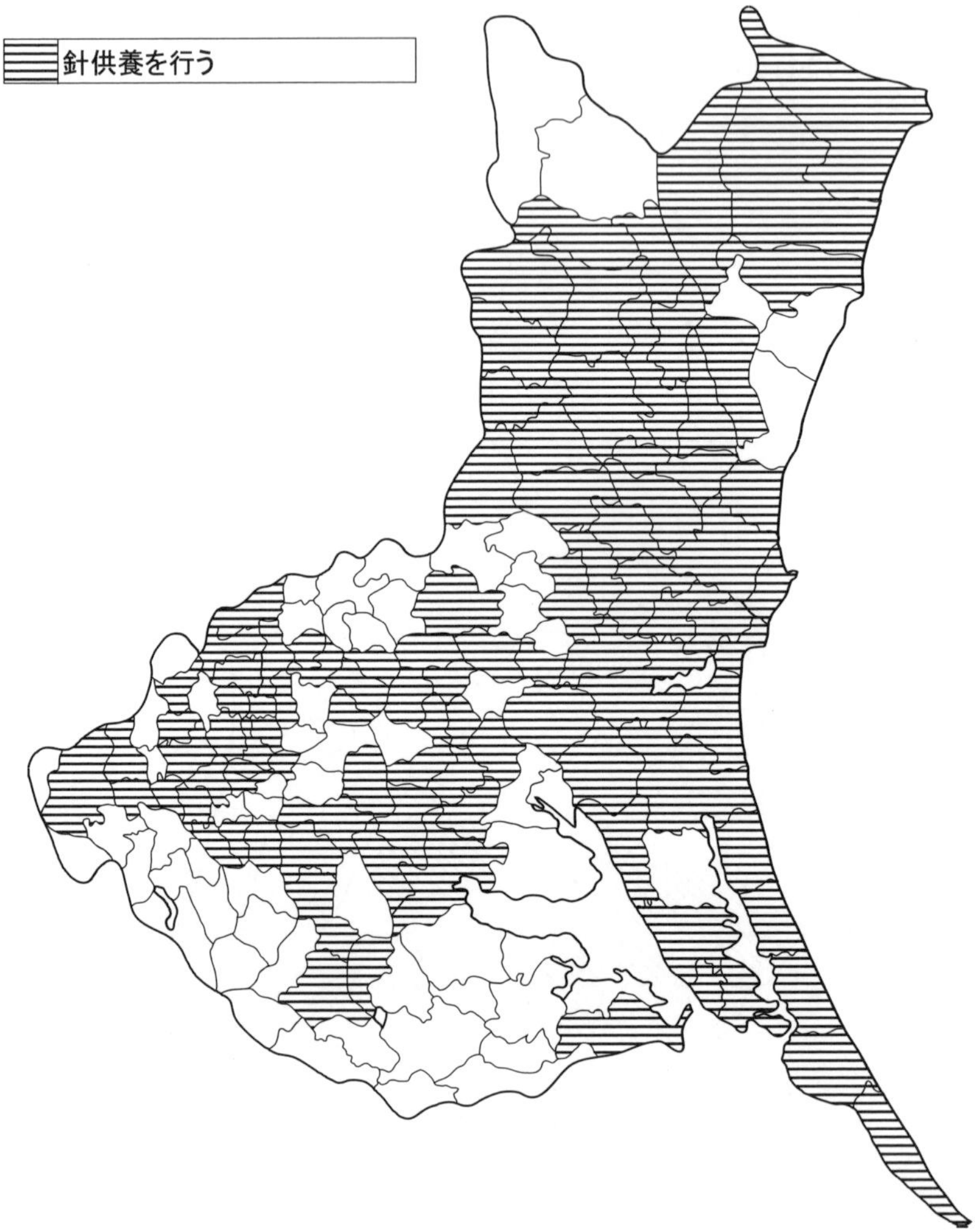

図24　２月８日または12月８日に針供養を行う

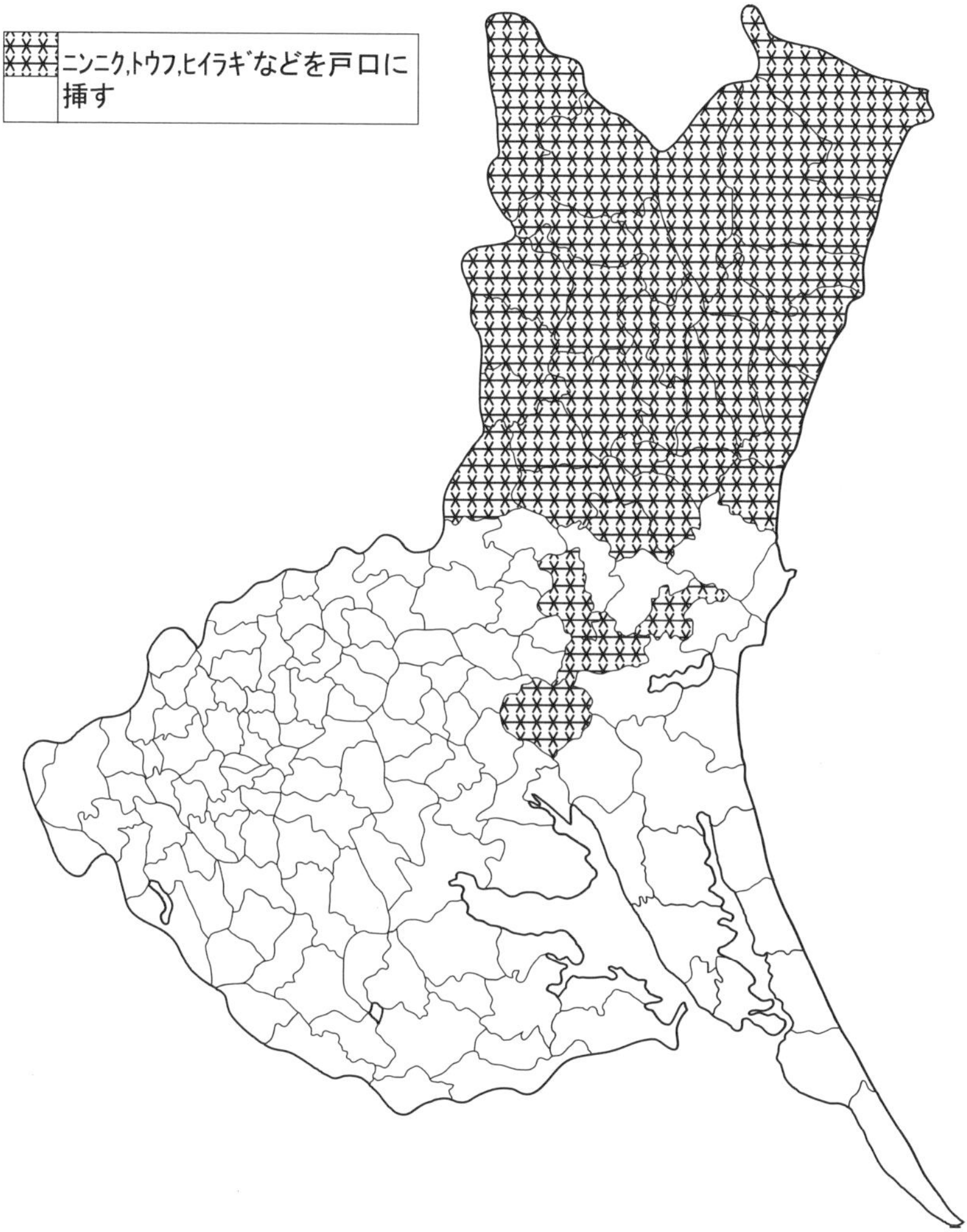

図25　2月8日または12月8日にニンニク、トウフ、ヒイラギなどを戸口に挿す

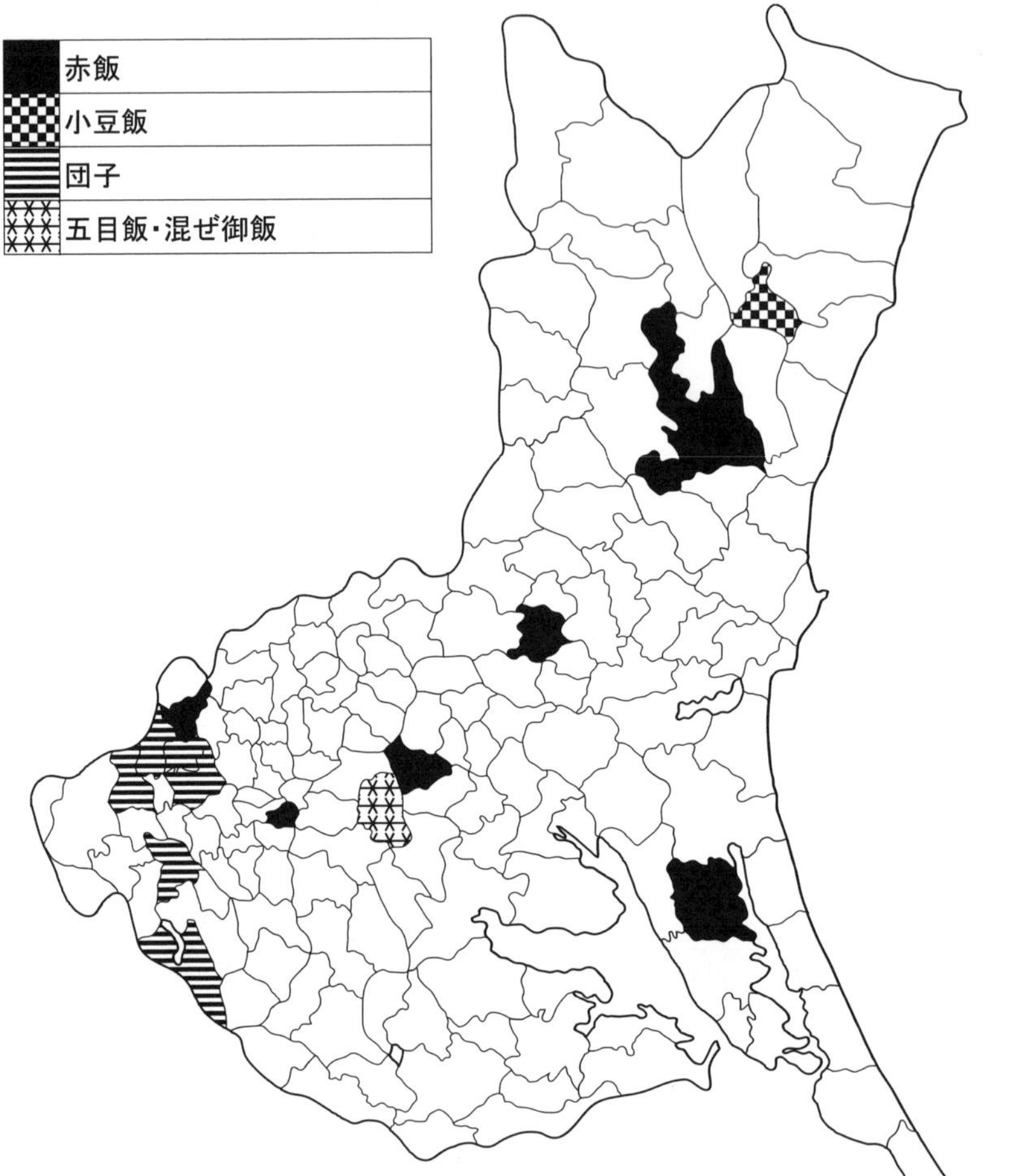

図26　２月８日、12月８日の特別な食べ物①

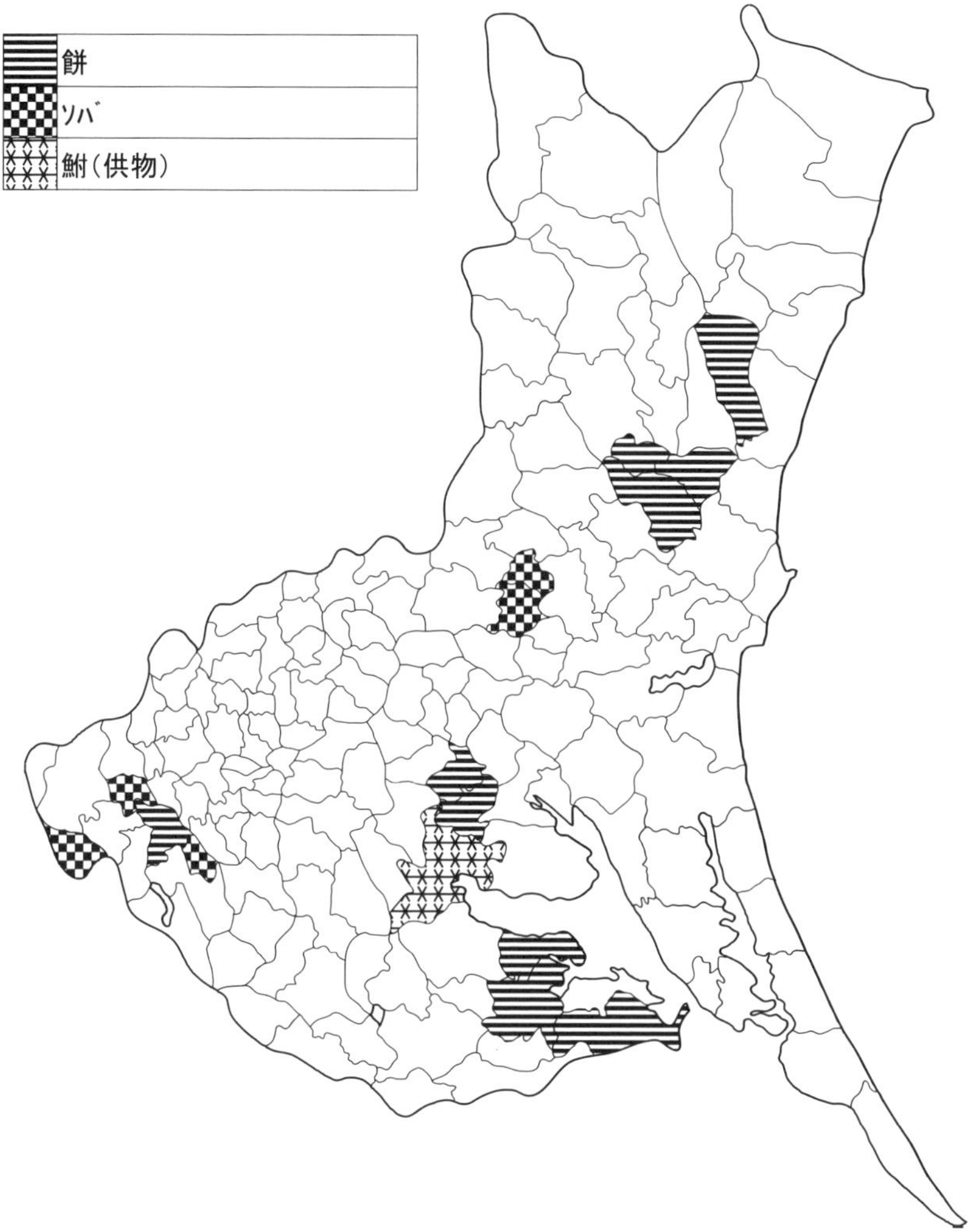

図27　２月８日、12月８日の特別な食べ物②

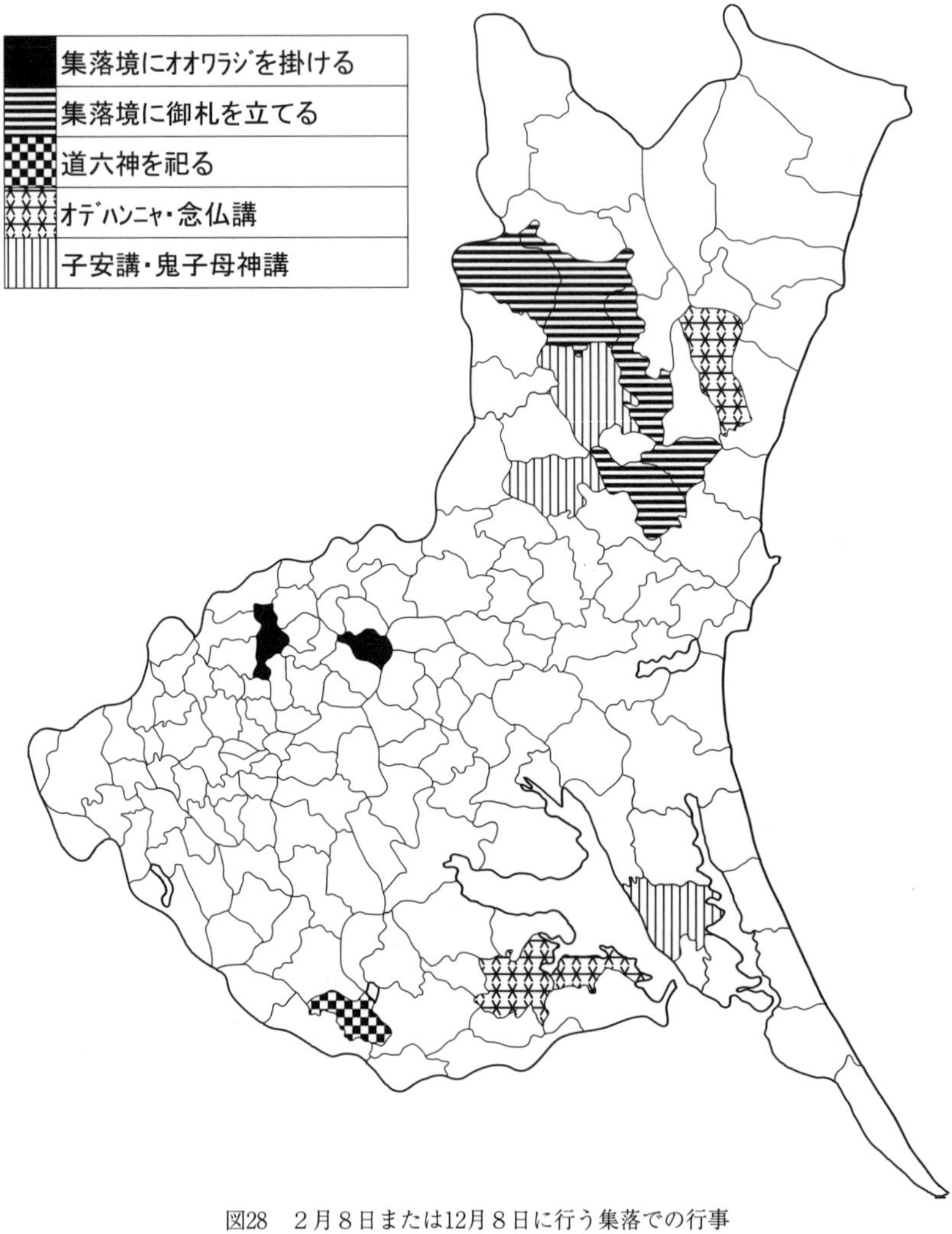

図28　２月８日または12月８日に行う集落での行事

表一　茨城県におけるササガミ習俗の伝承状況

調査地点	二月八日行事名称	竹を三本組み、上にウドンなどを供えてササガミを祀る	笹の葉にソバを載せて供える	メカゴを竿の先に付けて高く掲げる	ウドンを打つ
鉾田町下富田	ササガミサマ	○			
間市田上、椿	ヨウカドウ・針供養			○	
八郷町柴間	二月八日・ダイコクサマが稼ぎに出る日	○		○	
八郷町恋瀬、中戸	二月八日	○		○	
八郷町上青柳	二月八日	○		○	
八郷町小野越	ダイコクサマが稼ぎに出る日	○		○	
協和町蓮沼	ササガミサマ	○			
大和村大国玉、宮	ササガミサマ	○			○
大和村本木	ササガミサマ	○			○
真壁町上谷貝、鹿島宮	ササガミサマ	○	○		○
真壁町下川幡	ササガミサマ	○			○
明野町宮山	ササガミまつり	○		○	○
明野町向上野、本田	ササガミサマ	○		○	○
関城町花田	ササガミサマ	○		○	○
関城町川久保	ササガミサマ	○		○	○
下館市野田	ササガミサマ	○		○	
下館市森添島	ササガミサマ	○		○	

下館市小川、川岸	ササガミサマ	○		○	
結城市林	ササガミサマ	○			
下妻市尻手	ササガミサマ	○		○	○
下妻市堀篭	ササガミサマ	○		○	○
下妻市神明	ササガミサマ	○			○
千代川村下栗	ササガミサマ	○		○	
三和村仁連、江口	ササガミまつり	○			
水海道市大生郷町、上口	エビスサマが稼ぎに出る日	○			
水海道市沖新田	エビスサマが稼ぎに出る日	○		○	○
筑波町筑波	ササガミサマ	○			

表二

調査地点	十二月八日行事名称	竹を三本組み、上にウドンなどを供えてササガミサマを祀る	笹の葉にソバを載せて供える	メカゴを竿の先に付けて高く掲げる	メカゴを戸口または門口に伏せて置く	ウドンを打つ	餅を搗く	餅を川に供え、あるいは流す	エビス講をする
鉾田町下富田	主が稼ぎから帰ってくる日			○			○		
笠間市田上、椿	ヨウカドウ・針供養			○					
八郷町柴間	クレノヨウカ・ダイコクサマが稼ぎから帰って来る日	○		○					
八郷町恋瀬、中戸	シワスヨウカ、十二月八日	○		○					

八郷町上青柳	シワスヨウカ、十二月八日	○		○					
八郷町小野越	シワスヨウカ、十二月八日・ダイコクサマが稼ぎから帰って来る日	○		○					
大和村大国玉、宮	ササガミサマ・カゴタテ	○		○		○			
大和村本木	ササガミサマ・カゴタテ	○		○		○			
真壁町上谷貝、鹿島宮	ササガミサマ		○	○		○			
真壁町下川幡	ササガミサマ・ヨウカのアクマ除け	○		○		○			
明野町宮山	ササガミヨウカ	○		○		○			
明野町向上野、本田	ササガミサマ・山に入らない日	○		○		○			
関城町花田	ササガミサマ	○		○		○			
関城町川久保	ササガミサマ	○		○		○			
下館市野田	ササガミサマ	○		○	○				
下館市森添島	ササガミサマ	○		○					
下館市小川、川岸	ササガミサマ	○		○					
結城市林	ササガミサマ	○		○					
下妻市尻手	ササガミサマ	○		○		○			
下妻市堀篭	ササガミサマ	○		○		○			
下妻市神明	ササガミサマ	○				○			
千代川村下栗	ササガミサマ	○		○		○			

三和村仁連、江口	かぴたり	○		○			○	○	
水海道市大生郷町、上口	エビスサマが稼ぎから帰って来る日	○		○					○
水海道市沖新田	エビスサマが稼ぎから帰って来る日	○		○		○			
筑波町筑波	ササガミサマ	○		○		○			

表三

調査地点	十二月八日行事名称			内容	
	シワスヨウカ クレヨウカ シアスヨウカサマ	ササガミサマ	エビス講 エビスサマ	竹を組みその上にウドンを供える	メカゴを立てる
笠間市手越				○	
八郷町柴間	○			○	○
八郷町恋瀬	○			○	○
八郷町上青柳	○			○	
千代田町雪入	○			○	
明野町宮山		○			○
真壁町上谷貝		○		○	
関城町花田		○			
下館市野田		○			○
下館市森添島		○			○
下館市小川		○			○
結城市林		○			○
下妻市尻手		○			○

下妻市堀篭		○			○
下妻市神明		○			○
千代川村下栗		○		○	
石下町篠山		○			○
石下町横堤		○			○
三和町仁連		○		○	
水海道市沖新田			○	○	○

Ⅱ　栃木県のササガミ習俗

序章

一　調査までの経過

平成十二年十二月二十五日、「北関東のササガミ習俗」が記録作成等の措置を講ずべき無形の民俗文化財として国の選択を受けた。ここでいう北関東とは栃木県と茨城県を指し、両県に分布するササガミ習俗が選択されたものである。

そこで文化庁と栃木県および茨城県では、記録作成を何時、どのような組織で、どのような調査項目等で行ったらよいか関係者を交えて話し合うことになった。第一回目は、平成十四年六月五日、文化庁に栃木・茨城両県の文化財担当者および研究者が集まり、文化庁伝統文化課の文化財調査官の主導のもと、「記録作成等の措置を講ずべき無形の民俗文化財の記録作成の進め方について」、「北関東のササガミ習俗の調査について―茨城県内におけるアンケート調査の結果について」、「調査内容について―調査方法の検討、調査項目の検討」等について話し合った。この結果、調査そのものは栃木・茨城両県でそれぞれ調査団を組織して行うこととなり、実施時期、調査項目については、それぞれ案を持ち寄り再度話し合いを持つことになった。

第二回目は、平成十六年十月二十九日茨城県古河市立歴史博物館において、文化庁の文化財調査官および栃木・茨城両県の研究者等の間で話し合い、調査項目の調整を図った。会議を受けて栃木県では、早速調査団を編成するとともに、調査要項、調査用紙を作成し、平成十六年十一月初旬より調査にとりかかった。

なお、調査にあたっては、文化庁、栃木県教育委員会、県内各市町村教育委員会より便宜を図っていただいた。また、数多くの方々より聞き取りに協力いただいた。感謝申し上げる次第である。

二　調査要項と調査項目

調査にあたっては「北関東のササガミ習俗について調査要項」を作成した。本来ならば、調査員一同が事前調査に臨み、そこで調査の方法、調査の留意点などについて討議をすべきであったが、時間的、予算的な問題から調査員には調査要項を配布し、要項を確認した上で調査を実施していただいた。要項の内容は、「調査の趣旨」、「ササガミ習俗とは」、「調査の対象者・方法」について述べたものである。

調査は、「北関東のササガミ習俗について調査用紙」（Ａ４判四枚）に基づいて実施した。

調査項目は、茨城県が先に行ったアンケート調査を基にしながらも、ササガミ習俗のみならず二月八日・十二月八日の習俗全てを取り上げた。それは二月八日・十二月八日の習俗全てを取り上げることにより、ササガミ習俗の本質が浮かび上がって来るのではないかということからである。また、調査者による調査の疎密を極力避けるため、質問に対しいくつかの回答から選ぶアンケート方式を主体とし、いくつかの項目については具体的な内容を記述し、また、略図を記入していただくことにした。

質問項目は一二項目からなるもので、「二月八日・十二月八日の呼称」、「二月八日・十二月八日の来訪者」、「ササガミサマの実施の有無」、「ササガミサマの実施年代」、「ササガミサマ行事の実施日」、「ササガミサマ行事の内容等」、

「ササガミサマ以外の行事」、「前記の行事を行う理由」、「二月八日・十二月八日の特別な食べ物」、「ササガミサマおよび二月八日・十二月八日の行事に関する俗信・俗言」、「ムラ境に大ワラジ等を飾ることについて」、「針供養について」等である。

なお、現在、ササガミサマを実施している家あるいは再現可能な家においては、それらを写真撮影し、焼き付けた写真を調査用紙とともに提出していただくことにした。

三　調査団と調査地区

調査にあたっては、「栃木県ササガミ習俗調査団」を組織し、この調査団が調査の主体となった。団長には栃木県文化財保護審議員（栃木県立博物館学芸部長）柏村祐司が、副団長には同じく栃木県文化財保護審議員（国学院栃木短期大学教授）小林吉一があたり、事務局には栃木県立博物館主任研究員篠崎茂雄と栃木県立博物館学芸嘱託員舟山陽子があたった。調査員は、団長、副団長、事務局員を含め、県内研究者三九名からなるものである。

調査地区は、当初一一〇地区を選定した。選定においては市町村の面積、人口密度等を考慮しながらも、各市町村最低一地区を選定することとした。他方、ササガミ習俗の伝承が予想される県中央部から県南の地域については、調査地区を密にした。しかし、調査を実施する際において、各調査員の判断により調査地区の調整が図られ、最終的には一三九地区となった。なお、栃木県では平成十七年一月一日以降、市町村合併により市町村名が変更になった所があるが、ここでは調査開始が平成十六年十一月であったことから合併以前の旧市町村名を引き続き用いることにした。

第一章　栃木県のササガミ習俗概観

ササガミ習俗とは、二月八日と十二月八日の両日あるいはどちらかの日に、ササダケを三本三角錐状に立ててその先を丸め、そこに赤飯やウドン・ソバなどを供える風習をいう。今回の調査では、「北関東のササガミ習俗について調査要項」で「このうち、一メートル弱の三本の笹や茅などを、母屋の表や裏に立て、ササダケの先を丸めたりして赤飯やソバなどをお供えするものを、特にササガミサマとして今回の調査の対象としています」とあるように、笹飾りを重要なポイントとした。

ところで、ササガミ習俗に関する全県的な調査は、昭和四十七年、四十八年の二ヵ年にわたって栃木県内二〇〇地区を対象にした「栃木県緊急民俗分布調査」が最初である。それによるとササガミ習俗は、主として栃木県の中央部から南東部一帯にかけて広く伝承されていたことが分かる。ところが、それから約三十年後の平成十六年ササガミ習俗の伝承は希薄となり、伝承地域もまばらとなった。ササガミ習俗を行っているとの回答を得たのは、鹿沼市笹原田の菅沼家と小山市上石塚の岸家のわずかに二軒であった。

一方、ササガミ習俗についての伝承はないが、それ以外の習俗については塩原町や黒磯市、那須町、黒羽町の一部を除くと伝承が確認された。しかし、それも昭和四十七、四十八年の調査時に比べると、伝承内容が希薄になっている（今回ササガミ習俗が確認できた地区は六三地区である）。ササガミ習俗およびその周辺の習俗は、まさに消滅の危機にある習俗である。今回の調査は、誠に時宜を得たものであり、「記録作成を講ずべき」の言葉が生きた調査でもあった。

次に栃木県におけるササガミ習俗について概観したい。

二月八日、十二月八日の呼称では、二月八日、十二月八日が同様の意味合いを持った行事であるところから両日ともダイマナコと呼ばれている一方、年の始めと終わりに行われる行事であるところから二月八日をコトハジメ、十二月八日をコトジマイと呼んでいる所も多い。また、ともに八日に行われるところからコトヨウカの呼称も聞かれる。

二月八日、十二月八日の来訪者では、ヤクジン・ヤクガミ（厄神）・ヤクビョウガミ（疫病神）とする所とアクマ（悪魔）・オバケ（お化け）・オニ（鬼）とする所とに大別でき、前者は災いをもたらすもの、後者は恐ろしいものとしてとらえられる。ともあれ好ましくない来訪者である。反対に、タノカミ（田の神）やヤマノカミ（山の神）・エビスダイコク等の幸いをもたらす神がやって来るという所もあり、来訪者の本質を究める上で貴重な伝承である。

ササガミサマの材料と作り方では、マダケが多く、その他にシノダケ・モウソウダケ・クマザサ・カンチク等がある。いずれも笹の付いたものを用いる。本数は圧倒的に三本が多く、これを三叉（サンギッチョという所が多い）に組み、多くは頂部の笹を丸めその上に供物を供える。一方、長い竹を用いる所では、頂部の笹を丸めるのではなく、笹の付いた直下の交差部分を縄等で縛ったりする場合もある。この場合は、交差部分に供物を供えることが多い。この他に、一本のみという所、四本を四方に立てる所、頂部を交差させるが本数は五〜六本という所もある。

ササガミサマを作る場所は、二月八日の場合は母屋の前、十二月八日は母屋の裏という所が最も多い。特に、母屋の前に作る場合は、堆肥塚の上に作るという事例が多い。しかし、二月八日、十二月八日とも母屋の前に作るという所も多く、全体としては母屋の前に作る事例が目立つ。

ササガミサマへの供物では、ソバ・ウドン・赤飯が多く、この他にソバガキ・小豆飯・餅・アンコモチ（餡を包んだ餅）・ダンゴ等がある。供える場所は、前述したように頂部の笹を丸める所ではその丸めた笹の上に、交差した部分を縄で縛った所ではその交差部の上に供えるが、中にはササガミサマの直下に盆に盛り供える所もある。また、ササダケ一本のみの所ではササダケに供物を入れたワラツトを吊したり、四方に立てた所では設置した棚の上に供物を供えるといった所もある。

こうしたササガミを作る理由については、魔除け・疫病除け・災難除け等とする所が多く、次いで豊作を祈願するため、農事等の始まりや終わりを祝うため等となっており、必ずしも災いを防ぐためではないところにササガミ習俗の複雑さを垣間見るのである。

次にササガミ習俗以外の習俗について見ると、母屋の軒先や庭先に籠を高く掲げたり伏せたりする事例が最も多く、このほかに串に刺したニンニク・トウフ・トウガラシ等を母屋等の戸口に突き挿す、ヒイラギに刺したイワシの頭を戸口に突き挿す、ソバガキを戸口の柱に塗る、サイカチの実を燃やす等の事例が見られる。いずれもヤクビョウガミやアクマ・ヒトツメコゾウ（一つ目小僧）などを目の沢山ある籠で威嚇したり、臭いや強い粘着力等で追い払うものだとされる。

以上は各戸で行われるものであるが、集落や任意の者同志等集団で行われるものもある。集落を中心に行われるものでは、ムラ境に大ワラジを吊り下げたり、注連縄を張ったりするもので、ヤクビョウガミやアクマ等を威嚇し追い払うものだとされる。任意の者同志で行われるものでは、針供養があり県内の広範な範囲で行われている。針供養は、裁縫を学ぶ娘たちが師匠の家に集まり、使えなくなった針をトウフに突き刺し供養し、その後飲食を伴うものである。

最後にササガミの行事等に関する俗信・俗言について見ると、「外に置いた履物などを片付けろ、片付けないとヤクビョウガミ等に判を押される」、「夕飯を早く食べ早く寝るものだ」、「ヤクビだから仕事は休め」等といったことが聞かれる。

以上、栃木県におけるササガミ習俗とその周辺の習俗を概観したが、習俗の複雑さが際立つ。しかし、ササガミ習俗、ササガミ以外の習俗、ササガミの行事等に関する俗信・俗言には、一本の糸でつないだように関連する事柄も多い。そうした一本のつながれた糸を辿って行くと、ササガミとは畏怖すべき神霊であり、それがヒトツメとかヤクビョウガミ・アクマなどとされ、ニンニクやサイカチの実を焼いて臭いを発するのは、神霊を迎える場の邪気を払い、また、籠を掲げたり伏せたりするのは神霊が依りつく拠り所と考えられる。笹飾りは、やって来た神霊を迎え祀る原始的な祭壇・施設と考えられよう。二月八日、十二月八日をコトヨウカとかコトハジメ、コトジマイ等コトという言葉が用いられるのは、これらの日がカミゴトの日とされるからである。そうしたことから仕事は休むものだとされ、一見関連なさそうな針供養も、本来同じ意味合いを持つものと思われるのである。

以下、具体的な事例を交えながら栃木県のササガミ習俗について紹介する。

第二章　二月八日と十二月八日

一　二月八日・十二月八日の呼称

呼称については、次に述べるように様々なものが聞かれるが、必ずしも一つだけの呼称とは限らず、多くの地区で複数の呼称が聞かれる。

1　二月八日の呼称

栃木県では二月八日をコトハジメやダイマナコ・ダイマナクと呼ぶ地域が多く、次いで多いのはニガツヨウカである。他にササガミサマ・コトヨウカ・ニンニクヨウカなどの呼称も見られる。

コトハジメは宇都宮市や鹿沼市・河内郡など県の中央部から栃木市や足利市・下都賀郡など県の南部から西部にかけての地域、また塩谷郡や烏山町など那須郡の南部において見られる呼称である。一般には正月以降の最初のカミゴトの日とされ、このことからカミゴトハジメの日、転じてコトハジメとなったものである。多くの地域でこの日は仕事を休みとし、餅やダンゴ・赤飯・小豆飯などカワリモノを作って食べた。

コトハジメが転化した例に南那須町三箇や喜連川町葛城のコトコゴトノハジマリ、烏山町下境や宇都宮市篠井のコトコゴトノハジメ、塩谷町大宮や粟野町永野のコゴトハジメなどがある。このうち粟野町では小言を始めてもよい日とされ、喜連川町では小言を言われる日だから叱られるようなことはするなという。

なお、那須町芦野や西那須野町東関根など県北部ではこの日を単にコトと呼び、都賀町深沢ではオコトビ、宇都宮市清原ではコトビという。

コトハジメと並んで栃木県に多く見られる呼称にダイマナコ・ダイマナク・デイマナクがある。ダイマナコは大きな（ダイ）目（マナコ）を意味する言葉で、栃木県ではマナコがマナク、ダイがデイとそれぞれ訛り、その結果ダイマナク、デイマナクと呼ばれるようになった。このダイマナコを多くの地区では、二月八日にやって来るヒトツメノカイブツを指すといっている。そして、この日やって来るダイマナコを多くの目を持つ籠で威嚇するために、メカイカゴを母屋の軒先に高く掲げたり、クサカリカゴ（草刈り籠）を庭先に伏せたりする所が多い。二月八日をダイマナコと呼ぶ地域の多くは、そうした風習が見られる地域であり、前述した二月八日をコトハジメと呼ぶ地域の分布と類似する。

ダイマナコに類似する呼称に烏山町下境や同町大桶のカゴマナクがある。また、ダイマナクと合わせて小山市上石塚では二月八日をショウマナク、大平町西水代ではコマナクという呼称も見られるが、これはクサカリカゴなど大きな籠（ダイマナコ）に対する小さな籠（メカイなど）を意味する言葉である。

二月八日をニガツヨウカとそのままの言葉で呼ぶ地域は、主にコトハジメ・ダイマナクの呼称が聞かれない栗山村日向や大田原市北金丸・今市市轟など県北部や芳賀町稲毛田や市貝町田野辺など芳賀郡の一部で聞かれる。

このほか、ヨウカという言葉を結び付けた呼称としてコトヨウカ・ヨウカサマ・デヨウカ・ヤクジンヨウカ・ヤクビョウガミヨウカ・ヨウカダンゴ・ニンニクヨウカ等がある。コトヨウカは、民俗辞典にも出て来る全国的な呼称であるが、栃木県では足尾町など一部に見られるに過ぎない。ヨウカサマと敬称で呼ぶ所は、宇都宮市平出や益子町下大羽に見られる。デヨウカの呼称は、日光市宮小来川で聞かれるものであるが、ここでは二月八日をデヨウカ、十二月八日をヒッコミヨウカと称している。デヨウカ・ヒッコミヨウカと呼ぶ理由については定かでないが、鹿沼市笹原田では二月八日はヤクガミが家から出て行き、一方、十二月八日は家に戻って来る日とされる。デヨウカ・ヒッコミヨウカの呼称は、笹原田の伝承との関連性が考えられる。一方、ヤクジンヨウカは大平町西山田、ヤクビョウガミヨウカは同町冨田、ヨウカダンゴは藤岡町太田、ニンニクヨウカは黒磯市板室や西那須野町槻沢などでそれぞれ聞かれるものである。

これらの呼称は、ヤクガミやヤクビョウガミなどこの日の来訪者や供え物にヨウカという語を付けたものであるが、この点においても二月八日の多様な行事内容や性格、地域的差異を見ることができる。

二月八日に笹や竹を組んでササガミサマを作る益子町上大羽や二宮町大道泉など県の東南部では、この日をササガミサマと呼んでいる。一方、栃木市皆川城内や小山市小宅などでは同様の作り物をササヨメゴ（笹嫁御）というが、当地ではそれが二月八日の呼称となっている。これらは二月八日の行事や作り物がそのまま呼称となった例である。

大田原市北金丸や同市福原などに見られるニンニクドウフは、この日の供え物が二月八日の呼称となったものである。ここでは、この日にやって来るという魔物を撃退するために、串に刺したニンニクとトウフを戸口に掲げる風習がある。ただし、ニンニクを供える地域は那須郡など県の北部に限られるため、ニンニクドウフの呼称が見られるのもそうした地域に限られる。なお、宇都宮市や小山市など県の中部や南部では、ニンニクの代わりにネギやトウガラシ・イワシの頭などを供えるが、ネギドウフ・トウガラシドウフなどの呼称は見られない。また、前述した藤岡町太田のヨウカダンゴはこの日に供えるダンゴに関係した呼称である。

2　十二月八日の呼称

十二月八日は二月八日に対応する日であり、同じような内容の行事をすることで知られている。栃木県ではどちらか一方の日だけ行事を行う地域もあるが、多くは両日ともに行事を行うことから、ダイマナコ・ダイマナク・デイマナクやササガミサマ、ニンニクドウフなど二月八日の呼称がそのまま十二月八日の呼称になっている例が多い。中でもダイマナコ・ダイマナクは、栃木県において最も広く用いられている十二月八日の呼称である。次いで多いのは十二月八日を意味するシワスヨウカ、またコトハジメに対応する言葉であるコトジマイやコトオサメも各地で使用されている。

ダイマナコ・ダイマナクは、二月八日と同様県の中央部から南部にかけての地域に聞かれる呼称であり、特に栃木市や壬生町および烏山町や湯津上村などにも分布する。一方、大平町西山田や同町西水代、小山市上石塚では二月八日に大きな籠を掲げるのに対して十二月八日は小さな籠を掲げる。そのためダイマナコと合わせて、小さなガゴを意味するコマナク・コマナコ・ショウマナクという呼称が聞かれる。

シワスヨウカはダイマナコ・ダイマナクに次いで多く聞かれる呼称で、足利市や今市市・日光市・大田原市・芳賀郡など、ダイマナコ・ダイマナクの分布を取り囲むような地域で聞かれる。また、粟野町上永野で見られるシワスヨウカノコトジマイのように、他の言葉と併せて呼ばれることもある。シワスヨウカはニガツヨウカに対応する言葉であり、そうしたことから二月八日をニガツヨウカ、十二月八日をシワスヨウカと対応して呼んでいる所があるが、シワスヨウカの方が分布の範囲は広い。二月八日と同様にヨウカサマと敬称を付けて呼ぶ地域も多い。この他ヨウカの言葉を用いる呼称としてコトヨウカがあるが、この呼称は二月八日同様足尾町や足利市・佐野市など一部の地域で聞かれるに過ぎない。なお、前述したように二月八日をデヨウカと呼ぶ日光市宮小来川では、この日をヒッコミヨウカと呼ぶ。

コトジマイは、二月八日のコトハジメに対応する呼称であり、十二月八日をカミゴトの終わりとすることからそう呼ばれるものである。この呼称は、栃木市をはじめとする下都賀郡一帯、那須郡南部などで見られる呼称であり、コトハジメと同様ダイマナコ・ダイマナクと分布がほぼ一致する。

このコトジマイに類する言葉として佐野市君田や藤岡町甲のコトオサメ、塩谷町大宮のコトのオシマイ、小川町谷田のコトオワリ、南那須町三箇のコトコゴトノオワリ（二月八日をコトコゴトノハジマリという）、烏山町下境や宇都宮市篠井のコトコゴトジマイ（二月八日をコトコゴトハジメという）等がある。なお、二月八日を単にコトと呼んでいた西那須野町東関根では、十二月八日もコトと呼んでいる。

ところで、二月八日をコトハジメ、十二月八日をコトジマイと呼ぶ所が多いと述べたが、これが逆転して呼んでいる所がある。今市市小倉がそれであり、二月八日は正月飾りを片付けることからコトオサメ、十二月八日は正月準備をすることからコトハジメと呼んでいる。こうした事例は栃木県内では極めて珍しい。

二　二月八日と十二月八日の来訪者

二月八日や十二月八日の行事は、この日にやって来るとされる来訪者と関係が深い。この来訪者がいったい何者であるか、今回の調査では、ヤクジン（厄神・鹿沼市笹原田ではヤクガミという）、ヤクビョウガミとする所あるいはアクマ・オバケ・オニとする所が圧倒的に多かった。ヤクジン・ヤクビョウガミは、その言葉どおり厄あるいは疫病など災いや流行り病などをもたらす神であり、アクマ・オバケ・オニなどは、得体の知れない恐ろしいものとしてとらえられている。ともあれ、好ましくないものがやって来るとする所が多い。なお、こうした来訪者については、ササガミ習俗の有無にかかわらず二月八日、十二月八日の習俗が伝承されているほぼ全域で聞かれる。

宇都宮市や栃木市・下都賀郡・芳賀郡・那須郡など一部の地域では、この好ましくないものはヒトツメノカイブツあるいはヒトツメコゾウであるとも信じられている。このヒトツメは、大きな目をしているところからダイマナコと呼んだり、訛ってダイマナク・デイマナク等と呼ぶことについてはすでに前に述べた。また、このヒトツメを藤原町上三依ではダンジュウロウ、日光市滝ケ原や市貝町田野辺ではダンジロマナク、日光市宮小来川ではヒトツマナクノダンジロウなどと固有の名前で呼んでいる。

その他、人間にとっては好ましくない来訪者に、佐野市君田の「恐い神様」や小山市延島新田のビンボウガミ（貧乏神）、小山市上石塚のゴヘイがある。こうした神様の来訪により佐野市君田では仕事を休まなければならないとされ、小山市延島新田ではササガミサマを作ってウドンを供えるものだといわれる。小山市上石塚のゴヘイはヤクビョウガミともいわれ人々から恐れられている。

こうした災いをもたらす好ましくないものがやって来るとされる一方、幸いをもたらす神がやって来るという伝承もある。足利市樺崎や同市月谷・足尾町神子内・壬生町壬生・大平町西山田などではタノカミ・ヤマノカミがやって来るという。那須町富岡では二月八日にタノカミに餅を供えたという。また足利市梁田、壬生町稲葉などではエビスダイコク（恵比寿大黒）がやって来る日とされ、エビス講を行っている。

なお、市貝町や茂木町には十二月八日に落城したと伝えられる千本城の伝説と融合し、この日は千本城の見張りがやって来るという伝承がある。千本城は烏山勢の不意打ちにより落城したといわれる。

第三章　ササガミ習俗

栃木県内でササガミ習俗が伝承されてきた所は、県央部から県南東部にかけての地域であるといわれてきた。今回の調査でもそれを裏付けることができたが、伝承は以前に比べると希薄である。ところで今回は、笹飾りをササガミサマとして調査の主たる対象としたが、ササガミサマの呼称はササガミ習俗伝承地区の多くで聞かれたが、一方、笹飾りを行っているにもかかわらずササガミサマの呼称が聞かれない所がある。また、鹿沼市笹原田のコトザサ、都賀町深沢のササダナ、岩舟町小野寺のサイダン、田沼町長谷場・日光市滝が原・河内町叶谷のオコトサマというようにササガミサマ以外の呼称も聞かれる。

一　実施される地域と実施年代

今回の調査で現在もササガミ習俗を行っているとの回答を得た家は、鹿沼市笹原田の菅沼家と小山市上石塚の岸家のわずかに二軒のみである。この回答に見るように、現在もなおササガミ習俗を行っている地域は極めて少ないといえよう。しかし昭和初期頃は県の中央部から東南部にかけての広範な地域でこの行事が実施されていた。ちなみに今回の調査でササガミ習俗が確認できたのは、調査地区総数一三九地区のうち六三地区である。この実施地区を概観すると、宇都宮市や河内郡など県の中央部、栃木市や小山市・下都賀郡など県の南部、真岡市や芳賀郡など県の南東部でササガミ習俗が盛んに行われ、鹿沼市や今市市・日光市・上都賀郡の一部でも実施していた。また、数は少ないが大田原市や黒磯市・塩谷郡など県北部にも行っていた地域が見られる。

逆に、分布が希薄な地域は、足利市や佐野市・安蘇郡など県の西部と、塩谷郡・那須郡など県の北部である。ただし、佐野市出流原町では現在でも二月八日と十二月八日をササガミサマと呼んでおり、また安蘇郡の田沼町と葛生町では昭和四十六、四十七年に行われた悉皆調査（『栃木県民俗資料調査報告書第一〇集　栃木県民俗地図』）の中でササガミサマを作る風習が確認されている。こうしたことから、大正時代以前など過去においては、さらに広い範囲でササガミ習俗が行われていたものと考えられる。

同じく聞き取り調査からササガミ習俗実施の様子を時間的地域的に見ると、その消滅は大正時代頃からすでに始まっている。昭和二十年代は、ササガミ習俗を行う地域が大きく減少するが、これは戦争によって当主を失い行事の継承ができなかった、徴兵されたのをきっかけに年中行事の大半をやめてしまったなど第二次世界大戦の影響を受けた結果である。地域的には今市市・日光市などいくつか例外もあるが、宇都宮市や氏家町・大平町・野木町・栃木市北西部など、従来ササガミ習俗が分布していた地域のへりにあたる部分で消滅する例が多い。

昭和三十年代に入ると、ササガミ習俗を実施する地域はさらに減少する。ササガミ習俗を行う理由に魔除け、ヤクビョウ除けをあげる地域が多いが、医学の進歩により以前ほど疫病に対する恐れがなくなったことや、迷信じみた風習に対する抵抗から、他の年中行事と比べてやめる時期は早かったという。それに伴って地域によっては行事を行う意味も不明瞭となり、減少傾向に拍車がかかった。この頃になると日光市や今市市・芳賀郡の一部でもササガミ習俗は消滅し、宇都宮市以北でササガミ習俗を行う地域はほとんどなくなった。

昭和四十年以降もササガミ習俗が行われていたのは、現在もササガミ習俗が見られる二地域の他、足尾町唐風呂・栃木市川原田・真岡市若旅・益子町大平・南河内町町田・同町坪山・小山市小宅などである。これらは、若干の例外を除けば栃木県の東南部に位置する地域であり、ササガミ習俗の核をなす部分である。

二　実施される日と時

ササガミ習俗の実施日については、最も多いのが二月八日と十二月八日の両日とするものである。こうした両日行う所は、ササガミ習俗のみならず二月八日、十二月八日にササガミ習俗以外の行事も同時に行われている所でもある。

これに対して、二月八日あるいは十二月八日のどちらかの日にのみ実施する地区もある。二月八日のみ実施する地区に、宇都宮市氷室や河内町立伏・上河内町中里など宇都宮市やその周辺および岩舟町などがある。これらの地域では、二月八日にはササガミ習俗以外の行事を併せて行うが、十二月八日はササガミ習俗だけではなく、ササガミ習俗以外の行事も行うことがない所が多い（栃木市川原田では、二月八日はササガミ習俗のみ実施、十二月八日はササガミ習俗を実施するがササガミ以外の行事は実施しない）。

一方、十二月八日のみ実施する地区は、二月八日のみ実施する地域に比べると少なく、市貝町や南河内町町田などがある。

ところで、宇都宮市川俣では一月八日に笹飾りを行った。ここでは笹飾りをササガミサマと呼ぶことはないが、堆肥の上に一メートルほどのシノダケないしはモウソウダケ三本組み合わせて立て、その上に正月の餅や赤飯を箸で供える。笹飾りの傍らにはマユダマを併せて立てたという。栃木県内では、正月十四日に堆肥の上にマユダマダンゴや削り花などを刺したササダケを立てる習俗がある。宇都宮市川俣の事例は、小正月の習俗と混同して記憶していたことも想定できるが参考までに記した。ちなみにこの家では、母屋の軒先にメカイカゴを掲げる習俗は二月八日に実施していたという。

なお、昭和三十年頃、栃木県内では年中行事の実施が旧暦から新暦への移行期にあった。今回の調査では、新暦か旧暦で実施したかについては明確ではない。また、鹿沼市上殿では、旧一月八日と旧十二月八日に実施していたというが、旧一月八日の実施はそうした移行期の混乱から生じたものとも思える。

次にササガミ習俗の準備ならびに供物を供える時間帯について見ると、二月八日も十二月八日も朝行う所と反対に昼過ぎから夕方にかけて行う所とに二分される。中には鹿沼市笹原田のように二月八日は朝、十二月八日は夕方と二月と十二月とで時間帯が異なる所もあれば、上河内町芦沼のように二月、十二月とも前日の夕方に準備を始める所もあった。

二月八日、十二月八日の両日とも朝準備を行うのは、宇都宮市や鹿沼市など県の中央部から北部にかけての地域である。その多くは、朝六時から八時頃に材料となる竹や笹を家の周辺や近くの山から取得し供え物を用意するが、宇都宮市平出などのように朝食前に準備を行うものとする地域もある。馬頭町小口や藤原町中三依では朝早いほどよいといわれ、早朝から準備を始めた。

昼過ぎから夕方にかけて準備を行った地域は栃木市や小山市など県南部の地域や市貝町、二宮町など芳賀郡に多く見られる。この場合、夕方三時から六時ごろ竹や笹を準備して立てる地域が多いが、南河内町坪山のように竹は朝のうちに準備するが、立てるのは夕方になってからという地域もある。栃木市川原田や同市皆川城内では日が落ちる前に準備したという。

三　ササガミ習俗の内容

1　ササガミサマの材料と作り方

行事に使用する笹や竹は、マダケ・モウソウダケ・シノダケ・クマザザ・カンチクなどでありそれぞれ地域によって多少異なる。しかし、具体的な竹の種類が判明しない所も多い。ともあれ、いずれも笹がついていることが共通している。ササガミあるいはササガミサマといわれるゆえんである。

ササダケの長さは一メートル前後とする地域が多いが、長いものでは高根沢町上高根沢の二〜三メートルや宇都宮市平出の二・四メートル程度、低いものでは大平町西水代の三〇〜五〇センチメートルと様々である。また、宇都宮市平出の別の家では二月八日は背丈の高い竹で、十二月八日はそれよりは低い竹でササガミサマを作る。

作り方は、地面に三本のササダケを三叉に立て、その頂部の笹を丸めて結ぶ方法が多いが、竹の交差部分をワラや麻紐で縛り頂部は丸めないという方法を取る所も見られる。

次に各地の事例を紹介したい。

宇都宮市平出　長さ二・四メートルの主としてマダケ（マダケが取得できない場合は、シノダケ）を三本用いる。まず、節をナタなどで削り取り雑巾でふいて綺麗に磨く。こうしてから三本のササダケを三叉に組み、笹の頂部を結ぶ。笹だけで結べない場合は麻縄で結ぶ。結んだ上にソバガキと赤飯を供える。なお、交差した部分は、地面より一・三メートルほどにして、この下を子供にそれぞれ三方向から右回りにくぐらせた。こうすればハシカにかからない、かかっても軽くすむといわれる。

市貝町市塙　長さ二メートルほどのマダケを、突き刺した地面から数えて五節目の所で互いに交差させ、交差部分を縄で結ぶ。ここでは供え物は膳に載せ、交差した直下の地面の上に直接置く。

市貝町田野辺　長さ約二メートルのマダケ三本を地面に上部が交差するように立てる。交差した部分を縄で縛る。なお、この縄は正月の注連縄と同じように右よりの縄を使う。一方、三本のマダケの先にそれぞれ紙を切って作ったシデ（紙垂）を垂らす。交差した上にソバあるいはソバガキを供える。

小山市延島新田　長さ約九〇センチメートルのマダケないしはシノダケを三本用いる。これを三叉に立て、頂部の

ササガミサマに供えたお膳
（栃木県市貝町市塙）

余分な枝を払う
（栃木県市貝町田野辺）

材料となるシノダケを採集する
（栃木県市貝町田野辺）

交差した部分を縄でしばる
（栃木県市貝町田野辺）

縄をなう
（栃木県市貝町田野辺）

ササガミサマに祈る
（栃木県市貝町田野辺）

ササガミサマにシバガキを供える
（栃木県市貝町田野辺）

笹を束ねて一回縛りその上にウドンを供える。

石橋町下古山　長さは不明であるがマダケ三本を三叉に立てて交差させる。交差した先の部分をそれぞれ折り丸めて交差部分に戻し、解けないようにワラで結ぶ。三つの輪ができるので輪の中心に赤飯・ウドンを供えた。

栃木市川原田町　長さ一・二〜一・三メートルほどのモウソウダケを材料とする。上部の笹のみを残し下部はナタ等で綺麗に切り落とす。これを三本三叉に組んで立て、笹の付いた直下の所を縄で縛る。頂部を嫁御の髪を結うように結びその上にウドンを供える。川原田町では、笹飾りをササヨメゴといい花嫁に見たてる。そのために、迎える嫁は「マダケのような貧弱な足をしていたのでは良い働き手にならない」として幹の太いモウソウダケを用いるとし、また、頂部も花嫁の髪を結うように結ぶのだという。

栃木市柏倉　長さ六〇センチメートル前後のシノダケ三本を三叉に組んで立てる。笹の付いた直下を縄で縛り、頂部を丸め解けないように縄で縛る。丸めた上にウドンを供える。

氏家町上阿久津　長さ四〇センチメートルほどのクマザサ（地元ではシャンゲシャンゲと呼ぶ）三本を一辺一五センチメートルくらいの間隔で三叉に組んで立てる。頂

モウソダケで作ったササガミサマ
（ササヨメゴ）（栃木県栃木市川原田町）

ササガミサマにウドンを供える
（栃木県栃木市川原田町）

三叉に組んだシノダケを中程でしばる
（栃木県栃木市柏倉）

部の所をねじり解けないように縄で縛る。タキオコワ（小豆飯のこと）を頂部に供える。

以上は、全てササダケを三本用い、基本的には三叉に組んで立てる事例である。しかし、中にはササダケが必ずしも三本でない所があり、また、三本用いても三叉に組んで立てない所もある。次にそうした事例を紹介したい。

鹿沼市上殿　長さ一・五メートル前後のマダケ一本のみ用いる。下部の枝を払い上部だけ笹の付いた枝を残す。これを立て一番下の枝の所に、アンコモチ（米粉を練って作った餅で、小豆餡を包む）を二個ずつ入れたワラット二つを提げる（ワラットは上部で互いに結ぶ）。

マダケ１本のササガミサマ
（栃木県鹿沼市上殿）

大平町西水代　長さ三〇～五〇センチメートルほどのクマザサ一本を立てる。このササダケの上の方にツラヨゴシダンゴ（屑米の粉で作ったダンゴを餡で包んだもの）を串に刺して供える。こうした形態のものは、同じ町内の富田や岩舟町の下津原でも見られる。

馬頭町小口　上部三枝を残した笹の葉付きのマダケ二本（長さは不明）を直線状に並べて立てる。このササダケには、一本につき一二個のダンゴを突き刺す。このササダケの根元に盆に載せた米・煮干し・塩を盛って供える。なお、ササダケの間に、南那須町月次の加茂神社（通称ナルイサン）より受けてきたお札を挟んだ竹を突き刺す。

高根沢町上高根沢　長さ二～三メートルほどのマダケを三本用いる。これを堆肥塚の上に細いマダケを三本立てて豊作を祈願した。ここでは立てるだけでそれを組むことはしなかったという。また、特に供え物はしなかったという。

壬生町壬生　長さ約一メートルのササダケ（種類は不明）を五、六本頂部が交差するように立てる。頂部の笹を丸めて結び幣束を付ける。

今市市小倉　長さ七〇～八〇センチメートルほどのササダケ（種類は不明）を六、七本頂部が交差するように立てる。頂部の笹を丸めて結びその上にゴク（御供・ここでは小豆飯）を供える。

都賀町深沢　シノダケを三～五本（長さは不明）頂部が交差するように立てる。頂部の笹を丸める。深沢ではシノダケの本数は特に決まっておらず、先が丸まればよいとしている。なお、ここではこの笹飾りをササダナと称している。

大田原市鹿畑　笹の付いたマダケ四本（長さは不明）を約六〇センチメートル四方に立て、間に竹竿を渡し縄で結んで棚を作る。棚の高さは約七五センチメートルである。棚の上に大小の重ね餅を盆に載せて供える。

黒磯市板室　笹の付いたシノダケ四本（長さは不明）を四方に立てる。この四方竹の回りにさらにシノダケを回し、四方竹の間に一枚ずつ半紙で作った幣束を下げる。四方竹の中ほどの地面の上に盆にアワモチを載せ供える。

2　材料の採集

ササガミ習俗で使う笹や竹は、行事を行う直前あるいは朝早くに屋敷内で採集するか、屋敷内にない場合は近くの山から採集する。その場所は特に決まりはないとしながらも、小山市南半田や上河内町芦沼では近くの川辺で、二宮町大道泉ではセキソンサマと呼ばれる場所で、佐野市では本宅と例年同じ場所で採集するという所もある。

一方、十二月と二月で採集する場所を変える地域も

材料となる竹を採集する
（栃木県芳賀町芳志戸）

余分な所を切り長さをそろえる
（栃木県芳賀町芳志戸）

ある。鹿沼市笹原田では十二月は自宅から見て北の方向、二月は南の方向から曲がりのないまっすぐなマダケを探して来るという。また芳賀町東高橋のように二月は家の前、十二月は家の裏に生えているカンチクをササガミ習俗に用いる。

こうした笹や竹の取得は、一家の長や後継ぎ、祖父など男性が行うのが一般的である。鹿沼市笹原田や宇都宮市平出では女性はかかわるなといわれ男性が取得した。中には、都賀町深沢や宇都宮市東刑部、栃木市皆川城内などのように子供（長男）が準備する地域もある。このうち都賀町深沢では、子供が学校帰りに山からシノダケを三～五本取ってきたという。ここでは子供がササガミサマを作る。また宇都宮市東刑部では、子供が近所の家からクマザサをもらってきた。足尾町唐風呂では親子でササの採集に出掛けたという。一方、上三川町上郷では女性が採集したというが、栃木県内では極めて特異な事例である。

笹を立てる
（栃木県芳賀町芳志戸）

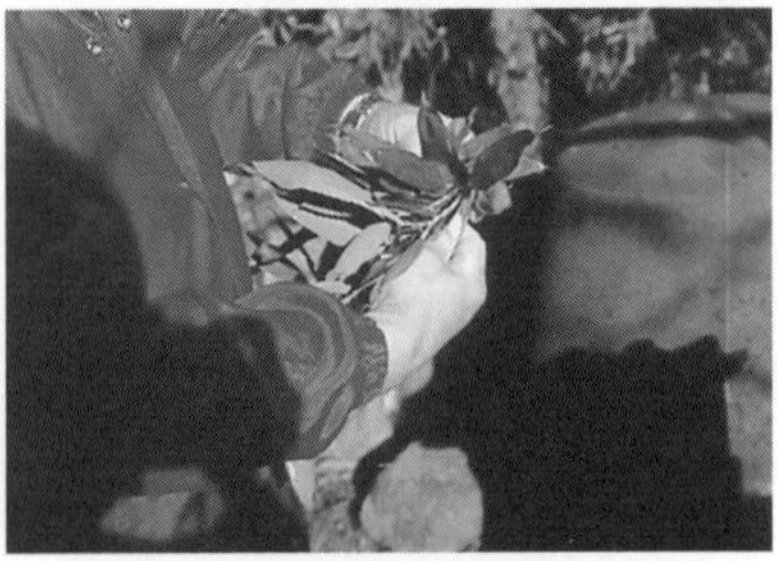

笹の先端を丸めて結ぶ
（栃木県芳賀町芳志戸）

完成したササガミサマ
（栃木県芳賀町芳志戸）

3　ササガミサマへの供え物

ササガミサマへの供え物として確認されたのは、ソバ・ソバガキ・ウドン・赤飯・小豆飯・餅・ダンゴ・アワモチ・アンコモチ・ゾウニなどである。しかし、高根沢町上高根沢のように供え物はしないという所もある。

上記の供え物として最も多いのはソバやウドン・赤飯である。小山市や栃木市・南河内町・岩舟町など県の南部の地域ではウドンかソバをササガミサマに供えたという。また、宇都宮市平出や芳賀町東高橋、市貝町田野辺など県の東部ではソバガキかソバガキを丸めて作ったソバモチを供えた。一方、宇都宮市篠井や氏家町上阿久津など県の中央部では赤飯か小豆飯を供える地域が多い。その他、石橋町細谷ではマルモチ、真岡市若旅では餅、鹿沼市上殿ではアンコモチを供える。大平町西水代や岩舟町下津原ではクズコメダンゴを水っぽい（薄い）アンコにひたしたもの（これをツラヨゴシダンゴという）を棒に刺して供える。

普通はこれらの供え物のうちいずれかの一品か二品を、結わえたササの上部に載せる例が多いが、中には馬頭町小口のようにササダケの下に供物を供える所もある。ここではササダケにダンゴを突き刺し、その下に米・煮干し・塩を供えた。あるいは大田原市鹿畑のように笹や竹で棚を作ってそこに複数の供物を供える地域もある。市貝町市塙ではこの日のために赤飯（クリゴハン）、ニツケ（ナス・ニンジン・サツマアゲ・チクワ・ハンペン・シイタケ）、カキ（柿）、リンゴ、メザシ、オミキを用意し、膳に載せてササガミサマに供えた。真岡市西郷では朝は赤飯、夕方はソバガキ、小山市小

ササガミサマに供えたウドン
（栃木県小山市上石塚）

お膳に供物を盛り笹飾りの下に供える
（栃木県市貝町市塙）

三叉の上にソバモチを供える
（栃木県市貝町市塙）

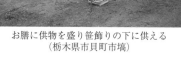

宅では朝はダンゴ、夕方はソバというように朝と夕で異なる物を供えた。

これら供え物は、朝に行事を行う地域では当日の朝か前日、夕方に行う地域はその日の午後に準備する。一部の地域ではそれがその日の夕食となった。

4　ササガミサマを作る場所

二月八日は家の前側、十二月八日は家の裏側と実施する日によって場所を変える地域が多い。

このうち、二月八日について見ると

- 母屋前の堆肥塚の上に作る　二〇地区
- 母屋前の庭、玄関先、門口　一六地区
- 母屋の裏側　五地区
- その他　五地区

となっている。ともあれ、母屋の前に作るという所は合わせて三六地区に及ぶ。

母屋の前の堆肥塚の上に作る事例について、氏家町上阿久津や宇都宮市姿川などでは堆肥の上に笹や竹を立て五穀豊穣を願った。また、岩舟町下津原や同町小野寺ではよい堆肥ができることを願って堆肥の上に笹や竹を立てたという。大田原市鹿畑では堆肥の上に四方竹を立て、タノカミ・ヤマノカミを祀った。

母屋の前庭・玄関先・門口に作る事例については、都賀町深沢では常時人が出入りに使う家の門口にシノダケを立てたといい、宇都宮市平出や藤原町中三依では玄関の横、小山市延島新田では母屋の前の門口に立てた。その理由は、都賀町深沢ではヤクガミへの供養、宇都宮市平出ではヤクビョウ除け、小山市延島新田ではビンボウガミのためにとしており、この日にやって来るとされる来訪者と関係が深い。

母屋の裏側に作る事例は、前述したように少ない。真岡市下篭谷・小山市平和などがそうした事例が見られる所であるが、ただし、この両地区はササガミサマを作るのは二月八日だけである。

母屋の前後と関係無くササガミサマを作る所もある。市貝町田野辺では妖怪を追い払うために母屋の表にある池の端に立てるという。ここでは十二月八日にも、母屋の裏にある井戸の傍らに立てるなど水に関係した場所に立てる。また、宇都宮市氷室では井戸端に立てる。その他、真岡市若旅では畑に二箇所、上河内町中里では田の馬糞塚の上、国分寺町川名子ではウジガミサマ（氏神様）の横に立てた。

次に十二月八日の場合について見ると、ササガミサマを作る場所は概ね次のとおりである。

・母屋の裏側　　一九地区
・堆肥塚の上　　九地区
・母屋の前　　五地区
・その他　　六地区

このように、十二月八日の場合は、二月八日とは反対に母屋の裏側に作るという事例が最も多い。しかし、堆肥塚の上とする事例の場合、堆肥塚は母屋前の庭先に作る場合が多いことから、母屋の前と合せると一四地区が二月八日同様母屋前に作る事例となる。

まず、母屋の裏側に作る事例を見ると、鹿沼市笹原田では母屋の真裏に作る。しかし、同じ母屋の裏でも芳賀町芳志戸では鬼門の方向（北東）、市貝町田野辺や小山市延島新田では井戸の横、石橋町下古山では母屋背後に祀られるウジガミの傍に作る所もある。また、宇都宮市平出では裏山に立てた。

次に堆肥塚の上および母屋の前庭に作る事例について見たい。堆肥塚の上に作る事例は、前述したように母屋の前に作る事例でもある。また、この事例の場合は、母家の前庭に作る事例同様二月八日、十二月八日両日とも同じ場所に作る事例でもある。今市市薄井沢・宇都宮市東刑部・小山市南半田・同市小宅などでは母屋の前にある堆肥塚の上に立てた。また足尾町唐風呂では玄関の前、日光市宮小来川では母屋の前庭に立てた。

なお、こうした事例とは全く異なる事例も見られる。二月八日をコトジマイ、十二月八日をコトハジメと呼ぶ今市市小倉では、笹や竹を立てる場所も二月八日は家の裏、十二月八日は家の前と他の地域とは逆である。

5　ササガミサマを祀る理由

ササガミサマを祀る理由は、ダイマナクやニンニクドウフ・針供養など同じ日に行う他のコトヨウカ行事と比べ明瞭ではなく、実施する地域や家により様々である。また、理由がよく分からないまま行事を行っていた地域、理由が分からなくなってしまった地区も多い。ササガミ習俗が見られた六三地区について、ササガミサマを祀る理由について整理すると次のように分けることができる。

・魔除け、疫病除け、災難除け等　一四地区
・豊作を祈願するため　九地区
・コト（農事や仕事）の始まりと終わりを祝うため　五地区
・その他　七地区

このうち、市貝町市塙や小山市上石塚などでは魔除け、益子町上大羽などでは疫病除け、馬頭町小口では災難除けのためにササガミ習俗を行う。今市市小倉ではササガミ習俗を行うことでアクマを退け、けがれのない正月を迎えようとした。一方、鹿沼市笹原田ではこの日に立てた笹はヤクガミに対する目印だという。ここでは、十二月八日にヤクガミがやってきて、二月八日に出ていくという。同様の事例は小山市延島新田でも見られるが、ここではこの日、ビンボウガミがやって来るといわれている。また、日光市宮小来川では悪い疫病が流行らないことを願ってササガミ

習俗を行い、宇都宮市平出では子供がササガミサマの下をくぐるとハシカにかからない、かかっても軽くすむという俗信がある。真岡市西郷ではヤクビョウガミが家の中に入らないようにするためササガミサマを祀る。益子町山本ではササガミサマを作るとヒトツメコゾウが来ないという。これらは、コトヨウカにダイマナクやニンニクドウフを行う理由と同じである。大田原市鹿畑では疫病除けと合わせてタノカミ・ヤマノカミを祀った。

豊作を祈願した地域は、高根沢町上阿久津や宇都宮市下川俣・黒磯市板室などである。大平町富田や岩舟町小野寺ではよい堆肥ができることを願ってササダケを堆肥に刺して祀った。

コトの始まりと終わりを祝うためとする所では、南河内町町田や同町坪山があり、ここでは二月は仕事始めの、十二月は仕事終わりの祝いとしてササガミサマを作ったという。また、石橋町下古山では二月八日を百姓の始まりの日と位置付け、上河内町芦沼では厄除けと合わせて仕事のけじめとしてササガミ習俗を行った。

その他の事例について、栃木市柏倉では、ササガミサマをササヨメゴといい、良い嫁（ヨメゴ）がもらえるようにササガミ習俗を行ったという。栃木市川原田ではこのササヨメゴを嫁に見立てる。ここでは、働き者のしっかりした嫁が来るようにと太いマダケを用い、また笹の先端部を嫁の島田髪に見立て、器量のよい嫁が来ることを願ってきれいに結わえて作るのだという。

6　ササガミサマの処理

行事に用いた笹や竹は、そのままにしておき自然に腐るのを待つ地域と焼却・廃棄など積極的に片付ける地域、ウジガミなど特定の場所に納める地域の三つに大別できる。

堆肥の上に笹や竹を立てる宇都宮市篠井や今市市薄井沢・小山市南半田などでは、そのままにしておき自然に腐るのを待った。また、大平町富田や岩舟町下津原・同町小野寺では、堆肥がよくできるようにとそのまま腐らせた。宇都宮市下金井や石橋町下古山でも、しばらくそのままにしておき堆肥を使うときに取り外した。上河内町芦沼では特に片付けることはしなかったというが、春になると馬が食べてしまったという。堆肥以外の場所に立てる宇都宮市氷室・南河内町町田などでも取り外すことはせず、都賀町深沢や芳賀町芳志戸・日光市宮小来川などでは自然に腐るのを待った。

一方、芳賀町東高橋ではその日のうちに取り込んだ。ここでは借金取りが来ないようにそうするのだという。氏家町上阿久津や高根沢上高根沢・栃木市川原田などでは翌日に取り払い焼却した。栃木市柏倉では翌々日に近くの川に流したという。数日から一週間程度そのままにしておいたのは馬頭町小口・茂木町天子・益子町上大羽などである。これらの地域ではその後、焼却した。このとき、小山市平和では稲荷様の前で燃やしたという。一月八日に行事を行う宇都宮市下川俣では、ドンドヤキの際にマユダマと一緒に燃やした。大平町西水代は数日経ってから堆肥場に捨てたという。南河内町坪山では十二月に立てたものは大晦日に片付け、二月はそのままにしておいた。

特定の場所に納めるのは足尾町唐風呂・鹿沼市笹原田などである。前者は翌日に屋敷の裏にあるヤマガミサマに納めた。その際、供え物の赤飯も一緒に供えたという。後者は一〇日間程度そのまま置いた後、屋敷裏に祀ってあるウジガミに持っていく。市貝町田野辺では翌日にウジガミサマの隣に納めて暮れに焼却した。

第四章　ササガミ以外の習俗

一　ササガミ以外の行事とそれを行う理由

ササガミ習俗については、第三章で述べたとおりであり現在実施している所は極めて少ない。一方、かつて実施していた所も栃木県全体に及ぶものではなく、中ほどから東南部地方に偏在するものであった。しかし、ササガミは祀らないが、ササガミ以外の習俗については、ほぼ栃木県内全域で様々な事例を確認することができ、むしろこちらの方が二月八日・十二月八日の行事を知る上で重要なくらいである。

今回の調査で確認されたササガミ以外の主な習俗を掲げると次のとおりである。最も数多く見られたものは「竹竿の先に籠を付け母屋の軒先に立て掛ける」で、一〇六地区で確認された。

これ以外で複数地区で行われたものでは、

・竹串にトウフとニンニク（ネギとトウガラシ・トウフ、ネギとトウフ、ニンニクとコウヤドウフ等の組み合わせもある）を刺し戸口等に突き挿す　三二地区
・イワシの頭を戸口に突き挿す　一八地区
・門口に籠を伏せる　一七地区
・葉の付いたヒイラギの小枝を戸口に突き挿す　一四地区
・戸口の柱にソバガキを塗る　一〇地区

等がある。その他三～四地区以内のごく小数の地区のみで行われていたものも掲げると

・戸口にソバガキを塗ったヒイラギの小枝を突き挿す
・屋敷内の各所に餡で包んだトンボダンゴをヒイラギの小枝や竹串に刺して供える
・軒下にソバカラを撒く
・門口でサイカチの実を燃やす
・イロリでグミの木を焼き、屋敷の東西南北の出入口に置く
・竹串にダンゴを刺し戸口に突き挿す
・十二月八日、ヨウカダンゴを食べた後にススハキを行ったり鍋墨を落としたりする
・母屋入口の柱に「十二月八日」と墨書した札を貼る
・納谷の中に一升の米で搗いた重ね餅を供える
・エビス・ダイコクを祀る
・カラス呼びをする

等がある。なお、こうした行事は個別的に行われるとは限らず、大田原市鹿畑では「目のいっぱいある籠にニンニク・トウフ・ネギを刺した串とマメッカラ(豆殻)にイワシの頭を刺したものとを突き立てる」、西那須野町西遅沢では「クサカリカゴを戸口に伏せ、その上に茅の茎にニンニクとコウヤドウフを刺して突き立てる」とあるように、行事が複合して行われる場合もある。

次にそうした習俗を行う理由について見ると、圧倒的に多いのは、災いをもたらすもの・恐ろしいものを追い払うあるいは威嚇するためというものである。この災いをもたらすもの・恐ろしいものとは、前にも述べたように悪い病気や災難をもたらすといわれるヤクガミ・ヤクジンであったり、ヤクビョウガミ・オニ・アクマ・オバケ等であったりする。また、こうした災いをもたらすもの・恐ろしいものは、ヒトツメあるいはヒトツメコゾウだとする所も多く、

母屋の軒先に掲げた籠
（栃木県佐野市君田）

ヒイラギに刺したニンニク・トウフ
（栃木県茂木町町田）

メカイカゴを掲げる
（栃木県鹿沼市笹原田）

ヒイラギに刺した
イワシの頭・ニンニク・トウフ
（栃木県市貝町田野辺）

門口にクサリカゴを伏せる
（栃木県茂木町河井）

戸口に突き挿したダンゴ
（栃木県小山市上石塚）

これをダイマナク（石橋町大字下古山・真岡市大字若旅・南河内町大字坪山・同大字町田）と呼んだりダンジノマナク（市貝町大字田野辺）、ダンジュウロウ（藤原町大字中三依・日光市大字小来川）等と呼んでいる所もある。なお、ダイマナクとは、大きなマナコ（眼）のことであり、栃木県ではマナコを訛ってマナクという。ダイマナクの呼び名は、ヒトツメのその眼が大きいところからそう呼ばれるようになったようである。こうしたヒトツメの恐ろしさを言い表す例えとして、日光市宮小来川では、二月八日、十二月八日の晩、いつまでも泣いている子供がいると、「ヒトツマナクのダンジロウがやって来るぞ」といって諌めたものである。

前述したように二月八日・十二月八日には、軒先に竹竿の先に籠を取り付けて高く掲げたり、庭先に籠を伏せたりする事例が多い。竹竿の先に付け軒先に高く掲げる籠は、草取りや野菜などの収穫の際に腰に付けて用いる小さな籠である。これを栃木県ではメカイカゴとか単にメカイと呼んでいる。一方、庭先に伏せる場合は、メカイカゴよりも大きい籠を用いる。これには馬に与える草を入れて持ち運ぶクサカリカゴであったり、落ち葉を入れて運ぶキノハカゴ（日光市大字小来川・鹿沼市大字引田ではオオカゴという）であったりする。これらメカイカゴとクサカリカゴとでは大きさが異なるが、ともに編み目が多く編み目を目に見立てたものである。つまり、沢山の目で睨みつけていれば、さしものヒトツメのような邪悪なものも退散せざるを得ないというものである。例えば藤原町中三依では「ヒトツメのダンジュウロウというオオニュウドウが来るので目が沢山あり、口が大きい籠を置いておくと、自分よりも目が沢山あり、大きな口を持った怪物がいると思い、ダンジュウロウが屋敷に入ってこない」、湯津上村湯津上では「ヒトツメノバケモノがやって来るので竹竿の先にメカイカゴを縛り付けて母屋の軒先に掲げ、こちらは沢山の目のあるオニがいるぞと脅して追い払う」、市貝町田野辺では「ヒトツメノダンジノマナコがやって来るので、ダンジロメで追い払う」、小川町谷田では「ヒトツメコゾウのヤクビョウガミが家近くまで来て、大きな編み目のあるクサカリカゴ、沢山の編み目のあるメカイを見て、これはとても敵わないと退散し、また、ヒイラギの棘、ニンニクの臭いでも退散する」などとの伝承がある。なお、市貝町田野辺でいうダンジロメとは、大きなメカイカゴのことであるという。

串にニンニクをはじめ、ネギ・トウガラシ・トウフなどを刺して母屋の戸口に突き挿したり、豆殻やヒイラギの小枝にイワシの頭を刺して同じく戸口に突き挿したり、グミの木の燃えかすを屋敷の出入口に置いたり、あるいはサイカチの実を燃やすのは、いずれも独特な臭い等で災いをもたらすもの・恐ろしいものを追い返すのだという。宇都宮市下金井では「ヤクガミに家の中に入られないように、メカイカゴで睨みをきかせ、ネギの臭いで追い返す」とメカイカゴとネギとについての理由付けが聞かれる。

ヒイラギの小枝を戸口に突き挿すのは、ヒイラギの棘で威嚇するものといわれ、軒下にソバガラを撒くのは、ソバガラは角が鋭くこれを軒下に撒いておけば、災いをもたらすもの・恐ろしいものがやって来た際に踏んづけて痛い目に遭うだろうということである。このほかにソバガキを戸口の柱に塗ったりする事例が多いが、家に近付く災いをもたらすもの・恐ろしいものを糊状のソバガキでくっつけようとするのだといわれる。

こうした一連の事例は、災いをもたらすもの・恐ろしいものを威嚇し、追い返すために行われるものとされるものであるが、石橋町下古山では「ダイマナクという神様がメカゴを目印にして来るので屋根にメカゴを立てる」といい、むしろやって来るものを歓迎する節にもとらえられる事例もある。

一方、明確な理由付けがなされないものもある。戸口に竹串にダンゴを刺して突き挿したり、十二月八日、ヨウカダンゴを食べた後にススハキを行ったり鍋墨を落とす、母屋入口の柱に「十二月八日」と墨書した札を貼る、納屋の中に一升の米で搗いた重ね餅を供える、エビス・ダイコクを祀る、カラス呼びをする等の事例がそれである。

二　二月八日・十二月八日の特別な食べ物

特別な食べ物として、ソバ・ソバガキ・ウドン・赤飯・小豆飯・餅（糯米を蒸かして搗いたもの・白餅）・アンコモチ（白餅に餡を包んだもの）・ゾウニ（白餅を入れたもの）・ソバモチ（練ったソバ粉を丸めたもの）・アワモチ（糯米に粟を加え蒸かしてから搗いたもの）・ダンゴ・マゼゴハン・オハギ・ニシメ・尾頭付の魚・トウフなどがある。このうちソバ・ソバガキ・ウドン・赤飯・小豆飯・各種餅・ダンゴ等は、ササガミに供えるものでもあり、供えた後に家族が食べたものである。

こうした食べ物を食べる理由を伝える所がある。鹿沼市笹原田では「ソバガキを食べると厄が除ける」、益子町上大羽では「ソバガキを食べずに外出すると怪我をする」、芳賀町芳志戸では「ソバガキに醤油を付けて食べると病気にならない」、市貝町市塙では「ソバはばい菌を殺すから食べるものだ」、馬頭町小口では「七日の夕食時に各自が細かく刻んだニンニクを載せたトウフを食べる。食べると風邪を引かない」、大田原市北金丸では「厄除けのために、トウフの上にニンニク・ネギを載せトウフごと食べた」等の俗信がある。なお、栗山村日向では「ニンニクを顔に塗ると病気にならない」ともいわれる。

三　ムラ外れに飾る大ワラジなど

ササガミやササガミ以外の習俗は基本的には家ごとで行われたが、一方、大ワラジや注連縄を張ったり、ササダケにお札を挟んで立てたりする事例のようにムラごとに行われたものもある。なお、この場合のムラとは大字を構成する小集落であり、栃木県内ではツボ（坪）と称している場合が多い。また、この場合のムラ境は行政上の境界を示すものではなく、集落に住む人々にとって「ここまでが自分たちのムラの範囲である」とした精神的な意味合いでの境である。

宇都宮市大字氷室では、ササダケの先に細い注連縄とお札を下げムラ境に立てた。大平町大字冨田ではササダケの先に注連縄を下げ、ムラ境でもある三つ辻に立て、オサゴ（米のこと）を供えそれをツジジゾウといった。上河内町中里では、各家の主が当番の家に集まりそこで大ワラジを作り、二メートル弱の笹の付いた竹竿の先に吊し、ムラ境の橋のたもとに突き立てた。

ムラ境に大ワラジを吊すのは、「このムラには、このような大ワラジを履く巨人がいるぞ」と威嚇するものであるという。各家でメカイカゴやクサカリカゴを掲げたり伏せたりするのと理由は同じである。一方、注連縄やお札を張ったり立てたりするのは、神聖な領域であることを示すことによって災いをもたらす神・恐ろしい神を追い払おうとしたものと思われる。

なお、黒磯市板室では、ムラ境にお札を立てた後、男女が別々の宿で飲食をした。

四　針供養

二月八日、十二月八日に針供養を行う所が多い。今回の調査では、七七地区で確認することができた。一見他の行事と関係なさそうに思えるが、ご馳走を作り食べる、休み日であるという共通事項があるのは注目に値する。

針供養は、嫁入り前の娘たちが裁縫の師匠の家に集まり、裁縫で使用し折れてしまった針や錆びてしまった針をトウフに突き刺して供養するとともに、裁縫の上達を願ったものである。かつて裁縫は、主婦にとって必要不可欠な手技であり、嫁入り前の娘たちは近くに住む裁縫上手な年配の女性を師匠として一通りの技術を習得したものである。針供養は、多くは師匠とその弟子たちが行ったもので、会場も師匠の家とする場合が多かった。針供養終了後は、ニシメなどのご馳走を作ったり、各自持ち寄った菓子やご馳走を食べたものである。なお、針を刺したトウフの始末については不明な所が多いが、黒磯市大字堀越・大平町大字西山田では川に流す、鹿沼市大字千渡では天神様に供えたという。

しかし針供養を個人宅で行ったという例外もある。市貝町大字田野辺の永野家では、永野家だけで針供養を行い、針を刺したトウフは屋敷内に穴を掘り埋めたという。

第五章　ササガミの行事等に関する言い伝え

先にササガミ習俗を行う理由、ササガミ以外の習俗を行う理由について述べたが、ここではそれら以外についての言い伝えを述べるものである。各地で様々な言い伝えがあるが、それらを大別すると屋外に出しておく履物を片付けろというものと、仕事を休めというものとがある。次に各地の具体的な事例を紹介したい。

・履物を外へ出しておくとヒトツメコゾウ（ヤクビョウガミ）が現れ、履物に印を押される。押されると悪い病気にかかり死んでしまう。（大平町富田）
・履物、干し物など外に出しておいたものは　全て家の中に取り込むものだ。（日光市宮小来川）
・履物を外に出しておくとヒトツメコゾウが現れ、履物に印を押される。押されると悪い病気にかかる。（岩舟町小野寺）
・二月八日、十二月八日の夜、下駄や草履等の履物を外に出しておくな。ダイマナクに焼印を押される。（矢板市片岡）
・ダイマナクが来るので外に履物を出しておくな。七日のうちに片付けろ。（南河内町町田）
・この日は夜更かしをするな、早く寝るものだ。（馬頭町小口）
・十二月八日は夕飯を早く食べて戸締りをしろ、風呂に入らずに油断をするな。（市貝町田野辺）
・十二月八日は夕飯を早く済ませ、早く戸締めをする。（茂木町町田）
・夕飯を早く食べて戸締めをする。（市貝町市塙）
・コトビなので夜なべをしないで早寝する。（烏山町下境）

・山に入ってはいけない、畑仕事をしてはいけない、この日は休んでいるものだ。（馬頭町小口）
・この日は山仕事は危険が伴う、用心のために休むものだ。（馬頭町大内）
・山に入らない、入ると命にかかわる怪我をする。（大平町富田）
・山に入らない、大怪我をする。ヨーカヤマという。（岩舟町小野寺）
・二月八日、十二月八日は、ともにコトビなので山仕事をすると怪我をする。（烏山町下境）
・ダイマナクというヤクビョウガミが来るので八日の朝は遅くまで寝ている。（南河内町坪山）
・二月八日、十二月八日は一年中で一番のヤクビだから気を付けろ。ヤクビだから仕事をするな、針を持ってもいけない。（大田原市北金丸）

屋外に出しておく履物を片付けろというものでは、その理由にヒトツメコゾウ（ダイマナク）に判を押されるからとする所がある。履物に判を押されることは、ヒトツメコゾウに間接的にとりつかれたことを表すものなのであろう。夕飯を早く食べ、戸締りをして早く寝るものだとする言い伝えは、換言すれば何もしないでじっとしているものだということであり、基本的には山仕事をはじめ仕事を休むものだとするものと同じである。

なお、市貝町から茂木町辺りでは、十二月八日に夕食を早く済ませ、戸締りをして早く寝るのは、この日が茂木の千本城落城の日だからその日のことを忘れずに常に用心はしているものだと、千本城落城と関連付けられて言い伝えられている。

第六章　各戸の事例

一　鹿沼市大字笹原田　菅沼家

話者名

菅沼　一誠　　昭和七年十月十日生まれ
菅沼　イネ　　昭和十一年十月二十五日生まれ

1　二月八日・十二月八日の呼び名

二月、十二月ともにダイマナクという。

2　来訪するもの

ヤクガミがやって来るといわれる。

3　ササガミサマ行事の実施年代

菅沼家では現在も実施している。ただし、近隣の家で行っていたのは昭和二十年頃までで、二、三の家で昭和五十年頃まで実施していた。今なお実施しているのは菅沼家だけである。

二月八日、十二月八日の両日。二月八日は早朝七時頃、十二月八日は夕方六時頃に行う。

4　ササガミサマの実施日と時間帯

5　ササガミサマの行事内容

材料　長さ一〜一・二メートルほどのもので曲がりのない真っ直ぐな笹の葉の付いたマダケ（真竹）三本。

材料の取得　一家の主が屋敷内の竹藪で取って来る。女性は取得にかかわるなといわれている。

ササガミサマの作り方　ササダケを一辺が三五〜四五センチメートルの三角錐形に地面に突き刺し、頂部の笹を結ぶ。なお、菅沼家ではこの笹飾りをコトザサと称しササガミサマとはいわない。また、コトザサは祭りの直前に作る。

ササガミサマへの供物とその準備　小豆飯。小豆飯はコトザサを作る直前に炊く。したがって二月八日は、早朝に炊きコトザサに供えた後に朝食として家族全員がいただき、一方、十二月八日は夕方に炊き同じくコトザサに供えた後に夕食として家族全員がいただく。

ササガミサマを作る場所　二月八日の場合は母屋の前庭。十二月八日の場合は母屋背後。（図参照）

ササガミサマを祀る理由　コトザサにおける祭りは当主（現当主菅沼一誠氏）が行う。小豆飯を持ったゴクバチ（御供鉢）を持参して笹飾りの所に出向く。一礼した後に小豆飯を一箸頂部を結んだ笹飾りの上に供え、次いで合掌しながら一礼する。

二月八日の場合は、ヤクガミが玄関より出て行くということから、出て行く方向つまり笹飾りの北側に立ち南を向いて小豆飯を供え拝礼する。一方、十二月八日の場合は、ヤクガミを裏口より迎え入れるという

作ったコトザサに小豆飯を供える
（栃木県鹿沼市笹原田）

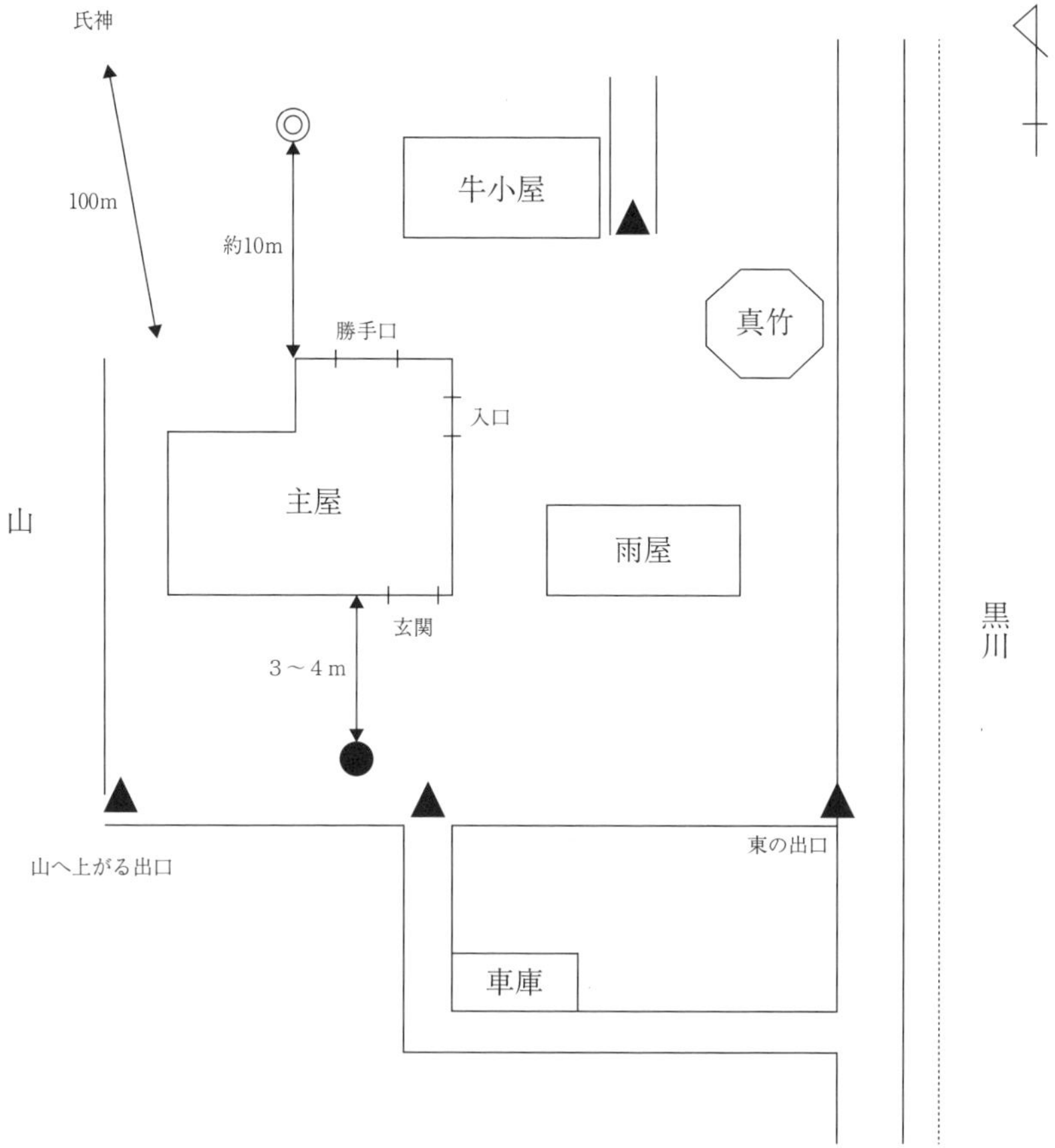

●：２月８日コトザサ
◎：12月８日コトザサ
▲：グミの枝の燃えさしを置いた所

菅沼家略図（栃木県鹿沼市笹原田）

ことから、笹飾りの南側に立ち北を向いて供物を供え拝礼する。

このように十二月八日にヤクガミがやって来るので、病を撒き散らされたり、災いを振りまかれたりしないように二月八日まで家に泊めておく。したがって十二月八日の場合は、ヤクガミがやって来たことを他の家の者に見つからないように、目立たない母屋の背後に目印のコトザサを作り供物を供える。そしてヤクガミを母屋裏口から招き宿らせるという。一方、二月八日は、ヤクガミが出て行く日であり、この日は他人に見られても構わないといわれている。したがって母屋の前庭にコトザサを飾り、表玄関よりヤクガミに自由に出て行ってもらうのだともいう。

ササガミサマの取り外し　二月、十二月とも一〇日間くらいそのままにしておき、その後取り外して川（屋敷の東側を流れる黒川）に流した。現在は屋敷内のウジガミに持って行きそこに置く。

6　ササガミサマ以外の行事内容

母屋の玄関前の軒先に物干し竿の先にメカイカゴを付けて立て掛ける。なお、二月の場合は前日の七日の夕方に立て掛け、八日午前一〇時頃に取り外す。一方、十二月の場合は、午後三時頃に立て掛け八時頃に取り外す。

八日の朝、囲炉裏でグミの木の小枝を焼き屋敷の各出入口に置く。なお、グミの木は前日の夕方裏山で取って来る。また、グミの木の小枝を出入口に置くまでは表

夜空に掲げられるメカイカゴ
（栃木県鹿沼市笹原田）

囲炉裏でグミの木を燃やす
（栃木県鹿沼市笹原田）

に出てはいけないという。

7　前記の行事を行う理由について

メカイを立て掛けること　ヤクガミに入ってこられないように、高い場所から大きな目で見張るため。

燃やしたグミの木を出入口に置くこと　グミの木を燃やした際に出る臭いをヤクガミが嫌うため。

8　ササガミサマへの供物以外の特別な食べ物

ソバガキを作る。二月は朝食時に十二月は夕食時に家族全員が食べる。ソバガキを食べると厄を除けるといわれる。

9　ササガミサマの行事および二月八日・十二月八日に関する俗信等

母屋の軒先にある履物は、前日の明るいうちに台所に取り込むものだといわれる。それは、履物を母屋の軒先に置いたままにしておくと、ヤクガミに判を押され、判を押された履物の所有者は病になるからという。八日の朝は、あまり早く起きるな、起きるとヤクガミに取り憑かれる。

グミの燃えさしを屋敷の出入口に置く
（栃木県鹿沼市笹原田）

夕飯にソバガキを食べる
（栃木県鹿沼市笹原田）

二　上河内町大字芦沼　佐藤家

話者名

佐藤　四郎　昭和三年十一月三十日生まれ

1　二月八日・十二月八日の呼び名

二月八日をコトハジメという。なお、二月八日は正月以外の一年の中で農家の仕事休みの最初の日である。一方、十二月八日をコトジマイといい、農家の仕事休みの最後の日である。

2　来訪するもの

ヤクビョウガミ・ヤクジン、またヒトツメのアクマともいわれる。

3　ササガミサマ行事の実施年代

佐藤家では昭和三十年頃まで行った。ちょうどその頃から近隣の山林でも植林事業が始まり、木々を大切にということから正月に門松を立てることをやめるようになり、また、景気が良くなるにつれ古い仕来りが廃れていった。二月八日、十二月八日の行事が廃れたのもこうした世情と機を一にするものである。なお、佐藤家では笹飾りをササガミサマと称したことはない。

4　ササガミサマの実施日と時間帯

二月八日、十二月八日の両日。ともに朝七時から八時頃に行った。ただし、笹飾りは前日の夕方あるいは当日の朝こしらえた。

5　ササガミサマの行事内容

材料　長さ八〇センチメートルほどの笹の葉の付いたマダケ三本。これを三叉に組んで立て、頂部の笹を丸めて結ぶ。

材料の取得　一家の主が屋敷内の竹藪で取って来る。なお、マダケがない家では近くの川辺に生えるシノダケを取ってきて用いた。

ササガミサマの作り方　ササダケを一辺が三五～四五センチメートルの三叉に組んで立て、頂部の笹を結ぶ。

ササガミサマへの供物とその準備　赤飯（オコワともいう）。二月、十二月とも前日に糯米と茹でたササゲを鉢の中に入れ、ササゲの茹で汁を注いで浸し、当日の朝、蒸した。

ササガミサマを作る場所　二月八日、十二月八日両日とも母屋の前庭の真中に作った。

ササガミサマを祀る理由　ササガミサマの祭りは一家の主人が行う。皿の上に赤飯を盛り、それを持参して笹飾りの所に出向く。一礼してから一箸赤飯を笹飾りの頂部に供える。その後、拝礼をして終わる。ヤクビョウガミあるいはヒトツメノア

庭先に作られたササガミサマ
（栃木県上河内町芦沼）

クマといわれるものがやって来るので、それを除けるためといわれる。また、コトハジメ・コトジマイともいわれるように仕事のけじめとして行ったともいう。

ササガミサマの取り外し　特別に取り外すことはしないでそのまま飾りっぱなしにしておく。ウマダシ（馬出し、その年最初に厩から馬を外に出すこと）の際に庭先に繋いだ馬がササダケを食べてしまうことが多い。

6　ササガミサマ以外の行事内容

母屋の軒先に特段に長い物干し竿の先にメカイカゴを付けて立て掛ける。下から長く刻んだネギ一本、トウガラシ二本、先端に綿を刺した竹串を屋敷の辰巳の方向の門口の地面に突き立てる。

7　前記の行事を行う理由について

それぞれ魔除け、風邪除けのためだという。

8　ササガミサマへの供物以外の特別な食べ物

サトイモ・ニンジン・ダイコン・チクワなどを入れたニシメを作った。当日の朝、赤飯とともに家族全員でいただいた。

9　ササガミサマの行事および二月八日・十二月八日に関する俗信等

特に無し。

10　集落の外れや辻に大ワラジや注連縄を飾ることについて

昭和十年頃まで二月八日には各家ごとに大ワラジを作り、マダケの先にぶら下げ馬頭観音が祀ってある辻に飾り、その下に半紙に白いご飯を盛り供えた。大ワラジは、馬に履かせるためと称して馬ワラジの形に作ったものであり、また、飼育している馬の健康がすぐれない家では、特に大きな直径三〇センチメートルほどのワラジを作って飾ったものである。

11　二月八日・十二月八日における前記以外の行事

裁縫を習う結婚前の娘たちが師匠の家において針供養をする。

三　市貝町大字田野辺　永野家

話者名

永野　豊　昭和十四年十二月十七日生まれ
永野ミサオ　昭和十六年五月十九日生まれ

1　二月八日・十二月八日の呼び名

二月八日をニガツヨウカあるいはヨウカサマ、十二月八日をシワスヨウカあるいはヨウカサマという。

2　来訪するもの

ヒトツメノカイブツあるいはヤクビョウガミ・ヤクジンともいわれる。

3　ササガミサマ行事の実施年代

昭和三十年頃まで行った。

4　ササガミサマの実施日と時間帯

二月八日、十二月八日の両日。ともに夕方三時過ぎに行った。

5　ササガミサマの行事内容

材料　長さ約二メートルほどの笹の付いたシノダケ三本。

材料の取得　一家の主が屋敷内の竹藪で取って来る。

ササガミサマの作り方　シノダケを一辺の長さが一・三メートル前後になるように三叉に組んで立て、下から数えて五つ目の節の部分を手で左よりに撚った縄で結ぶ。

ササガミサマへの供物とその準備　ソバガキを丸めて作ったソバモチ。当日の午後主婦が作る。

ササガミサマを作る場所　二月八日は母屋表の庭先（坪庭の池の端）に、十二月八日は母屋裏の井戸の北側に作る。

ササガミサマを祀る理由　サガミサマの祀りは一家の主人が皿にソバモチ・赤飯を盛り、笹飾りの所に出向いて行う。まず、一礼してから笹飾りの結び目の上にソバモチを一個供え、その後手を合わせヒトツメノカイブツあるいはヤクビョウガミともヤクガミともいわれるものが来ないことを祈る。最後に一礼して戻る。

ササガミサマの取り外し　二月、十二月とも翌日に取り外し、屋敷内に祀ってあるウジガミ（稲荷・御岳）に納めそのまま自然に腐るまで置く。

上記以外の事項について　永野豊氏は子供の頃、祖母から「お前もササガミサマを拝め」といわれ、拝んだことがある。

6　ササガミサマ以外の行事内容

十二月八日の午後三時頃、母屋の軒先に新たに切ってきたマダケの竿の先にメカイカゴを付けて立て掛ける。そのまま夜通し立て掛け、翌九日の朝取り外した。

同じく十二月八日、午後三時から四時頃の間にヒイラギの枝に輪切りにしたネギと賽の目に刻んだ揚げドウフ、生のイワシの頭を突き刺したものを戸口に挿して飾った。

7　前記の行事を行う理由について

厄払いのためといわれる。

8　ササガミサマへの供物以外の特別な食べ物

ウドンまたはソバを打ち食べた。

9　ササガミサマの行事および二月八日・十二月八日に関する俗信等

十二月八日は夕方早く戸締りをし、夕飯を早く済ませ早く寝るものだという。

10　集落の外れや辻に大ワラジや注連縄を飾ることについて

特に無し。

11　二月八日・十二月八日における前記以外の行事

針仕事で折れたり、錆びたりしてしまった針をトウフに突き刺す。トウフは夕方穴に埋めた。

四　益子町大字上大羽　谷口家

話者名

谷口　テル　　大正三年四月七日生まれ
谷口　正己　　昭和十年七月八日生まれ
谷口キヨ子　　昭和八年十一月二十七日生まれ

1　二月八日・十二月八日の呼び名

二月八日をササガミサマ、十二月八日をシワスヨウカあるいはササガミサマともいう。

2　来訪するもの

アクマ。

3　ササガミサマ行事の実施年代

昭和三十年頃まで行った。

4　ササガミサマの実施日と時間帯

二月八日、十二月八日の両日。ともに朝行った。

5　ササガミサマの行事内容

材料　長さ約五〇センチメートルほどの笹の付いたシノダケ三本。
材料の取得　材料の取得および取得して来る場所は特に決まっていない。
ササガミサマの作り方　シノダケを三叉に組んで立て、頂部の笹をまとめて結ぶ。
ササガミサマへの供物とその準備　当日の朝、ソバガキを作り、頂部の丸めた上に供える。
ササガミサマを作る場所　二月八日は母屋表の庭先に、十二月八日は母屋の裏口近くに作る。
ササガミサマを祀る理由　疫病除けのためといわれる。
ササガミサマの取り外し　二月八日、十二月八日とも一週間程の間に取り除き、庭先で燃やす。
上記以外の事項について　特に無し。

6　ササガミサマ以外の行事内容

二月八日のみ、母屋の軒先に物干し竿の先にメカイカゴを付けて立て掛けた。同じく二月八日、母屋の戸口にソバガキを塗り付け、神棚や仏壇にもソバガキを皿に盛って供えた。

7　前記の行事を行う理由について

目の多い籠を立てると魔を追い払うことができる。したがって、籠はなるべく目の多いものを用いるべきだという。

8　ササガミサマへの供物以外の特別な食べ物

笹飾りに供えたソバガキを作り食べる。それ以外の特別な食べ物は特に作らない。

9　ササガミサマの行事および二月八日・十二月八日に関する俗信等

ソバガキを食べずに外出すると怪我をする。朝早く外出してはいけない。

10　集落の外れや辻に大ワラジや注連縄を飾ることについて

特に無し。

11　二月八日・十二月八日における前記以外の行事

特に無し。

五　小山市南半田　斎藤家

話者名

斎藤　芳夫　大正九年四月二十八日生まれ

1　二月八日・十二月八日の呼び名

二月八日・十二月八日ともにダイマナクという。

2　来訪するもの

オニがやって来るといわれる。

3　ササガミサマ行事の実施年代

昭和三十年頃まで行った。

4　ササガミサマの実施日と時間帯

二月八日、十二月八日の両日。ともに夕方六時頃に行った。

5　ササガミサマの行事内容

材料　長さ約九〇センチメートルの笹の付いたマダケ三本。

材料の取得　主人公に限らず、成人男性が思川の川原に行き自生しているマダケを切ってきた。

ササガミサマの作り方　笹の付いたマダケを堆肥の上に三叉に組んで立て、頂部の笹を丸めて結ぶ。

ササガミサマへの供物とその準備　当日の夕方、笹飾りをする前に主婦ないし若嫁がウドンを打ち茹でる。このウドンを笹飾りの頂部に供える。

ササガミサマを作る場所　二月八日、十二月八日ともに母屋前に築き上げた堆肥塚の上に作る。

ササガミサマを祀る理由　特に聞いていない。

ササガミサマの取り外し　そのまま放置し自然に腐るのを待った。

上記以外の事項について　特に無し。

6　ササガミサマ以外の行事内容

二月八日、十二月八日ともにダイマナク・ショウマナクと称して、二ヶ所にメカイカゴを竿の先に付けて立てた。ダイマナクは母屋の軒先に立てるもので、母屋のグシ（棟のこと）よりも高く掲げるものだという。一方、ショウマナクは干瓢の乾燥小屋の軒先に立てたものであり、また、同じメカイカゴでも、ダイマナクの方が大きいメカイカゴをショウマナクの方は小さなメカイカゴを用いた。

7　前記の行事を行う理由について

この日やって来るとされるオニに目の沢山あるメカイカゴで睨みをきかせ、オニが家の中に入って来られないようにするためといわれる。

8　ササガミサマへの供物以外の特別な食べ物

笹飾りに供えたウドンを夕食に食べたもので、この他に特別な食べ物は作らない。

9　ササガミサマの行事および二月八日・十二月八日に関する俗信等

特に無し。

10　集落の外れや辻に大ワラジや注連縄を飾ることについて

特に無し

11　二月八日・十二月八日における前記以外の行事

隣近所のお針を習う嫁入り前の女性たちが、古くなった針をトウフに突き刺して、地元の寺院（金剛院）に持参して納め裁縫の上達を祈願した。また、この日女性たちはマゼゴハンを作り、集まって来た子供たちに振る舞った。

六　栃木市川原田町　大出家

話者名

大出　要蔵　大正十年十二月三十日生まれ
大出　ミキ　大正十一年十一月十五日生まれ

1　二月八日・十二月八日の呼び名

二月八日をコトジマイおよびササヨメゴ、十二月八日をコトジマイあるいはダイマナコという。

2　来訪するもの

アクマ・オニがやって来るといわれる。ただし十二月八日の場合は、タノカミあるいはヤマノカミがやって来るともいわれる。

3　ササガミサマ行事の実施年代

昭和四十年頃まで行った。

4　ササガミサマの実施日と時間帯

二月八日のみ。夕方明るいうちに行った。

5　ササガミサマの行事内容

材料　笹の付いたモウソウダケ三本。

材料の取得　年男格の長男、ただし長男が幼い場合や男の子がいない場合は、主人が屋敷内の竹藪に行きササダケを取ってきた。

ササガミサマの作り方　笹の付いたモウソウダケを三叉に組み立てて、頂部の笹を丸めて結ぶ。

ササガミサマへの供物とその準備　当日の夕方、笹飾りをする前に主婦ないし若嫁がウドンを打ち茹でる。このウドンを笹飾りの頂部に供える。

ササガミサマを作る場所　母屋の前庭に築き上げたマヤゲツカ（堆肥塚）の上に作る。

ササガミサマを祀る理由　特に聞いていない。

ササガミサマの取り外し　翌朝燃やしてしまう。

上記以外の事項について　特に無し。

6　ササガミサマ以外の行事内容

十二月八日のみ以下のことを行った。メカイカゴを竿の先に付けて母屋の軒先に立て掛ける。ネギを母屋の前庭で燃やす。母屋の戸口ほか、屋敷内の付属施設の戸口にトボグチダンゴと称して串に刺した餡の付いたダンゴを突き挿して飾る。

7　前記の行事を行う理由について

大メイケを上げるのは、この日やって来るとされるアクマを大きな目で四方を睨み、見張り、追い払うためといわれる。

8　ササガミサマへの供物以外の特別な食べ物

笹飾りに供えたウドンを夕食に食べたもので、この他に特別な食べ物は作らない。

9　ササガミサマの行事および二月八日・十二月八日に関する俗信等

モウソウダケの笹飾りをササヨメゴといい、嫁さんに見立てるのだという。話者である大出要蔵の親たちは、要蔵に「二月八日に作るササヨメゴが小さければ、背の小さな嫁しかもらえない。モウソウダケのようながっしりとしたしかも働きがいい嫁さんをもらうんだ。笹の結び目も綺麗に結わえないと器量のよい嫁はもらえない」とササヨメゴを作る度にいったという。

10　集落の外れや辻に大ワラジや注連縄を飾ることについて

特に無し。

11　二月八日・十二月八日における前記以外の行事

十二月八日のみ、外に出してある家族の履物を仕舞い隠した。

付録 一

記録作成等の措置を講ずべき無形の民俗文化財の選択基準

〔昭和二十九年十二月二十五日
文化財保護委員会告示第五十九号
昭和五十年十一月二十日一部改正
平成十七年三月二十八日一部改正〕

一 風俗慣習のうち次の各号の一に該当し、重要なもの
㈠ 由来、内容等において我が国民の基盤的な生活文化の特色を示すもので典型的なもの
㈡ 年中行事、祭礼、法会等の中で行われる行事で芸能の基盤を示すもの
二 民俗芸能のうち次の各号の一に該当し、重要なもの
㈠ 芸能の発生又は成立を示すもの
㈡ 芸能の変遷の過程を示すもの
㈢ 地域的特色を示すもの
三 民俗技術のうち次の各号のいずれかに該当し、重要なもの
㈠ 技術の発生又は成立を示すもの
㈡ 技術の変遷の過程を示すもの
㈢ 地域的特色を示すもの
四 無形の民俗文化財のうち前三項には該当しないが、重要有形民俗文化財の特質を理解するため特に必要なもの
五 我が国民以外の人々に係る前各項に規定する無形の民俗文化財で我が国民の生活文化と関連上特に重要なもの

付録　二　無形の民俗文化財記録作成総表

（計は作成完了件数）

選択決定	選択対象	地域	作成年度	計
昭29・11 5種目	1 正月行事	岩手・秋田・埼玉・新潟・長野・三重・島根・岡山・徳島・大分・鹿児島（完結）	新潟・秋田（昭30） 三重（32） 島根（34） 埼玉・長野（35） 岡山・鹿児島（37） 岩手（38） 大分（39） 徳島（42）	11
	2 年齢階梯制	東京・石川・長野・静岡・愛知・三重・徳島・愛媛・高知・長崎（完結）	高知（昭31） 静岡（32） 長野（33） 三重（35） 石川（38） 愛知（39） 東京・徳島（40） 愛媛（41） 長崎（43）	10
	3 中馬制	長野（完結）	長野（昭30）	1
	4 蔓橋の製作工程	徳島（完結）	徳島（昭30）	1
	5 ドブネの製作工程	新潟（完結）	新潟（昭32）	1
昭30・3 2種目	6 田植に関する習俗	岩手・秋田・茨城・新潟・富山・岐阜・島根・広島・高知・長崎・鹿児島（完結）	秋田・広島（昭31） 新潟・茨城（32） 岐阜（33） 岩手（34） 島根（36） 富山（37） 長崎（38） 鹿児島（40） 高知（41）	11
	7 木地屋の生活伝承	岩手・宮城・新潟・石川・岐阜・愛知・三重・滋賀（完結）	三重（昭30） 新潟・愛知（31） 岩手（32） 宮城・滋賀（33） 石川・岐阜（35）	8
昭31・3 2種目	8 アイヌのユーカラ	北海道（完結）	北海道（昭31）	1
	9 背負運搬習俗	全国一円（完結）	全国一円（昭31）	1
昭32・3 2種目	10 狩猟習俗	秋田・山形・茨城・新潟・宮崎（完結）	宮崎（昭32） 新潟（34） 秋田（38） 茨城（39） 山形（42）	5
	11 傀儡子の舞及び相撲	福岡・大分（完結）	福岡・大分（昭36）	2
昭33・3 2種目	12 おしらあそび	東北地方（完結）	東北地方（昭33）	1
	13 ともどの製作行程	島根（完結）	島根（昭33）	1

昭34・3 5種目	14	八郎潟漁撈習俗	秋田(完結)	秋田(昭37)	1
	15	有明海漁撈習俗	佐賀(完結)	佐賀(昭36)	1
	16	蓋井島「山の神」神事	山口(完結)	山口(昭34)	1
	17	播磨総社一ッ山・三ッ山神事	兵庫(完結)	兵庫(昭34)	1
	18	京都八坂神社の祇園祭	京都(完結)	京都(昭34)	1
昭35・3 1種目	19	アイヌの建築技術及び儀礼	北海道(完結)	北海道(昭35)	1
昭36・3 2種目	20	上三原田の歌舞伎舞台の装置・操作	群馬(完結)	群馬(昭36)	1
	21	長野県下の代表的民家の間取・使い方	長野(完結)	長野(昭36)	1
昭37・3 1種目	22	阿波の太布紡織習俗	徳島(完結)	徳島(昭37)	1
昭38・3 1種目	23	八雲神社の山あげ祭	栃木(完結)	栃木(昭38)	1
昭39・3 1種目	24	博多山笠行事	福岡(完結)	福岡(昭39)	1
昭40・3 1種目	25	長崎の「かくれキリシタン」習俗	長崎(完結)	長崎(昭40)	1
昭41・3 1種目	26	伊勢の「お木曳き」行事	伊勢市(完結)	伊勢市(昭41)	1
昭42・3 3種目	27	津島神社の天王祭	愛知(完結)	愛知(昭42)	1
	28	越後のしな布紡織習俗	新潟(完結)	新潟(昭42)	1
	29	出雲の藤布紡織習俗	島根(完結)	島根(昭42)	1
昭43・3 1種目	30	兵庫県の酒造習俗	兵庫(完結)	兵庫(昭43)	1
	31	芭蕉布の紡織習俗	鹿児島(完結)	鹿児島(昭44)	1

昭44・3 2種目	32	種子島のまるきぶねの製作習俗	鹿児島(完結)	鹿児島(昭44)	1
昭45・3 1種目	33	甑島の葛布の紡織習俗	鹿児島(完結)	鹿児島(昭45)	1
昭45・11 1種目	34	種子島宝満神社のお田植祭	鹿児島(完結)	鹿児島(昭46)	1
昭46・9 1種目	35	古川祭	岐阜(完結)	岐阜(昭48)	1
昭48・2 2種目	36	越後・佐渡のいらくさ紡織習俗	新潟(完結)	新潟(昭48)	1
	37	蒼柴垣《あおふしかき》神事	島根(完結)	島根(昭49)	1
昭48・8 1種目	38	伊勢の「白石持ち」行事	伊勢市(完結)	伊勢市(昭48)	1
昭50・3 1種目	39	出雲の火鑽習俗	島根(完結)	島根(昭50)	1
昭51・3 1種目	40	若狭の産小屋習俗	福井(完結)	福井(昭51)	1
昭52・3 4種目	41	盆行事	山形・茨城・埼玉・新潟・長野・静岡・京都・大阪・岡山・徳島・高知・鹿児島	茨城(昭53) 岡山(52) 新潟(54) 徳島・鹿児島(58) 埼玉(61) 大阪(62) 山形・静岡・京都(63) 高知(平元) 長野(平2)	12
	42	中付《なかつけ》鷲者《どじゃ》の習俗	福島(完結)	福島(昭52・53)	1
	43	信濃の火鑽習俗	長野(完結)	長野(昭52)	1
	44	土佐の茶堂の習俗	高知(完結)	高知(昭52)	1
昭53・3 2種目	45	片品の猿祭	群馬(完結)	群馬(昭53)	1
	46	伊予の茶堂の習俗	愛媛(完結)	愛媛(昭53)	1
昭53・12 3種目	47	村山地方のオナカマ習俗	山形(完結)	山形(昭54)	1
	48	尾張三河の火鑽習俗	愛知(完結)	愛知(昭54)	1
	49	対馬の亀卜習俗	長崎(完結)	長崎(昭54)	1

昭54・12 4種目	50	津軽のイタコの習俗	青森（完結）	青森（昭55）	1
	51	吾妻のお茶講の習俗	群馬（完結）	群馬（昭55）	1
	52	知多木綿の紡織習俗	愛知（完結）	愛知（昭55）	1
	53	阿波の辻堂の習俗	徳島（完結）	徳島（昭55）	1
昭55・12 4種目	54	南部の酒造習俗	岩手県稗貫郡（完結）	岩手（昭56）	1
	55	磐城・岩代のミコサマの習俗	福島（完結）	福島（昭56）	1
	56	貫前神社の鹿占習俗	群馬県富岡市（完結）	群馬（昭56）	1
	57	讃岐の茶堂の習俗	香川（完結）	香川（昭56）	1
昭56・12 4種目	58	陸前磐城のオガミサマの習俗	宮城（完結）	宮城（昭57）	1
	59	七尾の酒造習俗	七尾市（完結）	七尾市（昭57）	1
	60	松阪木綿の紡織習俗	松阪市（完結）	松阪市（昭57）	1
	61	備中の辻堂の習俗	岡山（完結）	岡山（昭57）	1
昭57・12 2種目	62	南部のオガミサマの習俗	岩手（完結）	岩手（昭58）	1
	63	日向の祠堂の習俗	宮崎（完結）	宮崎（昭58）	1
昭58・12 5種目	64	羽後のイタコの習俗	秋田（完結）	秋田（昭59）	1
	65	越中の田の神行事	富山（完結）	富山（昭59）	1
	66	丹後の藤布紡織習俗	京都（完結）	京都（昭61）	1
	67	安芸・備後の辻堂の習俗	広島（完結）	広島（昭59）	1
	68	豊後の水車習俗	大分（完結）	大分（昭59）	1
	69	北上山地の畑作習俗	岩手（完結）	岩手（昭61）	1

昭59・12 4種目	70	奈良田の焼畑習俗	山梨（完結）	山梨（昭60）	1
	71	安芸・備後の水車習俗	広島（完結）	広島（昭60）	1
	72	周防・長門の辻堂の習俗	山口（完結）	山口（昭60）	1
昭60・12 3種目	73	白山麓の焼畑習俗	石川・福井・岐阜（完結）	福井（昭61）　岐阜（昭62）　石川（平元）	3
	74	日向の焼畑習俗	宮崎（完結）	宮崎（昭61）	1
	75	筑前・筑後の水車習俗	福岡（完結）	福岡（昭61）	1
昭61・12 2種目	76	土佐の焼畑習俗	高知（完結）	高知（昭62）	1
	77	対馬の釣鉤製作習俗	長崎（完結）	長崎（昭62）	1
昭62・12 1種目	78	丹後の漁撈習俗	京都（完結）	京都（平元）	1
平2・3 3種目	79	南奥羽の水祝儀	宮城・福島（完結）	宮城（平2）　福島（平2）	2
	80	美濃の水車習俗	岐阜（完結）	岐阜（平2）	1
	81	北川上流域の農耕習俗	宮崎（完結）	北川町（平6・7）	1
平3・2 4種目	82	下野の水車習俗	栃木（完結）	栃木（平3）	1
	83	関東の大凧揚げ習俗	埼玉・千葉・神奈川（完結）	千葉（平3）　埼玉・神奈川（平4）	3
	84	壱岐の船競争行事	長崎（完結）	長崎（平4）	1
	85	日向南郷神門神社・木城比木神社の師走祭り	宮崎（完結）	宮崎（平3）	1
平4・2 3種目	86	東海地方の大凧揚げ習俗	愛知・静岡（完結）	静岡（平4）　愛知（平21）	2
	87	近江八幡の火祭り	滋賀（完結）	滋賀（平10）	1
	88	沖縄北部のウンガミ	沖縄		0
	89	津軽の地蔵講の習俗	青森		0

区分	No.	名称	都道府県	刊行
平11・12 3種目	109	庄内のモリ供養の習俗	山形（完結）	山形（平20）
平11・12 3種目	108	大原八幡宮の米占い行事	大分	大分（平23）
平11・12 3種目	107	阿波の襖カラクリの習俗	徳島	
平10・12 4種目	106	冬木沢参りの習俗	福島	
平10・12 4種目	105	飛騨の絵馬市の習俗	岐阜	
平10・12 4種目	104	松本のミネクチ製作習俗	長野県松本市（完結）	松本市（平23）
平10・12 4種目	103	東松山上岡観音の絵馬市の習俗	埼玉県東松山市（完結）	東松山市（平12）
平9・12 1種目	102	会津の初市の習俗	福島	
平8・12 3種目	101	能登のキリコ祭り	石川	
平8・12 3種目	100	大分の鏝絵習俗	大分（完結）	大分（平23）
平8・12 3種目	99	讃岐の馬節供	香川	
平7・11 3種目	98	尾張・三河の花のとう	愛知	
平7・11 3種目	97	田代の売薬習俗	佐賀県鳥栖市・基山町（完結）	鳥栖市・基山町（平22）
平7・11 3種目	96	南予地方の牛の角突き習俗	愛媛（完結）	愛媛（平11・12）
平6・12 6種目	95	岩手の蘇民祭	岩手（完結）	岩手（平12・13）
平6・12 6種目	94	久高島の漁撈習俗	沖縄県知念村	
平6・12 6種目	93	沖縄の綱引	沖縄（完結）	沖縄（平16）
平6・12 6種目	92	山陰の大凧揚げ習俗	鳥取・島根（完結）	鳥取・島根（平22）
平6・12 6種目	91	遠江の御船行事	静岡（完結）	静岡（平10）
平6・12 6種目	90	房総のお浜降り習俗	千葉	

109	108	107	106	105	104	103	102	101	100	99	98	97	96	95	94	93	92	91	90
1	1	0	0	0	1	1	0	0	1	0	0	1	1	1	0	1	1	1	0

平12・3 3種目	110	北関東のササガミ習俗	茨城・栃木(完結)	茨城・栃木(平16)	2
	111	松本のコトヨウカ行事	長野県松本市(完結)	松本市(平22)	1
平14・2 2種目	112	稲取のハンマアサマ	静岡(完結)	静岡(平20)	1
	113	薩摩の馬踊りの習俗	鹿児島		0
平15・2 1種目	114	岡山県の会陽の習俗	岡山(完結)	岡山(平18)	1
平16・2 2種目	115	青森県南部地方の虫送り	青森(完結)	青森(平25)	1
	116	愛知のオマント	愛知		0
平17・2 2種目	117	阿仁地方の万灯火	秋田県北秋田市・上小阿仁村(完結)	北秋田市・上小阿仁村(平24)	1
	118	北信濃の柱松行事	長野(完結)	長野(平19)	1
平18・3 1種目	119	最上地方の山の神の勧進	山形県最上地方(完結)	山形(平25)	1
平19・3 1種目	120	芦屋の八朔行事	福岡県芦屋町(完結)	芦屋町(平21)	1
平20・3 3種目	121	氣比神社の絵馬市の習俗	青森県おいらせ町(完結)	おいらせ町(平25)	1
	122	お枡廻しの習俗	福島・茨城		0
	123	出雲・伯耆の荒神祭	島根・鳥取		0
平22・3 3種目	124	青森県津軽地方の虫送り	青森(完結)		1
	125	大島半島のニソの杜の習俗	福井県おおい町		0
	126	佐田岬半島の初盆行事	愛媛県伊方町		0
平23・3 2種目	127	伊那谷のコト八日行事	長野		1
	128	南国市後川流域のエンコウ祭	高知県南国市		0
平27・3 1種目	129	東関東の盆綱	茨城・千葉		0
計	129	種目			170